# 채용 레볼루션

# 채용 레볼루션

**초 판** 1쇄 발행 | 2024년 6월 28일
**지은이** 김기진 김진규 박해룡 이지원 한권수 고동록 정현아
송구 김정필 김정기 하예랑 이혜경 이진영
**펴낸이** 김기진
**디자인** 가보경 이소윤
**펴낸곳** 에릭스토리
**출판등록** 2023. 5. 9(제 2023-000026 호)
**주 소** 서울특별시 금천구 가산디지털1로 171, 318호
**전 화** (031)348-9337
**팩 스** (031)348-1238
**이메일** ericstory1238@naver.com(원고 투고)
**홈페이지** www.ericstory.net

**ISBN** 979-11-983453-5-6 (13320)

ⓒ 김기진

# 채용
## 레볼루션

김기진 김진규 박해룡 이지원 한권수 고동록 정현아
송구 김정필 김정기 하예랑 이혜경 이진영

✕ ERiC Story

미래의 경쟁력은 인재 확보에서 시작된다. 《채용 레볼루션》은 디지털 시대에 맞춘 혁신적인 채용 전략을 제시하며, ChatGPT와 빅데이터를 활용한 채용 프로세스 혁신을 담고 있다. 이 책은 채용 담당자들이 변화하는 환경에 빠르게 적응하고, 최적의 인재를 확보하는 데 큰 도움이 될 것이다. 많은 기업들이 이 책을 통해 채용의 패러다임을 전환하고, 새로운 성공을 거두기를 바란다.

**박환호** Microsoft 5673 Korea 전무

ChatGPT시대에도 변하지 않는 것은, 기업에 적합한 인성을 갖춘 인재채용과 교육이다. ChatGPT를 활용하여 회사에 맞는 인재를 선발하는 것은 이제 선택이 아닌 필수사항이 되어가고 있다. 《채용 레볼루션》은 사람이 놓칠 수 있는 실수를 생성형 AI를 통해 사전에 예방하고, 적합한 인재를 선발하는 혁신적인 시스템을 제시하고 있다. 이 책은 기업의 미래를 책임질 인재를 찾고자 하는 모든 경영자와 인사 담당자의 필독을 권한다.

**최염순** 카네기 평생교육원 회장, 경영학 박사

인공지능이 진화하는 속도에 매일 같이 놀라는 상황에서 기업은 직무에 대한 구조조정은 물론 인재상에 대한 정의마저 바꾸어야할 지경이다. 기업의 채용 담당자는 이러한 상황을 어떻게 인식하고 대응해야할까? 변하는 것은 무엇이고 변하지 않는 것은 무엇일까? 《채용 레볼루션》은 이러한 복잡한 이슈들에 대해 다각적인 고민과 대안을 제시하고 있어 채용 담당자들이 조직의 채용 전략을 점검하고 개선하는데에 있어 새로운 자극과 인사이트를 줄 것이다.

**조지용** 한국바른채용인증원 원장

과거 100~500년 동안 이루어진 세상의 변화가 지금은 5~10년 사이에 변화하고 있을 만큼 변화의 속도가 너무나 빠르다. 이전에 없던 새로운 것들의 등장에 대응 할수 있는 인재 채용에 집중해야만 한다. 가장 과학적이고 체계적이며 효율적인 방법론이 《채용 레볼루션》에 담겨 있다. 이 책은 우수 인재를 선발, 유지, 발휘하도록 하는 가이드를 제시하고 있기에, 많은 관계자들이 공유하고 실천하기를 기대한다.

**김성탁** KMA 한국능률협회 경영기획실장, 한국기업교육학회 회장

많은 것들이 급속하게 변했다. 앞으로도 변화는 더욱더 가속화 될 것이다. 《채용 레볼루션》은 급변하는 환경에서 기업들이 성공적으로 인재를 확보하고 유지할 수 있는 구체적인 전략과 도구들을 제공하고 있다. 기업 현장에 근무하는 사람으로서 이론만이 아니라 직접 활용할 수 있는 사례와 도구를 접할 수 있기에 무척이나 반가운 책이다. 시대를 막론하고 기업경영에서 인재의 확보만큼 중요한 일이 있을까? 생성형 AI 시대, 인재의 확보를 고민하는 많은 기업들이 이 책을 통해 새로운 인사이트를 얻을 수 있기를 기대한다.

**이정성** 한화인재경영원 부원장

세계인적관리협회(WFPMA)가 2012년에 4,288명의 임원을 대상으로 실시한 설문조사 결과, 채용 능력이 상위 20%에 속하는 조직은 다른 조직보다 최대 3.5배의 매출 성장과 평균 이익률의 2배를 경험한 것으로 나타났다. 이는 채용이 조직의 성공에 있어서 얼마나 중요한 역할을 하는지를 보여준다. 생성형 AI시대, 《채용 레볼루션》은 이러한 중요성을 반영하여 ChatGPT를 활용해 채

용 과정을 혁신하는 방법을 제시하고 있다. 이 책은 최적의 인재를 확보하는 데 큰 도움이 될 것이다. 많은 기업들이 이 책을 통해 채용의 패러다임을 전환하고, 새로운 성공을 거두기 바란다.

**윤경로** (사)글로벌인재경영원 원장

채용은 기업의 성패를 가르는 중요한 요소이다. 《채용 레볼루션》은 변화하는 채용 환경에서 기업이 어떻게 경쟁력을 유지하고 성장할 수 있는지에 대한 해답을 제시한다. AI가 불러온 채용시스템의 변화는 기업의 적합한 인재의 선발 및 채용 공정성에 큰 변화를 주고 있다. ChatGPT를 활용한 채용 시스템은 앞으로 모든 기업이 필수적으로 도입해 나가야 할 것이다. 이 책을 통해 많은 기업들이 새로운 인재 채용의 방향을 제시할 수 있기를 기대한다.

**김상욱** 한화에어로스페이스 부장

《채용 레볼루션》은 채용 프로세스의 모든 측면을 혁신적으로 재조명하는 필독서이다. 이 책은 인공지능과 자동화 기술을 활용하여 채용의 효율성을 극대화하고, 공정성을 강화하는 다양한 방법을 제시하고 있다. 독자들은 현대적 채용 트렌드를 이해하고, 그에 맞는 전략을 수립하는 데 깊은 통찰을 얻을 수 있을 것이다. 특히, 이 책은 채용 담당자와 HR 전문가에게 변화하는 노동 시장에 신속하게 적응할 수 있는 구체적인 도구와 지침을 제공한다. 기업들이 이 책을 통해 채용 절차를 혁신하고, 최적의 인재를 확보함으로써 지속 가능한 성장을 이루기를 기대한다. 진정한 혁신을 추구하는 모든 기업에게 이 책은 귀중한 자산이 될 것이다.

**유병선** 크리니티 대표

인터넷 댓글을 그대로 믿기 어렵고, AI조차도 사실이 아닌 할루시네이션을 생성해 내는 시대에 사람을 채용한다는 것은 매우 어려운 일이다. 그럼에도 불구하고 《채용 레볼루션》은 지금까지 확인된 채용과 인재 양성의 주요 내용을 제시하여 이 시대 인재 확보의 모든 측면을 보여주고 있다. ChatGPT를 활용한 채용, 면접 등에서부터 사람을 선별하는 기준으로 메타인지, 조직문화 적합성 등에 관한 내용에 이르기까지 개인과 조직의 궁극적 성장에 이바지할 채용의 기준을 보여주고 있다. 《채용 레볼루션》은 HR 담당자들이 반드시 옆에 두고 살펴보아야 하고, 또 채용이 합리적 판단에 따라 이루어지도록 끊임없는 노력을 하는 데 도움이 되는 책이다.

**양기훈** 용인대 교수, 전) NCS센터 원장

인재 확보는 기업의 지속 가능한 성장에 있어서 가장 중요한 요소이다. 《채용 레볼루션》은 최신 기술을 활용한 혁신적인 채용 전략을 통해 기업이 경쟁력을 유지하고 발전할 수 있는 방법을 제시한다. ChatGPT의 GPTs의 적용은 탁월하다. 이 책이 많은 기업들에게 새로운 인사이트와 전략을 제공하여, 더 나은 미래를 만들어 가기를 바란다.

**장소영** 인간개발연구원 상무

# 들어가며

ıíííı

《채용 레볼루션》은 단순한 이론서가 아니다. 실무에 바로 적용할 수 있는 구체적이고 실질적인 방법론을 담고 있으며, 각종 사례와 도구를 통해 독자가 직접 활용할 수 있도록 구성하였다. 채용 전문가, 인사 담당자, 경영자뿐만 아니라 채용 과정을 이해하고 개선하고자 하는 모든 이들에게 큰 도움이 될 수 있도록 구성했다. 지원자 역시, 이러한 흐름을 민감하게 반응하고 준비를 할 수 있도록 했다.

생성형 AI 시대, 인재 채용 환경은 얼마나 빠른 속도로 변화하고 있을까? 기술의 진보와 글로벌 시장의 확장은 채용 과정을 혁신적으로 변모시키고 있는 것이다. 인공지능(AI), 빅데이터, 디지털 플랫폼 등의 새로운 도구들이 채용의 전통적인 패러다임을 완전히 뒤엎고 있는 지금, 인사 담당자는 어떻게 이러한 변화를 기회로 삼아 최적의 인재를 확보할 수 있을지에 대해 고민해야 한다. 《채용 레볼루션》은 이러한 고민과 해결책을 담았다.

이 책은 HR분야의 현업 전문가들이 다년간의 실무 경험을 토대로 심도있는 공동 워크숍 참여와 집단적 연구로 집필한 결과물이다. 빠르게 변화하는 채용 환경 속에서 기업이 경쟁력을 유지하고 성장할 수 있도록 돕기 위해 실질적이고 구체적인 방법론을 담았다.

생성형 AI 시대, 기존에 성과를 창출하는 인재가 이제는 더 이상 좋은 결과물을 만들어내지 못하고 있다. 과거에 설정한 인재 채용의 기준으로는 역량있는 인재를 채용하는데 한계가 들어나고 있다. 각 기업은 현재의 변화 흐름에 발맞추어 해당 기업의 인재 정의와 이를 지원자에게 충분히 알릴 필요가 있다. 좋은 인재가 모여야 좋은 성과를 창출하는 것이 당연하지만, 현재는 "생존"의 문제 봉착해 있다. 지속경영의 중심에 인사 담당자의 역할이 더욱 중요해지고 있는 것이다.

생성형 AI 시대, 지원자는 무엇을 준비하고, 어떠한 역량을 발휘할 수 있어야 하는가? 어떠한 기업이 변화에 집중하고, 변화에 대응하고 있는지, 그리고 어떠한 인재에 관심을 두고 있는지에 대해 충분한 자료조사와 분석이 필요하다. 반드시 스스로의 노력이 필요하다.

《채용 레볼루션》은 앞단에서는 디지털 사회에서의 채용의 미래를 엿볼 수 있다. 특히, AI와 자동화 기술을 활용한 채용 프로세스 혁신에 대해 집중적으로 살펴본다. 자동화된 이력서 스크리닝, AI 기반 면접 도구의 활용, ChatGPT를 통한 면접 질문 생성 및 응답 분석 등의 최신 기술들을 통해, 기업은 시간과 비용을 절감하면서도 적합한 인재를 신속하게 선별할 수 있게 된다. 이러한 기술들은 채용 담당자가 수백 개의 이력서를 수동으로 검토하는 대신, 효율적이고 객관적인 방법으로 후보자를 평가할 수 있게 한다.

# 너는 12시간, 나는 1시간만에

또한, 평가와 선발에서의 혁신적 접근법을 통해 더욱 공정하고 효과적인 채용 방식을 제시한다. 면접관의 역할과 태도, 효과적인 면접 질문 구성, 시뮬레이션 기법을 활용한 면접 등 다양한 혁신적 평가 방법을 소개한다. 이를 통해 면접 과정의 공정성을 높이고, 후보자의 실제 역량을 보다 정확하게 평가할 수 있는 방법을 제시한다.

《채용 레볼루션》의 중반부에서는 글로벌 인사이트와 미래 역량을 중심으로 다양한 채용 트렌드와 필요한 인재 역량에 대해 논의한 결과를 다루었다. 특히, 변화하는 글로벌 시장에서 기업이 어떻게 경쟁력을 유지하고 성장할 수 있는지를 확인할 수 있다. 이를 통해 인사 담당자는 글로벌 채용 전략을 수립하는 데 필요한 유용한 정보를 얻을 수 있을 것이다. 특히, '컬처핏' 중심의 채용 전략과 채용 레볼루션의 사례와 벤치마킹을 통해 성공적인 채용 전략을 세우는 데 필요한 인사이트를 얻게 될 것이다.

조직 문화와 인재의 조화를 이루기 위한 다양한 방법론과 실질적인 전략도 제시했다. 포용적이고 다양한 조직 문화를 형성하는 것은 현대 기업의 필수 과제이다. 이 책에서는 개인과 조직의 적합성, 몰입과 혁신으로의 전이, 리텐션을 이끄는 리더십 전략 등을 통해 어떻게 조직의 성과를 극대화할 수 있는지에 대한 깊이 있는 통찰을 얻을 수 있다. 특히, 적합 인재 확보 전략과 입사 초기 조직 경험의 중요성을 강조하며, 평가 중심의 수습에서 육성 중심의 수습으로의 전환에 대해 다루었다.

《채용 레볼루션》의 마지막 부분에는 중소기업과 스타트업을 위한 맞춤형 채용 전략, 항공사 승무원 채용의 혁신 사례 등을 통해 다양한 산업에서 적용할 수 있는 실용적인 채용 방안을 담았다. 인재 확보 전쟁에서 승리하기 위한 중소기업의 채용 전략, 맞춤형 채용 공고와 서류 심사, 최적의 인적성 검사와 적합 인재 면접 등 실제 현장에서 바로 적용할 수 있는 구체적인 방법론에 대해 익힐 수 있다. 이를 통해 중소기업과 스타트업도 대기업과의 경쟁에서 우위를 점할 수 있는 기회를 얻게 될 것이다.

《채용 레볼루션》은 생성형 AI 시대, 성과를 창출 할 수 있는 인재를 가장 효율적이고, 효과적으로 채용할 수 있는 가이드를 제시한 실무서이다. 이 책을 통해 새로운 채용의 시대를 여는 데 필요한 지식과 도구를 익힐 수 있는 계기에 직면하게 될 것이다. 인사 담당자 분들의 성공적인 채용 혁신을 기원하며, 이 책이 그 여정에 유용한 동반자가 되기를 바란다.


김기진 대표(KHR Group)

**김기진** \ KHR Group, 한국HR포럼 대표

한국HR협회와 KHR GPT 연구소 대표, 피플스그룹 조합법인 이사장, ERiC Story 출판 대표. 16년간 제179회 KHR포럼 개최(회원 3,700명)와 'KHR FTP 인사&인재개발 실태 조사 보고서'를 6년째 발간하고 있다. 현재 육군 인사사령부 스마트 인재시스템 구축 자문위원, 국방 정책자문위원(HR분야) 활동 중이다. 저서: 《아하 나도 줌(Zoom) 마스터》, 공저: 《ESG 레볼루션: 지속 가능의 힘》, 《HR 레볼루션: 생성형 AI, HR 생태계 어떻게 구축할 것인가》, 《ChatGPT*HR: 생성형 AI, HR에 어떻게 적용할 것인가》, 《왜 지금 한국인가: 한류경영과 K-리더십》, 《하루하루 시작(詩作)》, 《내 인생의 선택》, 《코로나 이후의 삶 그리고 행복》, 기고: 《HR insight》 등이 있다.

**김진규** \ 대기업 인사팀장

경영학 박사(Ph.D.)이자, 대기업 인사팀장으로 채용, 평가, 보상 및 Global HR을 총괄하고 있다. 개인과 조직의 변화와 성장을 위해 실무적, 이론적 관점에서 끊임없이 연구하고 있다.

**박해룡** \ 스탠다드에너지 인재부문장/CHO

LS Electric 인사총괄(CHO)/상무, 딜로이트컨설팅 상무, 한국액션러닝협회 회장, 인하대 경영학과 초빙교수, The HR컨설팅 대표를 역임한 HR전문가이다. 사람(People)과 조직(Organization)의 성장(Growth)을 돕는 일에 보람을 느끼며, 기업의 인사관리, 조직개발, 리더십 진단 및 코칭, 역량 평가와 개발 활동을 하고 있다. 항상 긍정적(Positive)이고, 스스로 행복(Happy)하며, 정신적으로 풍요로운(Rich) 삶을 살려고 노력하는 박해룡(P.H.R)이다. 저서: 《직장생활 나는 잘 하고 있을까?》, 공저: 《나는 팀장이다》, 《HR 레볼루션》 등이 있다.

**이지원** ＼ 유진그룹 인사부장

다양한 산업의 계열사를 보유한 유진그룹의 인사부장으로 그룹인사기획과 그룹HRD를 담당해왔다. 쿠팡, 오리온홀딩스, 윌슨어스 Consulting Firm을 거치면서 인사, 교육, 조직문화, 디지털 HR 플랫폼 및 근무환경 구축 등 다양한 분야에서의 경험을 가지고 있다. 업종, 사업장, 직군, 고용형태에 따른 커스터마이징된 인사전략과 육성체계를 추진하며 조직의 성과 향상과 개인의 발전에 기여하고 있다.


**한권수** ＼ TI CHRO

국내 유수 대기업(KT, 대한전선그룹 외) 및 Global 기업(TI Group 및 외국계 사모펀드 외), 인사기획 및 HRM 총괄로 인수합병 및 기업제도 설계 및 그룹 ERP Set Up, 그룹 평가 시스템 개발, PMI 인사시스템 구축(E-HRM 구축) 업무를 담당했다. 국내 및 해외 법인 M&A(뉴욕, 워싱턴DC, 상하이, 싱가포르 외) 및 14개 이상 기업의 PMI(무주리조트, 명지건설, 쌍방울건설 외) 참여 및 집단적 노사관계(20회 이상의 단체교섭 및 임금교섭) 중요 의사결정에 참여했다. 중앙대학교, 세종대학교, 명지대학교, KOTRA 외 유수 대학, HR강의와 대학 특강 및 전) KOTRA 공기업 위원으로 활동하고 있다.


**고동록** ＼ 퀀텀브레인파트너스 대표

현대자동차, 현대캐피탈, 현대카드, 현대모비스에서 20여 년간 전략, 혁신, 노무, 인재개발 등 다양한 업무를 수행하였다. 현재 지투테크와 플립온 코리아 경영자문과 안산시 투자 자문관으로 일하고 있으며, 양자 물리학과 뇌과학 기반의 HRD 전략수립에 관심이 많다. 공저:《한국기업교육사례연구》, 《ChatGPT*HR: 생성형 AI, HR에 어떻게 적용할 것인가》,《HR 레볼루션》, 《내 인생의 선택》,《내 인생 최고의 선물》등이 있다.

**정현아** \ 해양환경공단 국가해양환경교육센터장

28년간 민간기업과 공공기관에서 교육업무를 수행하고 있다. 학습, 코칭 및 상담을 통해 사람과 조직의 '변화&성장'을 돕는 일에 일조하고자 한다. 전) 빙그레 인재육성팀장, 한국상담학회 1급 전문상담사, NLP Master Practitioner, 한국코치협회 인증코치, 교육학 석사, 기고: 《월간 인사관리》, 《월간 산업교육》 외 다수, 공저: 《MZ 익스피리언스》 등이 있다.


**송 구** \ SGS KOREA 교육담당자, 차장

한국HR협회 운영위원, 대학교 평생교육원과 HRD컨설팅회사를 거쳐 GST 에서 HRD담당자로서 9년간 일했고, 최근 SGS KOREA에서 새로운 마음 으로 HRD업무를 시작했다. 개인과 조직의 성장 서포터를 모토로 회사 안에 서 교육체계 수립, 교육과정 개발과 사내 자격과정 도입, 운영하여 동료의 성 장을 도왔으며, 회사 밖에서도 강의, 코칭 SNS 등 다양한 활동을 하고 있다.


**김정필** \ 애경산업 팀장

애경산업에서 세일즈, 인사, 컴플라이언스 등 다양한 업무 경험을 통해 현 장에 대한 이해를 쌓아 왔으며, 현재 인사 실무를 총괄하는 업무를 수행중 이다. 사내 조직풍토 개선, 코칭문화 구축 프로젝트를 주도한 경험이 있으 며 현재 일하는 방식의 변화를 통한 회사의 조직문화 개선, 발전에 주력하 고 있다.


**김정기** \ 인빌드컨설팅 대표

경영지도사(인사관리) 오리온 그룹에 입사하여 인재경영팀장 성과혁신팀장 인 사팀장을 역임하면서 HRM HRD분야에서 직무성과급, 성과관리, 역량모델 링 등 인적자원 관리와 개발에 있어 폭넓은 경험을 쌓았다. 2018년부터는 한국경영인증원 전문위원으로 활동하며 강의, 인증심사, 컨설팅 업무를 수행하고 있다. 공정채용인증심사, 공정채용컨설팅, 채용면접관교육, 직무분석, 직무급 설계 등 직무성과중심 인사제도를 전파하는데 주력하고 있다.

**하예랑** ＼ 국내 항공사 사무장
국내 항공사 교관·면접관·사무장, 신입 승무원 훈련 프로그램 설계 및 강의, 해외 공항 정보 전달 및 공지, 사내·외 직원, 학생 교육에 주력하고 있다.

**이혜경** ＼ 도프 인사 담당자, 과장
한국HR협회 운영위원. 11년차 인사 담당자. 11년간 중견기업, 중소기업 인사 담당자로 실무를 담당하고 있으며, 유통업·의료기기제조업·바이오 업계에서 근무했다. 변화와 혁신에 늘 관심을 가지고 있으며, 현대 기업들이 직면한 채용의 새로운 패러다임에 대한 연구를 하고 있다.

**이진영** ＼ 경신 상무이사
행정학 전공, ㈜경신 인사총무팀장(상무이사), 1997년 공채로 인사팀에 입사해 인사, 교육, 총무 업무 등 HR 관련 다양한 업무를 경험하였다. 일하는 방식의 변화, 성과관리 제도 개선, 평가 보상 제도 개선, 조직개편, 조직문화 개선 등의 프로젝트에서 PM을 담당하였다. 기고:《HR insight》,《월간 인사관리》, 공저:《MZ 익스피리언스》 등이 있다.

# 목차

## 제1부  전략적 채용의 비전과 혁신

### 디지털 사회와 채용의 미래 / 김기진 대표

### 채용 시장의 변화와 성인 진입기 시대 / 김진규 팀장

## 제2부  평가와 선발에서의 혁신적 접근

### 면접관의 역할과 혁신적 평가 방법 / 박해룡 CHO

### 인재 선발과 채용 채널의 다변화 / 이지원 부장

**제5부** **브랜딩과 온보딩의 중요성**

**제6부** **현장에서의 혁신 방법과 실용 전략**

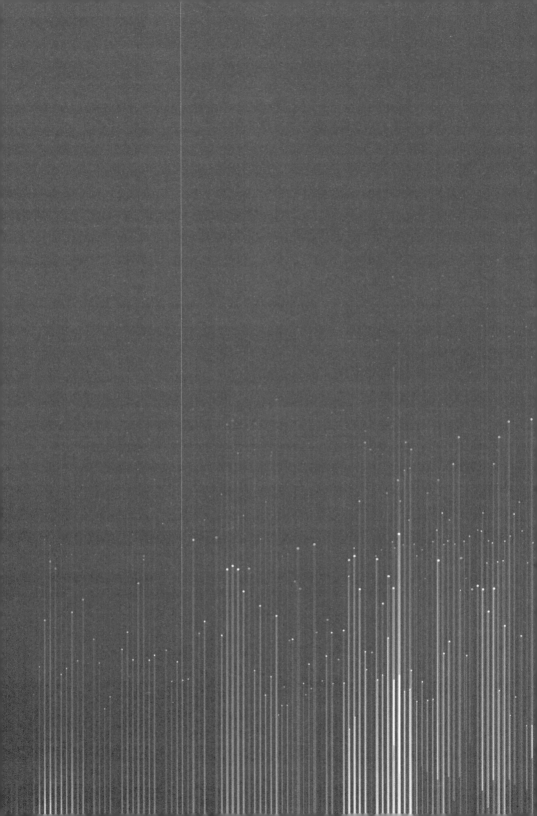

# 전략적 채용의
# 비전과 혁신

디지털 사회와 채용의 미래(김기진 대표)

채용 시장의 변화와 성인 진입기 시대(김진규 팀장)

# 디지털 사회와
# 채용의 미래

김기진 대표

# 01

# AI 활용 채용 프로세스 혁신

## 생성형 AI가 불러온 채용 레볼루션

기업에서 10명을 채용하는데 소요되는 시간과 비용은 얼마나될까? 기업의 규모나 직무 특성의 상황에 따라 달라질 수 있지만, 6주간의 채용기간을 감안하면 1명의 인재 채용에 약 900만원의 비용이 소요되는 것으로 추정된다. 통상적인 3배수 채용의 경우, 10명 채용에는 30명의 면접 진행이 이루어 진다. 그러기 위해서는 면접을 볼 필요가 있는 수준의 지원자가 100명은 되어야 한다. 결국, 적합한 인재를 채용하기 위해서는 최소 1,000명의 입사서류를 검토해야 한다. 물론 현실은 그렇지 않는 경우가 많다. 지원자가 없어 면접 자체가 힘든 경우도 있지만, 반대로 수천명의 지원자가 몰리는 기업도 있다. 이런 경우 각 단계별 서류 검토에 소요되는 시간을 대략적으로 계산해봐도 채용 담당자의 노고를 짐작할 수 있다. 또한, 1년 미만의 퇴사율은 기업에 따라 30~60%에 달한다. 만약, 기업에서 100명을 채용하는데 소요되는 시간과 비용은 얼마나될까? 채용업무에서 무엇을 더 개선해야만 할 것인가?

　필자는 어린시절 농촌에서 모내기를 했던 상황이 지금도 생생하게 기억이 난다. 봄이 되어 모내기 철이 되면 농촌은 정말 분주하다. 볍씨를 심는 과정도 분주하지만, 모내기를 할 때면 정말 많은 일손이 필요하다. 2명의 줄잡이와 20여 명의 주민이 일렬로 줄을 서서 모를 심던 기억이 난다. 불과 40년 전의 일이다. 가을이 되면 10여명의 주민이 낫을 들고 일렬로 서서 벼 베기를 한다. 이후엔 벼를 세워 놓고, 2~3주간 말리고 나면 타작을 한다. 발로 굴려 돌리는 타작기에 벼를 두 손으로 가득 움켜 쥐고서 볍씨를 털어내는 것이다. 이 작업도 5~6명이 붙어서 며칠에 걸쳐서 작업을 해야 한다. 이후에도 할 일은 산더미다. 가득 쌓여진 볍씨를 머리 높이 만큼 바가지로 퍼올려 잡티와 쭉정이를 바람에 날려야 한다. 볍씨를 자루에 퍼담는 일도 만만하지 않다.

　일은 여기서 끝나지 않는다. 볍씨를 가득 자루들을 경운기에 싣고서 적당한 도로나 장소를 골라, 거적위에 볍씨를 쏟아 붇어 잘 마르도록 평평하게 펴야 한다. 해가 지면 이슬에 맞지 않도록 다시 걷어야 한다. 아침이 되면 또다시 펴말려야 한다. 더 잘 마르도록 볍씨도 이따금씩 뒤집어 줘야 한다. 갑자기 소나기라도 내리면, 난리법석의 상황이 연출된다. 정말 고단한 노동의 반복이다. 이렇게 몇 일을 반복하고 나서는 다시 자루에 볍씨를 담아서 방앗간으로 옮겨 탈곡을 한다. 참으로 긴 여정동안 엄청나고, 지리한 노동이 투입되어야 비로소 밥상위에서 쌀밥을 먹을 수 있다. 필자의 경험을 떠올려 나름 상세하게 작성하긴 했지만, 경험이 없는 독자라면 무슨 소린가 싶을 정도로 복잡한 프로세스일 것이다.

　그러나 지금은 어떠한가? 이양기로 손쉽게 모내기를 하니 20명이 할 일을 2~3명이서도 충분하다. 콤바인으로 벼베기인 타작을 하니 10명이 할 일을 혼자서도 거뜬히 할 수 있다. 며칠 동안 볍씨를 말리는 일도 손이 많이 간다. 그런데 건조기가 있으니 단 몇 시간 만에 작업이 끝난다. 농촌에 불어온 혁신의 바람은 효율성과 생산성에 있어서 레볼루션을 이루어 낸 것이다.

21세기를 달리고 있는 지금, 채용 방식은 어떠한가? 이제서야, 채용 레볼루션의 바람이 일고 있다. "생성형 AI"는 최근 1년동안 빠르게 진화하여 많은 산업과 직무에 레볼루션을 일으키고 있다. ChatGPT 등 LLM 모델의 급격한 성장으로 AI 기술이 채용 프로세스에 손쉽게 적용되면서 채용의 효율성과 정확성이 크게 향상되고 있는 것이다. AI는 방대한 양의 데이터를 분석하고 패턴을 찾아내고, 예측 모델을 만들어내는 능력을 가지고 있다. 이는 채용 프로세스에서 더 나은 의사결정을 가능하게 하고 있는 것이다. 평가자별 편향성의 한계를 극복할 수 있는 시대가 열린것은 주목할만 하다. AI는 지원자의 이력서와 온라인 프로필을 분석하여 적합한 후보자를 자동으로 추천할 수 있으며, 이를 통해 채용 담당자는 보다 효과적으로 인재를 선별할 수 있게 되었다. 기업 내부에서 직접 좋은 인재를 채용할 수 있는 방법이 생긴 것이다.

AI 기반 채용 도구는 후보자의 이력서, 학력, 경력, 온라인 프로필 등을 분석하여 직무에 가장 적합한 후보자를 상상할 수 없는 속도로 추천해준다. 수천 명의 지원자 중에서 AI는 특정 기술과 경험을 가진 상위 10%의 후보자를 선별하여 채용 담당자에게 추천하는데, 얼마의 시간이 걸릴까? 이제 채용 담당자는 적합한 후보자를 빠르게 찾아낼 수 있다. 몇 주, 며칠간의 수작업을 필요로 하는 이력서 검토 시간을 불과 몇 시간 만에 해결할 수 있게 된 것이다.

21세기를 달리고 있는 지금, 우리 기업의 채용 방식은 어떠한가? 과거 보내기를 하듯, 모를 하나씩 심고 있는 것은 아닌가?

### 채용 프로세스의 디지털 전환

디지털 전환은 채용 프로세스의 모든 측면을 변화시키고 있다. 이력서 제출, 인터뷰 스케줄링, 후보자 평가, 피드백 제공 등 모든 단계가 디지털화되고 있다. 이는 채용 프로세스를 더 빠르고, 투명하며, 효율적으로 만들어 주고 있다. 디지털 도구는 채용 담당자가 글로벌 인재 풀에 접근할 수 있게 하고, 후보자 경험을 개선하는 데도 도움이 된다. 디지털화된 채용 프로세스는 지원자와의 상호작용을 기록하고 분석할 수 있어서, 보다 정교한 평가와 피드백을 제공할 수 있다.

마이크로소프트는 클라우드 기반의 채용 플랫폼을 도입하여 글로벌 인재를 대상으로 채용 프로세스를 진행하고 있다. 이 플랫폼은 지원자와의 모든 상호작용을 기록하고 분석하여, 보다 정교한 평가와 피드백을 제공한다. 지원자가 온라인으로 이력서를 제출하면, 시스템은 자동으로 해당 이력서를 분석하여 필요한 정보를 추출하고, 이를 기반으로 적합한 직무를 추천해 준다. 또한, 면접 일정을 자동으로 조율하고, 면접 후 피드백을 제공하고 있다.

### HR의 전략적 역할 변화

AI와 디지털 도구의 도입으로 HR 담당자의 역할에도 레볼루션이 일어나고 있다. HR은 더 이상 단순한 관리 역할이 아니라, 데이터 분석과 기술 활용을 통해 전략적 파트너로서의 역할을 수행해야 한다. 이는 HR 담당자가 기술에 대한 깊은 이해와 데이터 분석 능력을 갖추고, 조직의 인재 관리 전략을 설계하고 실행하는 능력이 요구된다. HR 담당자는 AI와 디지털 도구를 효과적으로 활용하여 조직의 인재 전략을 주도하고, 직원들의 역량을 강화하는 데 집중해야 한다.

　HR 담당자에게 요구되는 역량은 시간이 지날 수록 더욱더 전문화 되어갈 수 밖에 없다. 다음은 생성형 AI시대 HR 담당자가 갖추고 있어야 할 역량에 대한 설명이다.

- 데이터 분석 능력: HR 담당자는 데이터를 효과적으로 분석하고 해석할 수 있어야 한다. 이는 직원 성과, 채용 효과, 인재 유지율 등 다양한 HR 메트릭을 이해하고 활용하는 데 필수적이다. 데이터 분석 능력을 통해 HR 담당자는 인재 관리 전략을 수립하고, 조직의 목표에 맞게 조정할 수 있는 능력을 갖추어야한다.

- 기술 이해와 활용 능력: AI와 디지털 도구의 도입으로 HR 담당자는 최신 기술을 이해하고 활용하는 능력이 필요하다. 이는 AI 기반 채용 시스템, 학습 관리 시스템(LMS), 성과 관리 도구 등을 포함한다. 기술을 잘 활용함으로써 HR 담당자는 효율성을 높이고, 데이터에 기반한 결정을 내릴 수 있게 된다.

- 전략적 사고: HR 담당자는 조직의 목표와 일치하는 인재 관리 전략을 개발하고 실행할 수 있어야 한다. 이는 HR이 단순한 행정 역할을 넘어서 조직의 비즈니스 전략과 맞물려 움직이는 전략적 파트너로서의 역할을 의미한다. 이를 위해서는 비즈니스의 전반적인 흐름을 이해하고, 장기적인 인재 개발 계획을 세울 수 있는 능력이 필요하다.

- 변화 관리 능력: 디지털 트랜스포메이션과 기술 혁신은 조직 내 큰 변화를 가

져오며, HR 담당자는 이러한 변화를 관리하고 직원들이 적응할 수 있도록 돕는 역할을 해야 한다. 이는 새로운 시스템 도입에 따른 교육과 지원, 변화에 대한 저항 관리 등을 해결할 수 있어야 한다.

- **커뮤니케이션 및 협업 능력**: HR 담당자는 다양한 부서와의 협업이 필요하며, 효과적인 커뮤니케이션 능력이 중요하다. 이는 조직의 다양한 이해관계자와 협력하여 인재 관리 전략을 조율하고, 직원들의 피드백을 수집하고 반영하는 데 있어서 AI의 활용은 필수적으로 갖추어야 할 역량이다.

IBM의 HR 팀은 AI 도구를 활용하여 직원들의 경력 경로를 예측하고, 맞춤형 교육 프로그램을 제공하고 있다. AI는 직원들의 과거 경력 데이터를 분석하여 향후 경력 발전 경로를 예측하고, 각 직원에게 필요한 교육과 훈련 프로그램을 추천해 준다. 이를 통해 직원들은 자신의 역량을 강화할 수 있으며, 조직은 필요한 기술과 경험을 갖춘 인재를 효과적으로 육성할 수 있다. 또한, IBM의 HR 팀은 정기적으로 AI 도구를 업데이트하고, 산업 동향과 직무 요구 사항을 반영하여 인재 관리 전략을 최적화하고 있다. IBM의 'Your Learning' 플랫폼은 직원들이 필요한 기술을 습득하고 경력을 발전시키는 데 중요한 역할을 하고 있다.

## AI 활용 채용 프로세스 혁신

자동화된 이력서 스크리닝은 텍스트 분석 및 데이터 추출 기술을 통해 이루어진다. 이 기술은 이력서의 텍스트 데이터를 분석하여 중요한 정보를 추출하고, 후보자의 기술, 경험, 자격 등을 평가한다. 이를 통해 수백 개의 이력서를 빠르게 분석하고, 적합한 후보자를 선별할 수 있다. 예를 들어, AI 기반 스크리닝 도구는 이력서에서 'Python', '데이터 분석', '프로젝트 관리' 등의 키워드를 검색하여, 해당 기술을 보유한 후보자를 찾아낸다. 이는 수작업으로 일일이 이력서를 검토하는 것보다 훨씬 빠르고 정확하게 적합한 후보자를 식별할 수 있게 한다.

자연어 처리(NLP) 기술은 자동화된 이력서 스크리닝의 핵심 요소이다. NLP는 이력서의 텍스트를 이해하고, 중요한 정보를 추출하며, 이를 바탕으로 후보자의 적합성을 평가한다. NLP 기술은 단순히 키워드를 검색하는 것이 아니라, 문맥을 이해하고, 후보자의 전반적인 역량을 평가할 수 있다. 예를 들어, NLP 기술을 통해 '마케팅 캠페인을 주도하여 ROI를 150% 증가시켰다'와 같은 문장을 분석하고, 이 문장에서 후보자의 리더십, 전략적 사고, 성과를 추출할 수 있다. 이를 통해 채용 담당자는 후보자의 실제 역량을 보다 정확하게 파악할 수 있다.

마케팅 직무의 경우 특정 기술과 경험뿐만 아니라 창의성을 요구하기 때문에, 자동화된 이력서 스크리닝은 특히 효과적이다. 마케팅 직무에서 중요한 키워드와 경험을 중심으로 후보자를 평가할 수 있으며, 창의성과 전략적 사고를 평가하기 위한 맞춤형 질문을 생성할 수 있다. 마케팅 직무 역량 평가에 있어서는 '디지털 마케팅', 'SEO', '콘텐츠 마케팅', '소셜 미디어 전략' 등의 키워드가 중요하다. AI 기반 스크리닝 도구는 이러한 키워드를 중심으로 이력서를 분석하고, 관련 경험과 성과를 가진 후보자를 식별한다. 또한, 후보자가 제출한 마케팅 캠페인 포트폴리오나 사례 연구 링크를 분석하여, 창의성과 실제 적용 능력을 평가할 수 있다.

## ChatGPT 마케팅 직무 적용 예시

지원자의 마케팅 직무 역량 검증을 위해 ChatGPT를 활용한 질문을 구성하는 것은 지원자의 전문성과 전략적 사고 능력을 평가하는 데 매우 중요하다. 특히 콘텐츠 마케팅 전략과 소셜 미디어 캠페인의 성과 분석은 지원자의 창의적 접근 방식과 분석 능력을 보여주는 핵심 요소가 된다.

❓ "최근 실행한 콘텐츠 마케팅 전략의 성공 요인을 분석해주세요."

이 질문은 지원자가 직면했던 마케팅 과제를 어떻게 해결했는지 그리고 어떤 요소들이 캠페인 성공에 기여했는지를 파악하는 데 도움이 된다. 또한 질문에 따른 모범 답안을 ChatGPT를 통해 사전에 생성시켜 학습을 해두면, 인재 채용의 정확성을 높일 수 있다. 지원자는 구체적인 전략, 실행 단계, 사용된 콘텐츠 유형 및 타겟 오디언스를 설명함으로써, 전략적 사고와 시장 이해도에 충분하게 설명할 수 있는 기회를 갖게 된다.

❓ "소셜 미디어 캠페인의 ROI를 어떻게 측정하고 개선하였나요?"

이 질문은 지원자가 캠페인의 성과를 어떻게 평가하고, 결과에 기반하여 전략을 어떻게 조정했는지를 이해하는 데 중요하다. 지원자는 투자 대비 수익 계산, 성과 지표의 선택, 데이터 분석 방법 그리고 이를 바탕으로 한 전략적 개선안을 제시할 수 있어야 한다.

ChatGPT는 지원자가 제시한 전략의 타당성, 실행 능력, 결과 분석 능력 등을 실시간으로 평가할 수 있다. 이와 같은 방식으로 AI를 활용하면 마케팅 직무 채용 과정에서 더 깊이 있는 분석과 평가가 가능해진다. 지원자의 답변에서 전문 용어의 정확성, 데이터 해석 능력 그리고 전략적 사고의 깊이를 평가함으로써, 기업은 실제 업무 환경에서 지원자가 어떻게 기여할 수 있을지를 더 정확하게 예측할 수 있다. 이러한 접근 방식은 마케팅 직무에 대한 지원자의 적합성을 더욱 명확하게 파악하는 데 도움이 될 것이다.

### ChatGPT 영업 직무 적용 예시

ChatGPT를 활용하여 영업 직무에 대한 면접이나 평가 과정에서 질문을 통해 지원자의 기술, 경험 그리고 전략적 접근 방식을 평가하는 것이 중요하다. 영업 직무에 특히 중요한 능력은 고객 관리, 영업 전략 개발, 성과 추적 및 관계 구축 등이다. 아래는 영업 직무 평가를 위한 몇 가지 예시 질문들이다.

❓ "중요한 고객과의 관계를 어떻게 구축하고 유지하였나요?"

이 질문은 지원자가 어떻게 중요한 고객 관계를 성공적으로 관리하고 유지했는지를 평가하는 데 도움이 된다. 지원자는 특정 고객과의 성공적인 상호작용 사례를 설명하면서, 그 과정에서 사용한 커뮤니케이션 기술과 문제 해결 전략을 공유할 수 있다.

❓ "지난 분기의 영업 목표를 어떻게 달성하였나요? 구체적인 전략을 설명해 주세요."

이 질문은 지원자가 설정된 영업 목표를 어떻게 달성했는지 그리고 그 과정에서 사용한 전략과 기술을 평가하는 데 중요하다. 지원자는 자신의 성과를 구체적인 데이터와 함께 설명해야 하며, 성공을 이끈 핵심 요인들을 강조할 수 있다.

**?** "예상치 못한 판매 도전을 어떻게 극복했나요?"

이 질문은 지원자가 어려움과 압박 속에서 어떻게 창의적으로 문제를 해결했는지를 보여줄 수 있다. 지원자는 특정 도전을 예로 들고, 그 상황에서 사용한 대응 전략과 그 결과를 자세히 설명해야 한다.

ChatGPT를 활용하여 기업 특성에 맞는 직무 역량을 규명하고, 직무별 인재 채용을 위한 탁월한 질문을 생성할 수 있다. 또한 지원자의 응답 내용을 분석하여, 영업 기술, 고객 관리 능력 그리고 전략적 사고 능력을 평가할 수 있다. 이와 같은 방식으로 AI를 활용하면 영업 직무 채용 과정에서 보다 깊이 있는 분석과 평가가 가능해진다. 지원자의 답변에서는 영업 전략의 실행력, 고객 관계 관리 기술 그리고 성과 기반의 접근 방식을 평가함으로써 기업은 실제 업무 환경에서 지원자가 어떻게 기여할 수 있을지를 더 정확하게 예측할 수 있게 된다.

## ChatGPT 경영기획 직무 적용 예시

경영 기획 분야의 인재 채용 시, ChatGPT를 활용하여 지원자가 기업 전략의 개발, 실행, 평가에 관한 깊은 이해와 경험을 갖추고 있는지를 평가할 수 있다. 경영 기획 직무는 분석적 사고, 전략적 계획, 내부 커뮤니케이션 능력 그리고 예산 관리와 같은 기술을 요구한다. 아래는 경영 기획 직무에 대한 평가를 위한 몇 가지 예시 질문들이다.

**❓** "최근에 참여한 전략 기획 프로젝트를 설명해 주세요.
프로젝트의 목표와 귀하의 역할은 무엇이었나요?"

이 질문은 지원자가 어떻게 전략적 목표를 설정하고, 그 실행을 위해 어떤 계획을 수립했는지를 파악하는 데 도움이 된다. 지원자는 구체적인 프로젝트 사례를 들어 설명하며, 자신의 역할과 사용된 분석 도구 그리고 도달한 결과를 자세히 기술할 수 있다. ChatGPT는 응답 내용을 상세 분석하여 지원자의 보유 역량을 평가하게 된다.

**❓** "기업 운영상의 어려움을 해결하기 위해 구현한
효과적인 해결책은 무엇이었나요?"

이 질문은 지원자가 경영상의 문제를 어떻게 인식하고, 해결하기 위해 어떤 전략을 도입했는지를 평가하는 데 중요하다. 지원자는 특정 문제를 해결하기 위해 분석한 데이터, 최종 결정의 근거에 대해 설명할 필요가 있다.

**❓** "실행한 전략의 성과를 어떻게 평가하고,
그 결과를 바탕으로 어떤 개선 조치를 취했나요?"

이 질문은 지원자가 전략의 성공 여부를 어떻게 측정하고, 필요한 조정을 어떻게 실행했는지에 대한 이해를 돕는다. 지원자는 성과 지표 선택, 결과 분석 그리고 개선 전략을 상세히 설명해야 한다.

ChatGPT를 채용업무에 활용함으로써 지원자의 경영 기획 능력, 전략적 사고 그리고 실행 능력에 대한 평가의 신뢰도를 높일 수 있다. 특히, 경영 기획 직무 채용 과정에서 보다 깊이 있는 분석과 평가가 가능해진다. 지원자의 답변에서는 문제 해결 방법, 전략 개발 능력 그리고 성과 평가 기술을 평가함으로써 기업은 실제 업무 환경에서 지원자가 어떻게 기여할 수 있을지를 더 정확하게 예측할 수 있다. 이는 경영 기획 직무에 대한 지원자의 적합성을 더욱 명확하게 파악하는 데 있어서 ChatGPT는 크게 도움이 될 것이다.

## 시간과 비용 절감 효과

AI 기반 스크리닝 도구는 수백에서 수천 개의 이력서를 신속하고 정확하게 검토할 수 있는 능력을 갖추고 있다. AI는 텍스트 분석과 자연어 처리(NLP) 기술을 통해 후보자의 기술, 경험, 자격을 빠르게 평가하고, 적합한 후보자를 선별한다. 이는 전통적인 수작업 방식과 비교할 때 훨씬 더 높은 효율성을 제공한다.

전통적인 채용 프로세스에서는 이력서 검토, 인터뷰 스케줄링, 후보자 평가 등 각 단계에서 상당한 시간이 소요되지만, AI는 이 과정들을 자동화하고 최적화하여 시간을 대폭 줄일 수 있다. 빠른 채용은 조직이 필요한 인재를 신속하게 확보하는 데 매우 중요하다.

AI 기반 스크리닝 도구를 도입하게 되면, 100개의 이력서를 검토하는 시간을 단 10분으로 단축시킬 수 있다. 이를 통해 채용 담당자는 이력서 검토에 소요되는 시간을 크게 절약하여, 다른 중요한 업무에 더 많은 시간을 할애할 수 있게 된다. 채용 담당자는 후보자 인터뷰 준비, 팀 협업, 전략적 채용 계획 수립 등 고부가가치 활동에 집중할 수 있게 되는 것이다. 채용 레볼루션이다.

어느 스타트업은 AI 기반 채용 도구를 도입하여 채용 주기를 평균 30일에서 15일로 줄였다. 이는 AI가 이력서를 자동으로 검토하고, 인터뷰 일정 조정 및 후보자 평가를 신속하게 처리할 수 있었기 때문이다. 이를 통해 회사는 빠르게 변화하는 시장에서 필요한 인재를 적시에 확보하여 경쟁력을 유지하는 데 크게 기여했다. 새로운 기술 개발 프로젝트를 시작하는 데 필요한 인재를 제때에 채용하여 프로젝트의 성공 가능성을 높인 것이다.

## AI 도입의 잠재문제와 해결 방안

AI 기반 스크리닝 도구는 특정 키워드에 의존하여 후보자를 평가한다. 그러나 모든 후보자가 동일한 키워드를 사용하지 않기 때문에, 중요한 자격을 갖춘 후보자가 키워드 부재로 인해 스크리닝 과정에서 제외될 수 있다. 이는 특히 다양한 표현 방식이 존재하는 창의적 직무에서 더욱 문제가 될 수 있다.

예를 들어, 마케팅 직무에 지원하는 후보자가 '콘텐츠 마케팅' 대신 '디지털 콘텐츠 전략'이라는 표현을 사용했을 경우, AI 도구가 이를 인식하지 못하면 적합한 후보자를 놓칠 수 있는 것이다.

〈해결 방안〉

• **자연어 처리**(NLP) **기술의 활용**: AI 도구는 자연어 처리(NLP) 기술을 활용하

여 다양한 표현을 이해하고, 동의어를 인식할 수 있도록 해야 한다. '콘텐츠 마케팅'과 '디지털 콘텐츠 전략'이 같은 의미로 인식되도록 NLP 모델을 훈련시킨다.

- HR 담당자의 검토: AI의 결과를 검토하고, 기계가 놓친 후보자를 보완하는 작업이 필요하다. AI가 선별한 후보자 목록을 HR 담당자가 추가로 검토하여 중요한 후보자가 배제되지 않도록 한다.

## 창의적 직무에서의 문제점

AI 도구는 주로 구조화된 데이터를 기반으로 작동하기 때문에, 창의적 직무에서 필요한 비정형 데이터나 비언어적 신호를 평가하는 데 한계가 있다. 이는 특히 마케팅, 디자인, 예술 등의 분야에서 창의적 사고와 혁신을 요구하는 직무에서 문제가 될 수 있다.

그래픽 디자이너의 이력서에서 창의적 프로젝트나 디자인 포트폴리오는 AI 도구가 충분히 평가하기 어려울 수 있다.

〈해결 방안〉

- 포트폴리오 분석 기능: AI 도구는 포트폴리오 분석 기능을 포함하고, 창의적 작업의 질적 측면을 평가할 수 있는 알고리즘을 개발해야 한다. 디자인의 색상 조합, 레이아웃의 창의성 등을 평가할 수 있는 기능을 추가한다.
- HR 담당자의 추가 검토: AI의 초기 평가 결과를 바탕으로 HR 담당자가 후보자의 창의적 역량을 추가로 검토하는 절차를 마련해야 한다. 이는 포트폴리오와 같은 창의적 자료를 직접 평가하는 과정을 포함한다.

### 비기술적 요소의 평가 어려움

AI 도구는 기술적 능력과 경험을 평가하는 데는 효과적이지만, 창의성, 팀과의 문화적 적합성, 커뮤니케이션 능력 등 비기술적 요소를 평가하는 데는 한계가 있다. 이러한 요소들은 종종 직무 성공에 결정적인 영향을 미친다.

소프트 스킬이 중요한 고객 서비스 직무에서, AI 도구가 후보자의 공감 능력이나 대인 관계 능력을 충분히 평가하지 못할 수 있다.

〈해결 방안〉

- 감성 분석 및 음성 톤 분석: AI 도구는 감성 분석, 음성 톤 분석, 비디오 인터뷰 평가 등의 기능을 포함해야 한다. 이러한 기술을 통해 후보자의 비언어적 신호와 감성적 반응을 평가할 수 있다.

- HR 담당자의 최종 검토: 최종 결정은 HR 담당자가 AI 평가 결과를 바탕으로 면접을 통해 비기술적 요소를 추가로 검토하는 절차를 포함해야 한다. 이를 통해 후보자의 창의성, 팀워크 능력, 커뮤니케이션 능력을 종합적으로 평가한다.


### 팀과의 문화적 적합성

AI 도구가 이러한 비기술적 요소를 충분히 평가하지 못하면, 조직 내에서 팀워크와 커뮤니케이션이 중요한 직무에서 적합하지 않은 후보자를 선발할 위험이 있다. 창의성과 문화적 적합성은 직무 만족도와 장기적인 성과에 중요한 영향을 미친다.

스타트업에서 창의적이고 유연한 사고를 요구하는 직무에 적합한 후보자를 찾는 과정에서, AI 도구가 이러한 특성을 평가하는 데 실패할 수 있다.

〈해결 방안〉

- **창의성 테스트 및 상황적 판단 테스트**: AI 도구는 창의성 테스트, 상황적 판단 테스트, 팀 기반 프로젝트 평가 등을 포함해야 한다. 창의적인 문제 해결 능력을 평가하기 위한 시나리오 기반 질문을 생성하는 것이다.
- **팀 상호작용 평가**: 채용 과정에서 팀과의 상호작용 평가를 통해 후보자의 문화적 적합성을 검토하는 단계를 추가해야 한다. 이는 팀 멤버들과의 실습 과제나 그룹 인터뷰를 통해 이루어질 수 있다.

AI 도구는 NLP 기술을 사용해 다양한 표현을 이해하도록 훈련되었고, 감성 분석과 비디오 인터뷰 평가가 가능하다. KHR Group은 2023년에 IT 개발자와 제휴하여 'JOB GPT' 플랫폼을 개발하여 대학과 기업에 서비스를 제공하고 있다. HR 담당자들은 AI가 선별한 후보자들을 추가로 검토하여 창의성과 팀워크 능력을 평가하면 된다. 이를 통해, 스타트업과 중소기업 및 대기업 등 인재 채용의 목적에 적합한 인재를 선별할 수 있었으며, 채용의 정확성과 효율성을 크게 향상시킬 수 있다. ChatGPT의 'GPTs'의 활용만으로도 채용 시스템의 구현이 가능하다. 'KHR GPT 연구소'에서는 대학과 기업의 직원 1만명에게 ChatGPT 활용법 강의를 통해 다양한 직무에 AI를 접목하여 생산성과 효율성을 높이는 방법을 함께 연구하며, GPT 시스템을 구축해나가고 있다.

# HR 담당자의 역할

AI 도구는 채용 과정의 많은 부분을 자동화하고 효율성을 높일 수 있지만, 인간의 판단과 경험은 여전히 중요한 역할을 한다. AI와 HR 담당자의 협력은 채용 프로세스의 정확성과 공정성을 극대화하는 데 필수적이다. AI는 후보자의 이력서와 데이터를 초기 평가하고, HR 담당자는 AI가 선별한 후보자 목록을 검토하여 최종 결정을 내린다. 이 과정은 AI의 기술적 능력과 인간의 직관적 판단을 결합하여 더 나은 채용 결과를 도출할 수 있다.

AI 모델의 성능을 유지하고 향상시키기 위해서는 지속적인 업데이트와 다양화가 필요하다. HR 담당자들은 AI 모델의 학습 데이터를 정기적으로 검토하고, 새로운 데이터와 산업 동향을 반영하여 모델을 업데이트해야 한다. 이는 AI 도구가 최신 채용 트렌드와 직무 요구 사항에 맞춰 정확하게 후보자를 평가할 수 있도록 도와준다.

HR 담당자들은 AI 도구가 사용하는 평가 기준을 지속적으로 개선해야 한다. 이는 AI가 후보자의 자격을 정확하게 평가하고, 공정한 채용 결정을 내릴 수 있도록 한다. 평가 기준은 직무 요구 사항과 일치해야 하며, 이를 위해 HR 담당자들은 정기적으로 기준을 검토하고 조정해야 한다.

소프트웨어 개발자의 채용 과정에서, AI 도구가 사용하는 평가 기준에 최신 프로그래밍 언어와 기술 트렌드를 반영하여, 후보자의 기술적 역량을 더욱 정확하게 평가할 수 있다. AI 모델에 'React', 'Node.js', '클라우드 컴퓨팅' 등의 최신 기술을 포함시키면, 지원자의 최신 기술 트렌드를 반영하여 정확하게 평가할 수 있다. HR 담당자들은 이러한 기준을 지속적으로 모니터링하고 개선하여 AI 도구의 평가 정확성을 높일 수 있다.

데이터 과학 분야에서 AI 도구가 최신 머신러닝 알고리즘과 데이터 분석 기술을 평가할 수 있도록, HR 담당자들은 해당 분야의 최신 트렌드와 기술 발전을 AI 모델에 반영한다. 데이터 과학 분야에서 '딥러닝', '빅데이터 분석', 'TensorFlow' 등의 최신 기술 트렌드를 반영하여 AI 모델을 업데이트하면, AI 도구는 지원자의 최신 기술과 경험을 정확하게 평가할 수 있다. 이를 통해 AI 도구는 변화하는 산업 요구에 맞춰 정확하게 후보자의 역량을 평가할 수 있다.

AI 도구의 도입에 있어서 HR 담당자의 지속적인 역할이 중요하다. AI 도구는 초기 이력서 스크리닝을 자동화하여 기술적 자격을 평가하고, HR 담당자들은 이 결과를 바탕으로 후보자들과 인터뷰를 통해 문화적 적합성, 창의성, 커뮤니케이션 능력을 추가로 평가한다. 또한, HR 팀은 정기적으로 AI 기술을 업데이트하여, 후보자 평가의 정확성과 신뢰성을 높일 수 있어야 한다. 이를 통해 조직은 효율적이고 공정한 채용 프로세스를 유지하면서도, 최적의 인재를 확보할 수 있기 때문이다.

# 02

# 다양성을 중심으로 한 디지털 채용 전략

## 다양성 증진을 위한 디지털 도구의 활용

디지털 도구는 다양성을 증진하고 모든 지원자에게 공정한 기회를 제공하는 데 중요한 역할을 한다. 이러한 도구들은 채용 과정에서 편향을 줄이고, 다양한 배경을 가진 인재를 효과적으로 평가할 수 있도록 도와준다. 디지털 도구는 지원자 데이터를 객관적으로 분석하여 편향 없는 평가를 가능하게 하며, 글로벌 인재 풀에 접근할 수 있는 기회를 제공한다. 이는 기업이 다양한 배경과 경험을 가진 인재를 공정하게 평가하고 채용하는 데 도움을 준다.

AI 기반 스크리닝 도구는 인종, 성별, 연령 등의 개인적 특성에 상관없이 후보자의 역량과 경험을 평가한다. 이는 실질적인 업무 수행 능력에만 초점을 맞추어 편향을 줄이는 데 기여한다. AI 도구는 미리 정의된 객관적인 기준에 따라 후보자를 평가하므로, 공정한 채용을 촉진한다.

인재 채용 시 AI 스크리닝 도구를 통해 인종적 편향을 줄이고, 다양한 배경을 가진 지원자들에게 동등한 기회를 제공할 수 있다. 이러한 접근 방식은 지원자의 기술과 경험만을 평가하여 공정한 후보자 선정이 가능해진다.

다국어 지원 시스템을 도입하면 비영어권 지원자도 자신의 모국어로 채용 과정에 참여할 수 있다. 이는 다양한 언어를 사용하는 인재들을 채용할 수 있도록 도와준다. 언어 접근성 도구는 모든 지원자가 동등한 기회를 가질 수 있도록 지원할 수 있게 된다.

글로벌 마케팅 캠페인을 담당할 인재를 채용하는 경우라면, 다국어 지원 시스템을 통해 영어뿐만 아니라 스페인어, 중국어 등 여러 언어로 면접 질문과 자료를 제공하여 다양한 언어를 사용하는 후보자들에게 동등한 기회를 제공할 수 있다. 이를 통해 회사는 다양한 문화적 배경을 가진 인재를 효과적으로 평가하고 채용할 수 있는 시스템을 구축하게 되는 것이다.

### 온라인 면접 플랫폼의 장점

온라인 면접 플랫폼은 지리적 제약 없이 지원자가 어디서든 면접에 참여할 수 있도록 한다. 이는 먼 거리에 사는 지원자나 이동이 어려운 지원자들에게 채용 기회를 제공한다. 또한, 시간과 비용을 절감할 수 있어 효율적인 면접이 가능하다. 이러한 플랫폼은 지원자와 채용 담당자가 편리한 시간에 면접을 진행할 수 있게 하여 스케줄 조정의 어려움을 최소화한다. 또한, 면접 과정을 녹화하고 저장하여 이후에 다시 검토할 수 있는 기능을 제공함으로써 채용 결정의 투명성과 객관성을 높인다.

온라인 면접 플랫폼을 통해 전 세계의 인재들과 면접을 진행을 통해 다양한 배경의 지원자들과의 접근성을 높이고, 시간과 비용을 절감할 수 있다. 한국에 본사를 둔 기업이라면, 유럽과 아시아의 지원자들과 쉽게 면접을 진행할 수 있고, 이로 인해 출장 비용과 시간을 크게 절감할 수 있다. 또한, 온라인 면접 플랫폼의 녹화 기능을 활용하여 면접 과정을 반복적으로 검토하고, 객관적인 평가를 내릴 수 있다.

### 편향 감지 알고리즘의 중요성

편향 감지 알고리즘은 채용 과정에서 발생할 수 있는 편향을 식별하고 제거하는 데 중요한 역할을 한다. 이러한 알고리즘은 평가 과정에서의 공정성을 유지하고, 다양한 배경의 후보자들에게 공평한 기회를 제공할 수 있다. 편향 감지 알고리즘은 채용 데이터와 평가 프로세스를 분석하여 무의식적인 편향을 찾아내고, 이를 수정하는 방식으로 작동한다. 이는 채용 과정에서 특정 인종, 성별, 연령 등에 대한 편향을 줄이고, 모든 후보자를 공정하게 평가할 수 있게 한다.

특정 배경이나 학교 출신에 편향되지 않고, 다양한 배경의 후보자들의 공정한 평가를 위해 편향 감지 알고리즘을 활용하는 것이다. 예를 들어, 과거 채용 방식의 자료를 분석한 알고리즘을 통해 특정 대학 출신자에게 유리하게 작용하던 평가 요소를 식별하고, 이를 수정하여 보다 다양한 출신 배경의 후보자들이 공정하게 평가받을 수 있도록 하는 것이다. 또한, 편향 감지 알고리즘을 사용하여 면접 질문이 성별이나 인종에 따라 다르게 적용되지 않도록 하여 채용 과정의 공정성을 높이는 것도 가능하다.

### 다양성과 포용성 훈련

다양성과 포용성 훈련은 채용 관련 모든 직원들이 다양성과 포용성에 대해 이해하고 실천할 수 있도록 돕는다. 이러한 훈련은 의식적 또는 무의식적 편향을 극복하고, 다양한 배경의 지원자들이 공평하게 평가받을 수 있는 환경을 조성한다. 다양성과 포용성 훈련 프로그램은 채용 담당자들이 편향된 사고 방식을 인식하고 이를 수정하는 데 필요한 지식과 기술을 제공한다. 또한, 조직 전체에서 포용적인 문화를 확립하여 모든 직원이 존중받고, 각자의 잠재력을 최대한 발휘할 수 있도록 지원한다.

모든 채용 담당자를 대상으로 다양성과 포용성 훈련을 실시하는 것은 매우 중요하다. 이를 통해 채용 과정에서의 무의식적 편향을 줄이고, 다양한 배경의 지원자들이 공평하게 평가받을 수 있도록 하는 것이다. 다양성과 포용성에 대한 정기적인 워크숍과 교육 세션을 통해 직원들이 지속적으로 학습하고 발전할 수 있도록 해주어야 한다. 이러한 노력은 조직 내 포용적인 문화를 강화하고, 다양한 배경의 인재를 채용하는 데 긍정적인 영향을 주기 때문이다.

## 포용적 채용 문화의 조성

포용적 채용 문화를 조성하기 위해서는 조직 문화와 채용 목표를 긴밀히 통합하는 것이 중요하다. 조직의 미션, 비전, 가치관을 채용 과정에 반영하여 모든 지원자가 이를 이해하고 공감할 수 있도록 해야 한다. 이는 지원자에게 조직의 문화를 명확히 전달하고, 채용 과정에서의 일관성을 유지하는 데 도움이 된다.

조직의 핵심 가치를 채용 과정에 통합하여 모든 지원자가 면접 단계에서 이를 경험할 수 있도록 하는 것이다. 면접 질문과 평가 기준에 조직의 가치가 반영되고, 이를 통해 지원자들은 조직 문화에 대한 명확한 이해를 바탕으로 면접에 임할 수 있게 하는 것이다. 예를 들어, '혁신'과 '협력'을 중요 가치로 삼고 있다면, 면접 질문에서 "어떤 창의적인 방법으로 팀 프로젝트를 성공적으로 완료했는지 설명해보세요"와 같은 질문을 통해 지원자의 가치관과 조직 문화의 일치여부를 판단하는 것이다.

### AI, 머신러닝 도구의 활용

AI와 머신러닝 도구는 포용적 채용 문화를 조성하는 데 중요한 역할을 한다. 이러한 도구들은 후보자의 역량과 경험을 객관적으로 평가하여 무의식적 편향을 줄이고, 공정한 채용 결정을 내릴 수 있도록 돕는다. AI 도구는 다양한 데이터 분석을 통해 후보자의 문화적 적합성을 평가하고, 조직에 적합한 인재를 선별할 수 있다.

AI 기반의 채용 도구를 사용하여 다양한 배경을 가진 후보자들을 평가함에 있어서, AI 도구는 각 후보자의 경험과 기술을 객관적으로 분석하고, 이를 바탕으로 문화적 적합성을 평가하여 최적의 후보자를 선별해 낼 수 있다. 이 도구는 특정 인종, 성별, 또는 연령에 편향되지 않고, 후보자의 실제 업무 능력을 중심으로 평가를 진행하여, 공정하고 투명한 채용 과정을 기대 할 수 있다.

### 다양한 커뮤니케이션 채널 활용

다양한 커뮤니케이션 채널을 활용하면 더 넓은 인재 풀에 접근할 수 있다. 온라인과 오프라인, 소셜 미디어 등 다양한 채널을 통해 모든 집단에 도달하며, 이를 통해 포용적인 채용 문화를 조성할 수 있다.

소셜 미디어, 웹사이트 그리고 지역 커뮤니티 이벤트를 통해 채용 정보를 알리는 것도 중요하다. 이를 통해 다양한 배경을 가진 지원자들에게 접근할 수 있으며, 다양한 인재 풀에서 최적의 후보자를 선발할 수 있다. 인스타그램과 링크드인을 활용하여 젊은 인재들을 유치하고, 지역 커뮤니티 센터에서 채용 박람회를 개최하여 다양한 연령대의 지원자들에게 접근하는 노력도 중요하다.


## 지속적인 개선을 위한 노력

지속적인 교육과 멘토링 프로그램은 직원들이 다양성과 포용성에 대해 계속해서 학습하고 성장할 수 있도록 돕는다. 이러한 프로그램은 조직의 모든 레벨에서 다양성과 포용성을 이해하고 실천할 수 있도록 한다. 교육 프로그램은 정기적으로 업데이트되어야 하며, 멘토링 프로그램은 신규 직원과 경력직 직원 모두에게 적용될 수 있다.

모든 직원들에게 다양성과 포용성에 관한 연간 교육을 제공하고, 다양한 배경을 가진 직원들이 선배 멘토와 연결될 수 있는 멘토링 프로그램을 운영해 보는 것이다. 이러한 프로그램을 통해 직원들은 자신의 경험과 배경을 공유하며, 조직 내에서 성장하고 발전할 수 있는 기회를 얻을 수 있다. 문화적 차이를 이해하고 존중하는 방법에 대한 워크숍을 정기적으로 개최하며, 멘토링 프로그램을 통해 다양한 배경의 직원들이 서로의 경험을 학습할 수 있도록 하는 것은 매우 중요하다.

## 팀 성과와 혁신적 능력 강화

다양성과 포용성은 팀 성과와 혁신적 능력을 강화하는 데 중요한 요소이다. 다양한 배경을 가진 인재들이 모이면 더 넓은 시각과 창의적인 아이디어를 제공할 수 있으며, 이는 조직의 성과와 혁신 능력을 높이는 데 기여한다. 조직은 이를 지속적으로 평가하고 개선하는 노력을 기울여야 한다.

다양한 배경을 가진 직원들로 구성된 혁신 팀을 꾸려보고, 이를 통해 새로운 제품 아이디어를 개발에 집중해 보는 것이다. 정기적으로 다양한 아이디어를 공유하고, 각자의 문화적 배경을 반영한 창의적인 해결책을 제시하여 회사의 제품 개발 과정에서 중요한 역할을 수행 할 수 있는 환경을 조성해 주는 것이다. 팀 내에서 주기적으로 브레인스토밍 세션을 열어 다양한 아이디어를 교환하고, 이를 통해 다양한 시각을 반영한 혁신적인 제품 개발이 이루어 지도록 해주어야 한다. 이러한 접근은 팀의 성과를 높이고, 회사의 경쟁력을 강화하는 핵심이다.

# 03

# 채용의 미래: 도전 과제와 기회

## 데이터 보안의 중요성

채용 과정에서 수집되는 개인 정보는 매우 민감한 데이터를 포함하고 있다. 이는 지원자의 이름, 연락처, 경력, 학력 등 개인 식별이 가능한 정보를 포함하기 때문에, 이러한 데이터를 안전하게 보호하는 것은 매우 중요하다. 데이터 보안은 지원자와의 신뢰를 구축하는 데 중요한 요소이며, 법적 준수를 통해 조직의 명성을 보호하는 데도 필수적이다. 채용 과정에서 지원자의 개인 정보를 보호하기 위해 고급 보안 프로토콜을 적용하는 것도 중요하다. 이를 통해 데이터 유출 사고를 방지하고, 지원자들에게 안전한 채용 환경을 제공할 수 있기 때문이다.

개인 정보 보호는 법적 요구사항일 뿐만 아니라 지원자와의 신뢰 관계를 구축하는 데도 중요하다. 많은 국가에서는 일반 데이터 보호 규정(GDPR)과 같은 엄격한 개인 정보 보호 법규를 시행하고 있으며, 이를 준수하지 않을 경우 높은 벌금과 법적 제재를 받을 수 있다. 따라서 조직은 이러한 법적 요구사항을 철저히 준수하여 신뢰를 유지해야 한다.

개인 정보 유출이 발생하면 지원자의 신뢰를 잃고, 조직의 명성이 훼손될 수 있다. 또한, 법적 제재와 높은 벌금이 부과될 수 있다. 이러한 문제를 예방하기 위해서는 정기적인 보안 감사와 교육, 최신 보안 기술의 도입이 필요하다. 이를 통해 조직은 데이터 유출 위험을 사전에 방지하고, 개인 정보를 안전하게 보호할 수 있게 된다.

## 사용자 친화적 인터페이스 설계

채용 과정에서 기술적 장벽은 지원자들이 기술을 효과적으로 사용하지 못하게 하거나, 채용 담당자들이 효율적으로 작업을 수행하지 못하게 할 수 있다. 이는 복잡한 채용 시스템, 데이터 입력 오류, 기술적 오류 등 다양한 형태로 나타날 수 있다. 이러한 장애물을 해소하기 위해서는 채용 시스템의 단순화, 기술적 지원의 강화 등이 필요하다.

사용자 친화적 인터페이스는 모든 사용자가 쉽게 이해하고 사용할 수 있도록 설계된 시스템을 의미한다. 이는 채용 시스템의 복잡성을 줄이고, 사용자가 쉽게 내비게이션 할 수 있도록 돕는다. 사용자 경험을 향상시키기 위해 직관적인 디자인, 간단한 지침, 명확한 사용자 안내 등을 포함해야 한다.

다양한 형식의 멀티미디어 지원 자료는 지원자와 채용 담당자가 채용 시스템을 효과적으로 사용할 수 있도록 돕는다. 비디오 튜토리얼, 인포그래픽, 단계별 지침서 등 다양한 형식의 자료를 제공하면, 사용자가 자신의 학습 스타일에 맞는 자료를 선택할 수 있다.

온라인 교육 프로그램은 지원자와 채용 담당자들이 최신 기술과 시스템을 익힐 수 있도록 지속적인 교육을 제공하는 방법이다. 이러한 프로그램은 채용 시스템 사용법뿐만 아니라, 디지털 기술의 전반적인 이해를 돕는 다양한 교육 콘텐츠를 포함할 수 있다.

## HR의 새로운 패러다임

디지털 혁신과 AI 기술의 도입은 HR 리더들에게 변화를 수용하고 이를 효과적으로 관리하는 능력을 요구한다. 이 변화는 조직의 채용 프로세스뿐만 아니라 전반적인 인재 관리 방식을 재정립하게 한다. HR 리더는 새로운 기술과 도구를 이해하고 이를 조직의 전략적 목표에 맞게 통합하는 역할을 해야 한다. 변화를 수용하는 리더십은 조직의 경쟁력을 유지하고 지속적인 성장을 가능하게 한다.

HR 리더는 조직 내에서 인재를 발굴하고 유지하는 데 중요한 역할을 한다. 이들은 전략적 파트너로서 조직의 목표 달성을 위해 필요한 인재를 적시에 공급하고, 직원들이 최대한의 잠재력을 발휘할 수 있도록 지원해야 한다. 이를 위해서는 데이터 기반의 의사 결정을 하고, AI와 디지털 도구를 활용하여 인재 관리 프로세스를 최적화해야 한다. 예를 들어, HR 부서는 AI를 활용하여 직원 성과 데이터를 분석하고, 이를 바탕으로 맞춤형 경력 개발 프로그램을 제공해야 한다. 이를 통해 HR 리더는 직원들의 강점과 약점을 파악하고, 필요로 하는 교육과 훈련을 제공함으로써 조직 전체의 성과를 향상시킬 수 있다.

디지털 혁신과 AI 기술의 발전은 HR 리더들이 지속적으로 학습하고 개선할 것을 요구한다. 기술의 변화는 매우 빠르게 이루어지며, HR 리더는 최신 기술과 트렌드를 지속적으로 학습하고 조직에 적용해야 한다. 이는 HR 프로세스를 지속적으로 개선하고, 조직의 목표 달성에 기여할 수 있게 한다.

HR 리더는 조직 내 다양성과 포용성을 증진하는 데도 중요한 역할을 한다. 다양한 배경과 경험을 가진 인재를 채용하고, 포용적인 조직 문화를 조성함으로써 창의적이고 혁신적인 아이디어를 촉진할 수 있다. AI와 디지털 도구를 활용하면 무의식적인 편향을 줄이고, 공정하고 객관적인 채용과 평가를 실시할 수 있다.

생성형 AI 시대, HR 리더는 데이터 기반의 의사 결정과 맞춤형 경력 개발 프로그램을 통해 직원들의 잠재력을 최대한 발휘할 수 있도록 지원해 주어야 한다. 또한, 지속적인 학습과 최신 기술의 적용을 통해 HR 프로세스를 개선하고, 다양성과 포용성을 증진시켜 창의적이고 혁신적인 조직 문화를 조성함으로써 조직의 지속 가능한 성장을 도모할 수 있다. HR 리더들은 이러한 노력을 통해 조직의 전략적 목표를 달성하고, 경쟁력을 유지하며, 직원들의 만족도와 성과를 극대화하는데 집중해야 할 것이다.

# 채용 시장의 변화와
# 성인 진입기 시대

김진규 팀장

# 01

# 채용 시장 변화와 성인 진입기의 영향

　　2024년 한국경제인협회 조사에 따르면, 매출액 500대 기업의 최근 채용 트렌드로 '중고신입 선호', '수시 채용의 확대', '인공지능 기술 활용 확대'가 꼽혔다. 특히 지난해 대학 졸업자 중 약 4분의 1(25.7%)이 경력이 있는 상태에서 신입 직무에 지원한 '중고신입'이며, 이들은 매년 증가하고 있다. 이러한 변화는 신입사원들의 잦은 이직이 일반적 현상임을 나타내며, 기업은 신입사원이라도 일정 수준 이상의 업무 경험과 실질적인 역량을 갖추기를 기대하고 있다. '수시 채용의 확대'는 기업들이 연중 상시적으로 인재를 채용하여, 보다 유연하게 인재를 확보하고 조직의 필요에 신속하게 대응하려는 전략이다. 이는 과거 특정 기간에만 이루어지던 채용 방식에서 벗어나, 필요할 때 언제든지 적절한 인재를 선발할 수 있는 체계로 전환하고 있음을 의미한다. '인공지능 기술의 활용 확대'는 채용 과정에 AI를 도입하여 효율성을 증대시키고, 더 정교하고 객관적인 인재 선발이 가능해졌음을 나타낸다. 이는 기업이 AI

기술을 활용하여 지원자의 역량과 적합성을 보다 정확하게 평가하겠다는 의지를 보여준다.

전 세계적으로 대두되고 있는 사회문제 중 하나가 바로 캥거루족이다. 캥거루족은 경제적으로 독립할 나이가 되었지만 부모에게 의존하는 청년들을 의미한다. 부모 입장에서는 애가 타겠지만, 이러한 현상은 단순히 가족 내의 문제를 넘어 사회 전체의 경제적 활력에도 부정적 영향을 미친다. 특히 장기간 경기 침체를 겪은 일본에서는 청년 층의 캥거루족 문제가 사회적으로 큰 관심사가 되었다. 일부는 성인이 되어도 부모의 지원에 의존하는 상황이 지속되며, 중년 캥거루족으로 이어졌다. 최근 국무조정실에서 공개한 '청년 삶의 실태 보고서'에 따르면, 19세에서 34세 사이의 청년 중 약 60%가 부모 집에서 생활하고 있는 것으로 나타났다. 이들이 독립하지 않은 주된 이유로는 '경제적 조건이 충분하지 않다'는 응답이 56.6%로, 가장 높은 비율을 차지했다. 더불어 청년 은둔 비율도 상승 중이다. 보건복지부 통계(2021)에 따르면, 팬데믹의 영향이 더해져 전 세대 우울의 평균 점수가 지난 2018년에 비해 2배 이상 악화된 것으로 나타났다. 특히 20대의 우울 점수가 가장 높았다. 여러 뉴스, 기사, 통계자료를 보더라도 현재 우리나라의 청년들은 참 힘든 시기를 겪고 있다.

최근 심리학 연구를 하고 있는 친한 지인과 대화를 나누던 중 인간의 발달 단계에 대해 자세히 듣게 되었다. 현재의 청년과 갓 사회에 진출한 신입사원들은 발달 단계에 있어 어디에 속해 있는지, 이 시기의 인간은 어떤 특징을 보이고 왜 그러한 행동 특성들이 나타나는지 궁금해졌다. '나 때는 안 그랬는데'라는 관점에서 벗어나 청소년도 아니고 성숙된 어른도 아닌 청년들의 심리와 행동이 궁금했다. 이에 호기심이 생겨 다양한 논문과 이론을 탐독하던 중, 이론적으로 이미 정립된 내용을 발견했다. 앞서 언급한 20대 청년들의 상황은 제프리 젠슨 아넷(Jeffrey Jensen Arnett)이 2000년에 발표한 '성인 진입기(Emerging adulthood)'라는 개념으로 설명될 수 있다. 성인 진입기는 후기 청소년기를 지나 성인기로 넘어가는 과도기적인 단계이다. 아넷은 이 단계가 청소년기와 성인기와는 이론적, 경험적으로 구별된다고 주장했다. 이 시기에는 상대적인 독립과 사회적 역할로부터의 자유, 정체성 탐색의 기회에 중점을 두고 있으며, 이러한 특성들은 이 시기를 다른 발달 단계와 구분짓는 중요한 요소로 꼽고 있다. 따라서 성인 진입기는 개인이 자아정체성을 탐색하고, 경제적 및 정서적 독립을 추구하는 등 여러 중요한 발달 과제를 경험하는 시기라 할 수 있다.

- 나는 어떤 사람인가?
- 나는 어떤 직업을 가져야 할까?
- 취업을 위한 스펙은 어디까지 쌓아야 하고, 무엇부터 준비해야 할까?
- 나의 연애생활은 파란불인가, 빨간불인가?
- 내게 사랑은 사치인가?
- 나의 첫 직장 생활은 잘 하고 있는걸까?
- 내 커리어는 앞으로 어떻게 개발해야 할까?

자아 정체성, 진로 정체성, 사랑, 직업 등 지금까지 학교와 학원에서 배울 수 없는 여러 과제들을 스스로 고민하고 결정하는 시기이기 때문에 늘 불안할 수밖에 없다. 이는 경제적 및 정서적 독립을 추구하면서 여러 중요한 발달 과제를 경험하고 다양한 가능성을 탐색하며 자신의 삶을 구성해 나가는 과정을 의미한다. 성인 진입기는 고등학교 졸업 후부터 29세 사이의 청년들을 의미하며, 다음과 같은 다섯 가지 핵심 특징들이 나타난다.

첫 번째 특징은 '정체성 탐색'이다. 청년들은 자신들의 삶에서 자신이 누구인지 그리고 앞으로 무엇이 되고 싶은지에 대해 깊이 탐색한다. 이는 구체적으로 직업적 방향, 연애 그리고 개인적 가치관 등을 탐색하는 것을 의미한다.

두 번째 특징은 '불안정성'이다. 이 시기는 직업, 거주지, 관계 등 여러 측면에서 불안정성이 특징이다. 이는 청년들이 취업을 할 수 있을지 없을지, 취업을 하더라도 근무지역으로 이사할 수도 있기 때문에 지역 발령에 대한 심리적 불안정성이 지속된다고 볼 수 있다. 앤서니 클로츠 교수가 정의한 '대퇴사'(Great resignation) 현상은 미국을 중심으로 퍼진 직장인들의 사직 열풍을 의미하는데, 이러한 대규모 퇴사 움직임은 놀랍거나 새로운 현상이 아니며, 한국을 비롯한 다른 나라들도 유사한 추세를 보이고 있다. 최근 MZ세대의 퇴사를 조용한 퇴사, 요란한 퇴사, 영리한 퇴사라고도 부르며, 퇴사와 취업준비생을 조합한 '퇴준생'이라는 신조어도 등장했다. 이를 통해 청년 시기의 잦은 이직은 대한민국 청년들의 심리적 불안감이 과거보다 더 높아졌음을 알 수 있다.

세 번째는 '자기 중심적 시기'라는 특징이다. 청년들은 앞으로의 삶을 계획하고, 수정하며, 결정을 내리는 자기 중심의 의사결정을 해야 하는 시기이다. 따라서 자기 자신에 더 집중하며, 자신의 정체성과 미래에 대한 계획을 세우는 데 많은 시간을 할애한다. 네 번째 특징은 '사이에 끼어 있다'라는 느낌이다. 청년들은 스스로를 완전한 어른이라고 느끼지 않으면서도 더 이상 청소년이 아니라고 생각한다. 그 이유는 안정적인 직장을 갖지 않았거나, 부모로부터 독립이 완전히 이루어지지 않았기 때문이다. 현재 청년들의 약 40%가 부모와 함께 거주하며, 장기간에 걸쳐 취업시장에서 고군분투하고 있다. 이는 심리적으로 불안정한 시기가 과거보다 길어졌음을 시사한다.

앞의 특징들이 다소 우울했다면, 마지막 다섯 번째 특징은 밝은 미래에 대한 '가능성의 시기'이다. 청년들은 무한한 가능성을 지니고 있으며, 이를 바탕으로 자신의 긍정적인 미래와 희망을 꿈꿀 수 있다. 따라서 이 시기에는 새로운 경험을 탐색하고, 자신의 잠재력을 실현할 기회로 가득 차 있다. 이처럼 '성인 진입기'는 청년들이 직면한 도전과 기회를 모두 포괄하는 중요한 시기로, 이를 통해 청년들이 자신의 정체성을 탐색하고, 자립을 위한 준비 과정을 겪음을 의미한다.

채용 담당자는 청년들의 노동시장 진출, 결혼 그리고 출산이 늦어지고 있기 때문에, 발달 단계 관점에서 청년들의 특징을 더 깊게 이해할 필요가 있다. 청년들이 어른이 되기를 거부하거나, 자기 자신만 생각하는 이기적인 집단이 아닌 발달 단계에 있어 독특하고 중요한 시기임을 강조하고자 한다.

# 02
# 메타인지가 중요한 이유

    메타인지는 우리가 자신의 사고 과정에 대해 인식하고, 그것을 어떻게 조절하고 이해하는지에 대한 자가 평가 능력을 의미한다. 이는 자신의 학습 방법, 문제 해결 전략, 정보 처리 방식에 대한 이해와 자각을 포함한다. 메타인지는 크게 두 부분, 즉 메타인식과 메타통제로 구분된다. 메타인식은 자신의 지식, 사고 과정, 전략에 대한 인지와 인식을 의미하며, 메타통제는 이러한 인식을 바탕으로 한 자신의 사고 과정의 조절 능력을 가리킨다.

    직장에서 업무를 수행할 때, 직무 역량을 정확히 인지하고, 진행 중인 업무를 스스로 평가 및 수정하는 체계적인 전략이 필수적이다. 구성원은 자신의 업무의 최종 아웃풋 이미지를 그려보고, 업무의 전 과정을 점검하며 어떻게 업무를 수행할지 계획해야 한다. 또한, 외부 환경의 변화에 따라 계획과 전략을 유연하게 수정하는 능력도 중요하다. 이러한 과정을 효과적으로 관리하기 위해서는 메타인지적 접근이 요구된다. 메타인지는 자신의 인지 활동을 관찰하고, 평가하며, 점검하고, 통제하고, 관리하는 과정을 포함한다. 메타인지적 능력을 갖춘 구성원은 업무를 보다 효율적으로 처리할 수 있으며, 예상치 못한 문제 상황에서도 효과적으로 대응할 수 있다.

연구에 따르면, 메타인지적 특성을 지닌 조직 구성원은 그렇지 않은 구성원에 비해 더 높은 직무 성과를 달성하며, 직무 만족도도 높은 것으로 나타났다. 따라서 조직은 채용 시 메타인지 능력을 어느 정도 보유하고 있는지 측정할 필요가 있으며, 채용 후에도 이를 개발하고 활용할 수 있도록 지원하는 것이 중요하다. 이를 통해 전체적인 업무 효율성과 직원 만족도를 향상시킬 수 있다.

세계적인 컨설팅 업체인 맥킨지는 신입 컨설턴트 채용 시 메타인지 능력을 포함한 다양한 인지능력 테스트를 실시한다. 컨설팅 분야에서 메타인지는 매우 중요한 역량 중 하나다. 컨설턴트는 다양한 산업과 문제 상황에 대해 빠르게 이해하고, 효과적인 해결책을 제시할 수 있어야 한다. 이 과정에서 자신의 사고 과정을 인식하고, 자신의 접근 방식을 평가하며, 필요한 경우 조절할 수 있는 능력, 즉 메타인지는 매우 중요하다. 컨설턴트에게 메타인지 능력은 복잡한 문제를 해결하고, 다양한 프로젝트와 환경에서 효과적으로 작업할 수 있는 능력의 밑바탕이 된다. 따라서, 컨설팅 회사가 신입사원의 메타인지 능력을 평가하려는 것은 그들의 업무 성과와 직접적으로 관련이 있으며, 고객에게 최고의 서비스를 제공하기 위한 중요한 평가 프로세스라 할 수 있다.

EBS에서 방영한 '0.1%의 비밀' 프로그램은 학업 성취도에서 최상위권인 학생들과 그렇지 않은 학생들 사이의 차이를 연구했다. 주목할 점은 최상위권 학생들이 평균적인 학생들과 비교했을 때 IQ나 가정 환경에서 두드러진 차이를 보이지 않았다는 것이다. 연구 과정에서 학생들에게 관련 없는 단어들을 보여주고 이를 기억하도록 한 실험을 진행했다. 이 실험의 핵심은 학생들이 단어를 기억할 것이라고 예상하는 양과 실제로 기억하는 양의 차이를 분석하는 것이었다.

결과적으로, 최상위권 학생들은 자신들의 예상치와 실제 기억한 단어 수가 거의 일치했던 반면, 일반 학생들은 이 두 수치 사이에 차이를 보였다. 이러한 차이는 기억력의 우수함이 아니라, 자신이 알고 있는 것과 모르는 것을 정확하게 인지하는 능력, 즉 메타인지에서 비롯된 것으로 해석된다. 메타인지 능력이 우수한 학생들은 자신의 지식을 객관적으로 평가할 수 있으며, 이를 통해 학습이나 목표 달성 과정에서 보다 효율적인 접근을 할 수 있다.

이 연구 결과는 최상위권 학생들과 일반 학생들 사이의 주요 차이점이 IQ나 가정 환경과 같은 외부적 요인이 아니라, 자신의 학습 과정과 지식을 얼마나 잘 인지하고 평가할 수 있는지, 즉 메타인지 능력에 있다는 것을 보여준다. 메타인지 능력이 뛰어난 학생들은 자신이 이미 알고 있는 정보와 모르는 정보를 분명히 구분할 수 있으며, 이를 기반으로 학습 계획을 세우고 학습 자원을 보다 효과적으로 분배할 수 있다. 이는 학습 효율성을 증가시키고, 결과적으로 더 높은 학업 성취도로 이어질 수 있다. 또한, 이러한 능력은 단순히 학업에 국한된 것이 아니라, 일상 생활과 직장 내 문제 해결, 목표 설정 및 달성 과정에서도 중요한 역할을 한다. 메타인지를 통해 자신의 강점과 약점을 정확히 파악하고, 자신의 행동과 생각을 조절할 수 있기 때문에, 다양한 상황에서 보다 효과적인 결정을 내릴 수 있다.

메타인지의 중요성은 특히 신입사원에게서 두드러진다. 새로운 업무 환경에서 요구되는 역량과 기대치를 파악하고, 자신의 학습 방식과 업무 수행 방식을 조절하는 능력은 업무 효율성과 성과를 높이는 데 결정적인 역할을 한다. 또한, 자기 주도적 학습, 문제 해결 능력, 비판적 사고 등을 통해 끊임없이 변화하는 업무 환경에 적응하고 개인의 경쟁력을 강화할 수 있다. 신입사원이 메타인지 능력을 발달시키기 위해서는 자신의 학습과 사고 과정에 대해 지속적으로 성찰하고, 다양한 상황에서 자신의 접근 방식과 그 결과를 평가하는 습관을 들여야 한다. 이를 통해 자신의 강점과 약점을 파악하고, 필요한 전략과 기술을 개발할 수 있다. 또한, 자신의 인지적 오류나 편향을 인식하고, 이를 극복하기 위한 노력도 중요하다.

메타인지는 또한 신입사원이 팀워크와 협업을 향상시키는 데도 중요한 역할을 한다. 자신의 사고 과정을 인식하고 조절할 수 있음은 물론, 상사 및 동료의 관점과 사고 과정을 이해하고 존중하는 능력은 팀 내에서 효과적인 소통과 협력을 촉진한다. 이는 창의적 문제 해결, 의사결정 과정에서의 다양한 의견 수렴, 갈등 해결 등 다양한 팀 활동에서 긍정적인 영향을 미친다.

마지막으로, 신입사원의 메타인지 개발은 조직 역량과 인재 관리 전략에도 영향을 미친다. 채용 담당자는 신입사원의 메타인지를 측정할 수 있는 평가 방법을 고민할 필요가 있다. 또한 신입사원이 입사를 하면 메타인지 능력을 강화할 수 있는 교육 프로그램을 제공하고, 개인의 성찰과 자기 개발을 장려하는 문화를 조성함으로써, 신입사원의 역량 개발과 조직의 전반적인 성과 향상을 도모해야 한다. 이와 같이 메타인지는 개인의 자기 관리 능력을 넘어 조직의 성장과 발전에도 핵심적인 역할을 하는 중요한 개념이다.

이러한 관점에서 볼 때, 메타인지는 단순히 개인의 학습 방법에 관한 것이 아니라, 신입사원이 직면할 수 있는 다양한 도전을 극복하고, 직장 생활에서 성공적으로 발전하기 위한 근본적인 능력의 하나로 볼 수 있다. 따라서 인사팀에서는 메타인지의 중요성을 인식하고, 이를 채용 프로세스에 어떻게 적용할지 그리고 채용 이후 어떻게 개발할지에 대한 방안을 모색해야 할 것이다.

# 03

# 직원 경험을 관리하자

2023년 8월 나우앤서베이의 "대한민국 직장인 삶의 만족도" 조사 결과에 따르면, 직장 생활이 삶의 만족도에 차지하는 비중이 전체 평균 59%를 차지한다고 밝혔다. 이는 직장인들에게 있어 직장 생활이 개인의 삶에서 매우 중요한 요소임을 의미한다. 이 비율은 직장인들의 삶의 질과 행복도가 그들의 직장 경험과 밀접하게 연결되어 있음을 시사한다. 또한 직장 만족도, 일의 의미, 동료 및 상사와의 관계, 업무환경, 일과 삶의 균형 등이 직장인들의 전반적인 삶의 만족도에 상당한 영향을 미친다는 것을 알 수 있다.

직원 경험(Employee experience)은 입사에서 퇴사에 이르기까지 직원이 조직에서 겪는 전반적인 경험을 의미한다. 채용 담당자 입장에서 신규 입사자의 채용도 중요하지만, 직원 경험 관리는 신입사원의 이직률을 낮추고 기존 직원들의 퇴사를 방지하는 데 매우 중요한 전략이다. 직원들이 긍정적인 경험을 하고 조직에 대한 만족도가 높을수록, 그들의 몰입도가 증가하고 장기적으로 회사에 머물 가능성이 높아진다. 직원 경험 관리를 통해 조직은 직원들이 업무와 조직 문화에 더 쉽게 적응하고, 개인의 성장과 발전을 지원할 수 있으며, 직무 만족도와 생산성을 향상시킬 수 있다.

직원 경험은 직원들이 조직 내에서 겪는 일련의 상호작용, 인식, 감정으로 구성된 복합적인 개념이다. 이는 직원이 입사하는 순간부터 퇴사하는 순간까지 조직과의 모든 접점에서 형성되는 경험을 포괄한다. 직원 경험은 단순히 직장 내에서의 만족도나 행복감을 넘어서, 업무 환경, 조직 문화, 리더십, 성장 기회, 보상 및 인정 등 조직의 모든 측면에 걸친 광범위한 경험을 의미한다.

특히 신입사원의 경우, 조직의 첫 인상과 초기 경험이 향후 그들의 태도와 행동에 큰 영향을 미친다. 따라서 신입사원이 조직에 긍정적으로 적응하고, 자신의 역할에 만족하며, 조직의 일원으로서 가치를 창출할 수 있도록 지원하는 것이 중요하다. 이를 위해서는 효과적인 온보딩 프로세스, 성장 기회 제공, 지속적인 피드백 및 인정, 업무와 개인 생활의 균형을 지원하는 환경 조성 등이 포함될 수 있다.

또한, 기존 직원들의 퇴사를 방지하기 위해 조직 문화, 관리자의 리더십 스타일, 업무 환경, 성과 관리 시스템 등 조직의 여러 측면에서 긍정적인 변화를 추구하는 것이 중요하다. 직원들이 조직에 대해 높은 소속감을 느끼고, 자신의 역할이 조직의 성공에 중요하다고 인식할 때, 이직 의도는 감소하게 된다.

LG디스플레이는 MZ세대 직원들의 직장 만족도를 높이기 위해 다양한 복지 프로그램을 제공하고 있다. 최근 파주 사업장에 글로벌 브랜드인 스타벅스가 입점하여 직원들에게 선택의 폭을 확대하는 등 긍정적인 효과를 가져왔다. 또한, 서울 3대 도넛 팝업 이벤트를 통해 직원들의 흥미를 돋우고 사내 분위기를 활성화시켰다. 이러한 이벤트 외에도 타코벨, 이차돌, 배떡 등 유명 외식 업체와의 협업을 통해 다양한 특식을 제공하고 있으며, 특히 식도락 복지에는 영양 컨설팅과 구독형 건강 식단을 포함하여 직원 개개인의 건강까지 고려한 서비스를 제공하고 있다. 이러한 노력은 직원들의 건강과 만족도 향상에 큰 기여를 하고 있다. 이는 LG디스플레이가 직원들의 행복과 성장을 최우선으로 여기며 적극적으로 지원하고 있음을 보여주는 사례라 할 수 있다.

구글은 직원의 만족도와 생산성을 높이기 위한 직원 경험 관리 사례로 유명하다. 구글은 다양한 복지 혜택, 유연한 근무 환경, 자유로운 창의적 분위기를 제공한다. 직원들은 자유로운 간식, 헬스클럽, 마사지 서비스, 육아 지원 등 다양한 혜택을 받으며, 이는 전반적인 직원 경험을 크게 향상시켰다. 에어비앤비는 '소속감(Belong anywhere)'이라는 기업 문화를 강조하며, 직원들이 전 세계 어디서나 일할 수 있는 유연한 근무 정책을 도입하여 일과 삶의 균형을 잘 유지할 수 있도록 지원하고 있다. 이처럼 기업들은 직원 경험 관리를 위해 직원들의 신체적, 정신적 건강을 지원하는 다양한 복지 프로그램을 운영하고 있다. 회사는 피트니스 할인, 마음챙김 프로그램, 스트레스 관리 워크숍 등을 제공하여 직원들이 건강을 유지할 수 있도록 지원한다.

최근 인사팀에서는 AI 기반 커뮤니케이션 도구를 적극 활용하여 직원들에게 긍정적인 경험을 제공하고 있다. AI 챗봇의 도입은 직원들과의 개인화된 상호작용을 가능하게 하여, 직원 경험 관리의 효과적인 도구로 활용되고 있다. 이와 관련된 연구도 활발히 진행되고 있다. 직장에서 AI 챗봇을 활용하면, 직원들은 HR 관련 질문을 전화로 하기보다는 챗봇을 통해 언제든지 쉽고 편하게 인사, 복리후생, 총무 등의 정보를 얻을 수 있다. 또한, 챗봇은 직원들의 성장과 육성을 지원하며, 개인에 맞춤화된 커리어 로드맵이나 교육 계획도 제공한다. 이러한 개인화된 지원은 직원 경험을 획기적으로 개선하는 데 기여하며, 이에 대한 다양한 연구 결과가 이를 뒷받침하고 있다.

인사팀은 챗봇을 통해 쌓인 데이터를 분석하여 직원들이 어떤 주제에 관심을 가지고 있는지, 어떤 질문을 자주 하는지 등을 파악할 수 있다. 이러한 정보는 직원 복지 향상을 위한 계획을 수립하는 데 매우 유용하게 사용될 수 있다. 이처럼 다양한 사례를 통해 조직은 직원들의 만족도와 몰입도를 높이고, 이를 통해 신규 입사자의 조직 적응도를 개선하여 이직률을 낮추는 데 기여할 수 있다. AI 챗봇과 같은 혁신적인 도구의 적절한 활용은 직원 경험을 극대화하고, 조직의 성공을 촉진하는 중요한 열쇠가 될 수 있다.

직원 경험은 크게 세 가지 주요 요소로 분류할 수 있다.

첫째, 물리적 환경이다. 직원들이 업무를 수행하는 실제 공간 및 업무 환경을 말한다. 이는 사무실의 디자인, 작업 공간의 구성, 편의 시설의 사용성 등 직원들이 일상적으로 업무를 수행하는데 영향을 미치는 물리적 조건을 포함한다. 물리적 환경은 직원의 업무 효율성, 창의성 및 협업 능력에 직접적인 영향을 미친다.

둘째, 기술적 환경이다. 직원들이 업무를 수행하는 데 사용하는 기술, 도구, 시스템을 의미한다. 이는 소통 및 협업 플랫폼, 업무 관리 도구,

고객 관리 시스템 등 직원들이 업무를 더 효율적이고 효과적으로 수행할 수 있도록 지원하는 기술적 자원을 포함한다. 기술적 환경은 직원의 업무 만족도와 생산성을 크게 향상시킬 수 있다.

셋째, 문화적 환경이다. 조직 문화, 가치, 리더십 스타일 및 직원 간의 상호작용과 같은 비물리적 요소를 포함한다. 문화적 환경은 조직의 비전과 목표에 대한 직원의 이해와 동기부여, 팀워크 및 협력, 직원 간 및 직원과 리더십 간의 신뢰와 존중을 형성하는 데 중요한 역할을 한다. 긍정적인 문화적 환경은 직원의 만족도, 몰입도 그리고 충성도를 높이는 데 기여한다.

직원 경험은 이러한 세 가지 요소의 상호작용에 의해 형성되며, 직원 개개인의 요구와 기대를 충족시키는 동시에 조직의 전략적 목표와 일치하는 방향으로 이끌어 간다. 다양한 연구 결과에서도 우수한 직원 경험을 제공하는 조직은 높은 직원 만족도와 조직몰입 그리고 궁극적으로 높은 성과를 달성할 가능성이 더 크다. 따라서 조직은 직원 경험을 전략적으로 관리하고 개선하기 위한 노력을 지속적으로 기울여야 한다.

정리하면, 신입사원의 이직률 문제를 해결하고 기존 직원들의 퇴사를 방지하기 위한 직원 경험 관리는 조직의 지속 가능한 성장과 성공에 필수적이다. 직원들이 자신의 역할에 만족하고, 개인적인 성장을 경험하며, 조직과의 강력한 연결을 느낄 수 있도록 하는 것이 핵심이다. 조직은 채용을 통한 외부 수혈도 중요하지만, 직원들의 만족을 이끌어 냄으로써 직원 경험 관점에서 막힌 혈도 함께 풀어내야 할 것이다.

# 제2부

# 평가와 선발에서의 혁신적 접근

면접관의 역할과 혁신적 평가 방법(박해룡 CHO)

인재 선발과 채용 채널의 다변화(이지원 부장)

# 면접관의 역할과
# 혁신적 평가 방법

박해룡 CHO

# 01
# 면접관의 역할과 태도

면접관의 역할은 조직과 직무에 적합한 인재를 선발하는 것이다. 조직에 적합한 인재는 조직이 추구하는 가치에 따라 행동하는 사람이다. 직무에 적합한 인재란 직무를 수행하여 성과를 내는 사람이다. 여기서 직무는 기능과 역할로 구분된다. 예를 들어, '인사팀장'이라는 직무는 '인사관리'라는 기능과 '팀장'이라는 역할을 의미한다. 따라서 '직무적합도(Job fitness)'는 기능과 역할 수행에 필요한 역량을 갖춘 수준이라 할 수 있다. 면접관은 지원자가 기능 수행에 필요한 지식이나 기술을 어느 정도 갖추고 있는지, 역할 수행에 필요한 스킬이나 리더십을 얼마나 갖추고 있는지 종합적으로 검증하는 역할을 한다.

## 면접관의 역할과 자격요건

인재 선발을 위한 면접관의 역할과 자격요건을 크게 8가지로 요약할 수 있다. 첫째, 면접관은 직무에 대해 이해해야 한다. 성과를 내기 위해 필요한 요건이 무엇인지 충분히 이해하는 사람이 면접관을 해야 한다. 면접관이 직무를 모르면 직무 수행에 필요한 역량을 알기 어렵고, 타당도가 낮은 질문을 할 가능성이 높다. 인공지능 면접이 도입초기에 타당도 문제를 지적받았던 이유도 직무와 역량, 성과에 대한 이해부족에서 찾아볼 수 있다. 직무를 이해해야 최적의 인재를 선발할 수 있다.

둘째, 면접관은 조직 내의 역할(Role)을 이해해야 한다. 조직에는 다양한 역할이 있다. 또한 입사 후 성장단계에 따라 역할이 변하게 된다. 그래서 중장기적 관점에서 역할을 고려해 인재를 판단할 수 있어야 한다. 특히 국내기업에서는 정년이 보장되고, 인력풀이 제한적이기 때문에 더욱 그러하다. 역할은 경험 과정에서 이해가 깊어지기 때문에 조직 내 역할 단계를 경험하고 이해하는 팀장, 임원이 면접관으로 참여하게 된다.

셋째, 면접관은 인재 육성 관점에서 면접을 진행해야 한다. 채용 면접 단계부터 인재육성은 시작되어야 한다. 이를 위해 지원자를 면밀히 관찰하고, 장단점을 기록하는 것은 기본이다. 하지만 면접관의 수준차이가 크다. 특히, 관찰 내용을 기록하고, 근거를 바탕으로 판단하는 능력의 차이가 더욱 크다. 관찰이 부족하면 기록할 것이 없고, 기록이 부족하면 판단 근거가 부족한 것이다. 면접관은 평가 오류에 빠지지 않도록 판단 근거를 기록하여 심의 과정에서 제시할 수 있어야 한다. 제시된 내용을 바탕으로 평가 의견을 종합할 때 면접 결과의 타당도가 높아질 수 있다. 평가자료로 활용한 관찰기록은 입사 후 육성의 근거로 활용해야 한다. 강점이 무엇이고, 개발해야 할 것은 무엇이며, 어떤 직무를 부여할 때 가장 성과를 잘 낼 것으로 보이는지, 장기적으로 어떤 경력관리를 해서 키울 것인지 판단할 수 있도록 역할을 해야 한다.

넷째, 데이터 기반 인사관리(People or HR analytics)를 위한 근거를 수집해야 한다. 대부분의 기업에서 채용, 교육, 평가, 보상, 직무이력, 원온원 미팅 등 인사관리 전반에서 발생하는 정보를 통합적으로 활용하지 못하고 있다. 특히 채용 단계의 정보 활용은 단절이 더 심하다. 채용 시 면접관이 관찰하고 기록한 내용이 부서 배치와 교육, 경력 관리에 활용되지 못하는 경우가 많다는 의미이다. 입사 후 성과와 역량에 대한 관리 및 개인의 경력 관리는 입사 단계부터 철저히 이루어져야 하며, 면접관은 데이터기반 인사관리의 시작을 담당하는 것이다.

다섯째, 면접관은 조직의 미션, 비전, 핵심가치, 인재상을 이해하고 공감해야 한다. 면접관이 회사에 대한 이해가 부족하거나 조직이 추구하는 지향점에 공감하지 않으면 적합한 인재를 선발할 수 없다. 특히 조직에 불만이 많은 면접관은 태도와 질문에서 부적절한 모습을 자주 보인다. 면접관을 모니터링 하는 과정에서 목격한 사례가 생각난다. 한 팀장이 지원자에게 '스펙이 좋은데 왜 우리 회사를 지원했느냐? 다른 회사에도 얼마든지 합격할 것 같은데'라는 표현을 사용하는 것이었다. 부적정한 질문이라 채용팀장에게 의견을 전달하니, 그 팀장이 퇴직예정이라고 답변한다. 그리고 지원자는 그 면접관의 대학 후배였다. '명문대 출신이 왜 이 정도의 회사에 오느냐, 이 회사 별로다'라는 마음을 전달한 셈이다. 따라서 면접관은 조직에 대한 이해도와 만족도가 높은 사람으로 구성하는 것이 매우 중요하다.

여섯째, 면접 도구를 이해하고 활용할 수 있어야 한다. 면접 기법은 계속 진화하고 있다. 대면 면접 외에도 토론, 발표, 역할극, 시연, 테스트 등 다양한 기법이 활용되고 있다. 질문 내용도 변하고 있다. "부모님께서는 무슨 일을 하세요?", "혈액형이 어떻게 되세요?"와 같은 질문은 이제 사용하지 않는 것과 같다. 면접관은 다양한 인재선발 도구를 이해하고 활용할 수 있도록 학습하고 경험을 쌓아야 한다.

일곱째, 인재에 대한 판단 능력을 갖추어야 한다. 이는 객관적인 사례와 구체적인 행동 데이터에 근거하여 이루어져야 한다. 자신의 신념이나 편견에 의존하지 않고, 객관적이고 공정한 평가를 할 수 있어야 한다. 이를 통해 첫인상, 확증편향(Confirmation bias), 후광효과(Halo effect), 유사성 오류, 관상이나 이미지로 판단하는 등의 오류를 줄일 수 있다. 인재에 대한 판단 능력을 향상하기 위해 면접관은 평소 사람에 대해 관심을 갖고 사람의 언행을 관찰하며 평가하고 피드백하는 연습을 지속적으로 해야 한다. 이를 통해 직무 적합도, 조직 적합도, 사람의 속성(Traits)을 종합적으로 판단하는 능력을 개발해야 한다.

여덟째, 면접관은 효과적인 질문을 해야 한다. 타당도가 높은 질문을 개발하고, 질문을 구조화하여, 질문은 대화하듯 명확하게 하는 것이 중요하다. 시작(Opening)질문과 심층(Probing)질문을 구분하고, 답변 내용에 따라 추가질문을 하고, 상황에 따라 유연하게 대처할 수 있는 역량을 갖추어야 한다. 면접의 핵심은 질문임을 명심해야 한다.

면접관의 태도는 지원자에 대한 '배려와 존중'으로 요약할 수 있다. 면접관은 지원자의 입장에서 배려를 느끼고 존중받았다는 인상을 주어야 한다. 항상 자신이 지원자의 위치에 있다고 가정하고 생각해 보아야 한다. 지원자가 자신을 충분히 표현할 수 있도록 하여, 전체 면접 과정이 긍정적인 경험이 될 수 있도록 해야 한다. 이렇게 배려와 존중을 경험한 지원자는 그 회사에 대해 좋은 인상을 가지게 되며, 부정적인 의견을 SNS에 게시하기 어려워진다. 면접관은 자신의 행동이 어떻게 외부에 인식될 수 있는지를 항상 고려해야 하며, 채용 포털이나 취업 사이트에서 지원자들의 후기를 통해 자신의 면접 방식을 객관적으로 평가할 수 있다.

## 면접관의 태도

지원자에 대한 배려와 존중을 위해 바람직한 면접관의 태도 10가지를 제시한다.

첫째, 면접 시간에 지각하지 않는다. 지원자가 지각하면 감점이나 불합격으로 처리되는 것과 같이 면접관 또한 지각할 경우, 우수한 인재를 불합격 처리할 위험이 있다. 면접관은 적어도 5분 전에 면접 장소에 도착해야 하며, 15분 전에 도착하여 면접 준비를 하는 것이 바람직하다. 일대일 면접이 아닌 경우에는 참가하는 면접관이 역할을 나누고, 진행 방식 및 평가 방식에 대해 공감하며 질문의 순서 등을 정해야 하기 때문이다. 면접 전에 자료를 충분히 확인하고, 질문을 준비하며, 차분한 마음으로 대기해야 한다.

둘째, 환영과 감사의 인사를 한다. 지원자를 맞이하고 자리를 안내하며, 눈맞춤(Eye contact)으로 환영의 뜻을 전달한다. 지원자가 들어오면 자리에서 일어나 인사하는 것이 좋으며, 대표자 한 명이라도 그렇게 해야 한다. 간단한 인사 후 진행 안내를 하는 것도 인사의 절차에 포함된다. 면접 진행 절차와 소요 시간을 언급하고, 면접관을 간단히 소개하며, 직무기술서까지 설명하는 것이 바람직하다. 다소 형식적으로 보일 수 있지만, 이 절차는 지원자에 대한 배려이며, 회사에 대한 긍정 이미지 형성에 도움이 된다.

셋째, 면접관이 질문에 참여하는 것이다. 면접관이 질문에 참여하는 것은 당연한 것 아니냐라고 생각할 수 있으나, 현장을 모니터링해 보면 특이한 현상이 자주 발생한다. 한 명이 모든 질문을 하고, 다른 면접관은 관찰만 하거나, 일부 면접관에게 질문이 편중되기도 하며, 자신의 부서 직원을 채용하지 않는 면접에서는 질문을 하지 않는 경우도 있다. 면접관은 회사를 대표하는 역할을 수행하며, 모든 면접관이 질문에 참여하는 것이 지원자를 존중하는 행위이다.

넷째, 지원자에게 답변의 기회를 균등하게 제공하는 것이다. 질문의 양(개수)은 매우 민감한 요소이다. 지원자는 질문을 적게 받거나, 너무 많이 받아 불이익을 받았다고 느끼는 경우가 많다. 첫인상이나 몇 개 질문으로 합격 여부를 판단하고, 추가 질문을 하지 않는 것은 주의해야 한다. 준비한 질문을 모두 하고, 답변할 기회를 제공하는 것이 배려이다. 예정된 면접 시간을 충분히 활용하는 것은 의무라고 생각해야 한다. 공정채용의 절차를 고려하여 면접 시간이나 질문의 수를 균등하게 해야 한다. 특히, 다대다 면접에서 질문의 수에 차이가 날 경우, 비난의 대상이 될 수 있다. 질문이 적어 자신의 강점을 어필할 기회가 부족하다고 느끼거나, 이미 내정된 합격자가 있는 것처럼 느껴질 수 있다. 질문의 수, 시간 배분, 답변 기회를 균등하게 관리하는 것이 배려이다.

다섯째, 면접관의 눈맞춤과 인자한 표정이다. 지원자는 면접관과 눈을 맞추려고 하지만, 면접관은 고개를 숙여 자료만 보거나, 눈을 반쯤

감고 있는 상황을 상상해 보라. 면접관이 계속 지원자를 보고 있기는 어렵겠지만, 적어도 질문과 답변을 할 때는 눈을 맞춰야 한다. 답변을 들을 때는 부드럽고 인자한 미소로 경청하는 모습을 보여야 한다. 답변이 마음에 들지 않더라도, 고개를 가로로 젖거나 표정을 드러내면 지원자가 쉽게 알아차리게 된다. 지원자의 눈을 보며 대화하고, 표정에 평정심을 유지하는 것이 배려이다.

여섯째, 존댓말을 사용한다. 면접관은 반말이나 하대하는 표현은 사용하지 않아야 한다. 또한 질문의 끝이 흐려지는 애매한 표현도 사용하지 않는 것이 바람직하다. '벌써 2002년생이 취업하네. 월드컵이 엊그제 같은데. 내 딸보다 어리네'와 같이 혼잣말처럼 중얼거리는 말도 주의해야 한다. 면접장 내에서의 모든 소리나 표정은 면접 과정의 일부이다. 반드시 존댓말을 사용해야 한다.

일곱째, 메모한다. 면접관은 지원자의 답변에 귀 기울이고 중요한 내용을 기록해야 한다. 면접 결과를 심의할 때 사용할 수 있는 사례, 행동, 데이터를 기록하여 판단의 근거로 활용한다. 특히 면접관이 지원자의 답변을 경청하고 메모하는 모습은 지원자에게 큰 힘이 되고, 배려로 느끼게 한다.

여덟째, 답변을 끊지 않는다. 지원자가 대답하는 도중에 중단시키지 않는 것이 중요하다. 지원자의 답변이 지나치게 길 경우, 양해를 구하고 간결한 답변을 요청할 수 있다. 답변이 계속 길어질 경우, 다음 질문부터는 간단히 답변할 것을 정중하게 요청하는 것은 적절하다. 지원자 자신을 위한 조치로 이해시키도록 안내한다. 그러나, 지원자가 답변 중일 때 '예, 됐습니다', '그 정도만 하시죠', '다음 질문으로 넘어 갈게요' 등의 표현과 함께 퉁명스럽거나, 마음에 안든다는 표정까지 보이며 중단시키는 것은 부적절하다.

아홉째, 면접 중에 피드백을 하지 않는다. 지원자에게 합격이나 불합격을 예감할 수 있는 피드백은 부적절하다. 지원자의 답변에 대해 "대단하다", "훌륭하다", "꼭 합격해서 같이 일하고 싶다"와 같은 반응을 보이는 것은 적절하지 않다. 반대로 "그런 것도 모르나요", "차별점이 안보여요"와 같은 부정적인 평가도 지양해야 한다. 대신 "잘 들었습니다", "잘 알겠습니다", "감사합니다"와 같은 중립적인 표현을 사용하여 지원자에게 안정감을 제공하는 것이 중요하다.

열째, 마지막 발언의 기회를 제공한다. "마지막으로 하고 싶은 말이 있으면 해 보세요"라는 질문을 통해 지원자에게 자유로운 의견 표현의 기회를 부여한다. 이때 자주 형식적인 답변이 나올 수 있지만, "오늘 했던 답변 중 보완하고 싶은 부분이 있을까요?", "답변의 기회가 없어 자신의 역량을 보여 주지 못한 것이 있으면 말씀해 주세요", "자신의 강점을 요약해서 세 가지로 다시 정리해 주세요"와 같은 질문을 통해 지원자가 자신의 생각을 더 자세히 밝힐 수 있도록 한다. 또한 지원자가 면접관에게 질문할 기회를 제공하는 것 역시 중요하다. 이러한 접근은 면접 과정을 통한 상호 소통과 이해를 증진시키며, 지원자에게 공정한 평가 기회를 보장하도록 한다.

면접관의 태도와 관련하여, 지원자 커뮤니티에서는 면접관의 부적절한 행동을 지적하는 다수의 글이 존재한다. 예를 들어, 면접관이 피곤해 보이거나 집중력이 떨어지는 모습, 때로는 깜빡 졸기도 하는 상황이 보고된다. 면접 중에 고개를 숙이고 서류만 보거나, 노트북으로 이메일을 확인하거나 전화를 받는 행위, 심지어 휴대폰으로 주식 거래와 같은 다른 일을 하는 태도도 문제가 되고 있다.

면접관이 지나치게 어렵거나 길고 압박감을 주는 질문을 하거나, 상황에 맞지 않는 엉뚱한 질문으로 지원자를 곤혹스럽게 하는 것도 주의해야 한다. 채용 절차의 공정성을 해치는 질문이나 사생활에 대한 질문, 지적하거나 훈계하는 듯한 피드백은 특히 피해야 한다. 면접은 편안한 분위기에서 대화하듯 진행되어야 하며, 면접관은 면접에 전적으로 집중하고 지원자에 대한 배려와 존중의 태도를 유지해야 한다. 이러한 조치는 면접 결과의 타당성과 신뢰성을 높이는 데 기여한다.

# 02

# 효과적인 면접 질문

면접의 성공은 좋은 질문에 의해 결정된다. 좋은 질문이란 검증하고자 하는 역량을 잘 평가할 수 있어야 하며, 간결하고, 명확하게 의미를 파악할 수 있는 질문이라고 할 수 있다. 타당도와 신뢰도가 높은 질문이라고 한다. 면접 질문이 지원자의 역량을 검증하기에 적합할 때 타당도가 높다고 하며, 누가 질문을 하고 평가를 하더라도 비슷한 판단을 할 수 있을 때 신뢰도가 높다고 할 수 있다. 예를 들어, '취미가 무엇인가요?', '어떤 장르의 채널을 주로 시청하십니까?' 라는 질문은 어떤 역량을 판단할 수 있을지 궁금해지며, 답변을 듣고 평가 의견이 분분할 수 있다. 질문의 타당도와 신뢰도가 낮기 때문이다. 그래서 실전 면접에서 활용하기 쉽고, 타당도와 신뢰도를 높이는 질문 사례를 제시한다.

## 과거 행동과 타당도

과거 행동에 대한 질문은 미래 의지를 묻는 질문보다 타당도가 높다. 지원자의 과거 행동은 재현될 가능성이 높다. 유사한 상황에서 습관적으로 반응을 보인다는 것이다. 사람의 행동은 대체로 일관되게 나타나기 때문이다. 예를 들어, "직장 생활을 할 때 스트레스가 생기면 어떻게 하시겠습니까?"라는 질문보다, "최근에 스트레스를 받은 적이 있습니까? 그 때 어떤 행동을 하셨습니까?"라는 질문이 타당도가 높다는 의미이다. "업무를 하다가 협업이 필요한 상황이 생기면 어떻게 하시겠습니까?"라는 질문보다, "전 직장에서 협업이 필요했던 상황에서 본인이 한 행동을 소개해 주세요"라는 질문이 더 좋다. 그래서 '구조화된 면접(Structured interview)'에서는 주로 과거 경험 사례를 통해 지원자가 했던 구체적인 행동을 묻는 것이다. 이를 BEI(Behavioral Event Interview) 기법이라 한다. "입사 후 열심히 일을 하시겠습니까?", "회사에 급한 일이 생기면 어떻게 하시겠습니까?" 등 미래 의지를 묻거나 특정 조건이나 가정에서 행동 계획을 묻는 질문은 타당도가 낮다. 뻔한 답을 하여 변별이 어렵거나, 면접관이 듣고 싶은 대답을 하려고 의도적으로 과장 또는 거짓된 답변을 할 수 있기에 타당도가 낮아지는 것이다.

## 개선 행동과 타당도

경험을 통해 개선된 행동을 확인하는 질문들은 타당도가 높다. 앞서 언급한 바와 같이 과거 행동에 대한 질문이 미래 의지에 대한 질문보다 타당도가 높다. 여기서 과거의 경험을 통해 지속적으로 발현되는 행동 사례를 확인하는 것이 중요하다. 즉, 과거에 일회적으로 했던 행동을 확인하는 것보다 그 경험을 통해 변화된 긍정 행동을 확인하는 것이 더욱 타당도가 높다는 의미이다. 변화된 행동까지 파악하기 위해 BEI 면접에서는 STAR 기법을 활용한다. 과거 행동 경험에 대한 질문은 'situation-task-action-result'의 4단계로 구성된다. 먼저 경험한 과거 사건의 상황(Situation)을 확인한다. "그런 경험을 하게 된 상황을 구체적으로 설명해 주세요"라는 질문을 할 수 있다. 다음으로 그런 상황에서 해결해야 할 과제(Task)가 무엇이었는지 확인한다. 이어 지원자가 했던 과제와 문제해결을 위해 했던 구체적인 행동(Action)을 확인한다. 마지막은 그런 행동의 결과(Result)이며, 현재는 어떤 상황이며 그런 경험을 통해 긍정적으로 변한 나의 모습에 대해 확인한다. STAR 기법으로 질문하는 과정에서 가장 중요한 것은 행동(Action)이다. 다음으로 중요한 것이 결과(Result)라고 할 수 있다. 면접 평가의 관점에서 과거의 행동이 바람직하고, 과거 경험을 통해 이후 행동이 더 나은 방향으로 나타나면 좋고, 변화된 행동이 지속적으로 나타나면 더욱 좋은 평가를 받는다. 나의 경험 행동이 다른 사람이나 조직에 영향을 미쳐 좋은 성과를 내는 데 기여하였다면 최고의 평가를 받게 된다. 이처럼 4단계 질문으로 타당도를 높일 수 있다.

## 성공 경험과 타당도

성공 경험에 대한 질문은 타당도가 높다. 사람은 누구나 성공과 실패 경험을 갖고 있으며, 경험을 통해 깨달음을 얻어 행동이 변하고 성장할 수 있다. 때로는 실패 경험을 통해 더 큰 깨달음을 얻을 수도 있다. 하지만 면접에서는 성공 경험을 묻는 것이 낫다. 실패 경험을 묻고 탐문하면 지원자는 본능적으로 잘못했던 자신의 과거 행동을 숨기려 하며, 본인의 경험보다는 상황을 설명하며 핑계를 찾으려고 하게 된다. 그래서 성공경험을 묻는 것이 타당도가 더 높다고 할 수 있다. 물론 성공경험을 질문하면 지원자의 과장이 심해질 수 있다는 문제가 있다. 이를 보완하기 위해 본인이 직접 했던 구체적인 행동을 확인하고, 후속질문으로 그 행동을 하게 된 배경까지 확인해 보면 좋다. 또한 함께 했던 사람들 간의 역할, 각자의 기여도, 함께 일한 다른 사람의 반응, 성공경험을 통해 얻은 것, 경험을 통해 성장한 자신의 모습에 대해 심층(Probing) 질문을 하면 타당도를 더욱 높일 수 있다.

## 평판과 타당도

객관적 평판을 묻는 질문은 타당도가 높다. 자신의 주관적인 생각을 묻는 질문보다, 다른 사람의 의견을 확인하는 질문이 더 타당도가 높다는 의미이다. 면접에서 다른 사람의 의견을 어떤 방식으로 확인할 수 있을까? 예를 들어 "가장 자주 듣는 칭찬은 무엇입니까?", "다른 사람이 개선하라고 피드백해 준 말은 무엇입니까?" 등과 같이 나에 대한 타인의 칭찬, 피드백을 확인할 수 있다. 또한 기존 조직에서 이미지, 캐릭터, 아이콘, 별명 등을 배경과 함께 듣는 방법도 가능하다. 특히, 전 직장에서의 평판은 매우 타당도가 높다. 전 직장 인사고과 등급도 유의성이 높지만 프라이버시 문제가 있기 때문에 묻지 않을 뿐이다. 이런 관점에서 평판조회는 타당도가 높다고 할 수 있다. 다만 평판을 객관적으로 조사하기 쉽지 않고 시간과 비용이 많이 드는 문제가 있다. 실전 면접에서는 평판조회에 준하는 질문으로 지원자의 역량을 판단할 수도 있다. 가령, '상사가 지원자에 대해 인정하는 것은 무엇입니까?', '최근 성과와 역량 리뷰 미팅을 가졌다면 어떤 내용들이었습니까?', '전 직장에 평판조회를 한다면 어떤 말을 들을 것을 본인이 예상하십니까?' 등의 질문을 할 수 있다.

그 외에 타당도를 높이는 질문 내용이나 질문 기법은 다양하다. "자신을 가장 잘 설명하는 형용사를 3가지 이상 제시해 보세요"라는 질문으로 면접을 시작하여 각 단어에 대한 구체적인 경험 사례를 확인하는 질문이다. 지원자의 이력서, 자기소개서 내용을 기반으로 BEI-STAR 기법으로, 6하원칙에 따라 면밀하게 탐문하는 과정에서 많은 역량 요소를 검증할 수 있다. 꾸준히 학습 또는 개발하는 내용, 좋은 습관, 지원자의 주요 성과를 확인하는 질문도 매우 타당도가 높다.

# 03
# 시뮬레이션 기법을 활용한 면접 레볼루션

대면 면접으로 질의 응답하는 방식만으로 인재를 선발하는 것은 한계가 있다. 물론 가장 좋은 인재 선발 기법은 실제 그 일을 해 보도록 하는 것이다. 인턴이나 수습 제도가 좋은 도구이며, 또한 실습, 시연을 하는 등의 테스트도 직능 검사로 아주 좋다. 하지만 실제 상황에서 인재를 검증하는 것도 많은 제약이 있다. 그래서 활용하는 것이 '시뮬레이션(Simulation)' 기법이다. 즉 가상의 상황에서 어떻게 행동하는지를 관찰하고 평가하는 것이다. 시뮬레이션 역량 평가의 대표적인 기법은 심층면접(BEI), 집단토론(Group discussion), 분석발표(Analysis & Presentation), 롤플레이(Role play), 인바스켓(In basket) 등이 있다. 모의 테스트(Test)와 시험, 실습, 수습 등과 함께 다양하게 구성해서 활용한다면 더 좋은 인재를 선발할 수 있다.

심층면접(BEI)은 역량 평가 전문가(Assessor)가 지원자의 과거 행동 사례를 질문하고, 지원자의 행동 중 평가 항목과 상관이 있는 내용을 파악하게 된다. 이때 해당 역량에 구체적으로 발현된 행동 중에 긍정행동과 부정행동을 구분한다. 또한 그 행동이 얼마나 빈번하게 일어나는지 분석하여 향후 발생 가능성도 평가한다. 과거에 빈번하게 나타나는 행동은 재현될 가능성이 높기 때문에 매우 타당도가 높다고 할 수 있다.

집단토론(Group discussion)을 통해 이해상충 이슈를 조율하며 협의하는 역량을 검증할 수 있다. 의견차이가 있거나 복잡한 상황을 토론을 통해 합의점을 찾거나 대안을 모색하는 과정을 관찰해야 한다. 평가자는 토론 과정을 면밀히 관찰하며, 중간에 전혀 개입하지 않고 관찰하는 것이 중요하다. 대화의 내용뿐만 아니라 태도, 즉 참여, 경청, 의견 제시, 대안 협의, 적정한 질문 등을 관찰한다. 직장 생활은 혼자 일하는 것이 아니며, 의견을 조율하기 위한 미팅이 많다. 자신의 생각을 설명하고 설득해야 할 때가 많으며, 다른 사람과 갈등을 해결하고 공동의 목표를 달성해야 한다. 신규 입사자를 대상으로 채용 면접 관계에서는 집단토론 과정에서 어떤 태도를 보이는지 관찰하고, 어떻게 소통하고 협업해 나가는지를 검증하는 것이다.

분석발표(Analysis & Presentation) 기법은 구두(Oral) 발표라고도 하며, 제시된 현안 및 정책에 대해 이해하고, 문제점과 원인을 파악하며, 해결 방안을 수립하여 구두로 발표하는 기법이다. 조직의 전략보고서, 마케팅 보고서, 기술개발 자료 등 다소 많은 양의 자료를 주어진 시간 내에 읽고 핵심 내용으로 정리해서 발표해야 한다. 이때 내용 이해, 핵심 이슈 파악, 분석, 발표력 등을 종합적으로 볼 수 있다. 또한 발표 후 심층 면접을 통해 지원자의 역량을 더욱 면밀히 검증할 수 있다. 채용 면접 단계에서는 많은 양의 정보보다는 주제와 일부 내용을 제시하고, 나머지 내용은 인터넷 검색을 통해 대안을 찾게 하는 방법도 활용 가능하다. 분석과 발표 능력뿐만 아니라 소위 '구글링' 역량도 판단할 수 있다.

역할수행(Role play)은 역할연기라고도 하며, 실제 역할을 해 보는 것이다. 예를 들어, 화가 난 민원인에 대한 대응, 퇴직하려는 부하직원 상담, 업무분장에 대한 불만 처리, 언론사 대응 인터뷰 등 다양한 상황을 가정하여 역할을 나누고 지원자가 직접 참여하는 것이다. 상담, 인터뷰와 같이 일대일로 하거나 간담회와 같이 다수를 대상으로 할 수도 있다. 면접에서는 면접관과 지원자가 간단한 상황을 제시하여 역할극을 해 볼 수 있으며, 대면 면접과 분리해서 운영하는 것이 효과적이다.

서류함(In basket) 기법은 업무 처리를 해야 할 과제가 담긴 문서함으로 보면 된다. 실제 업무 처리 상황을 제시하고, 이를 처리하는 과정이나 의사결정한 사항을 평가하는 방법이다. 서류함에는 이메일, 메모, 통화 내역, 문자, 카카오톡 등을 통해 받은 업무와 참고할 자료가 포함된다. 할 일이 많고 시간 및 자원의 제약이 있을 때, 업무의 내용을 정확히 판단하고 처리 순서를 결정하며, 처리 방안을 제시해야 한다. 이를 통해 업무처리 순서와 처리 방안, 권한위임, 업무분장, 업무지시와 소통 등을 종합적으로 평가한다. 서류함 기법은 시나리오 개발 등 준비 비용이 많이 들어서 주로 고위직 선발 과정에서 활용된다. 팀장, 임원, CEO 채용에서는 반드시 활용해 보기를 권장하는 기법이다.

이와 같이 인재 선발의 타당도를 높이는 시뮬레이션 기법은 다양한 형태로 운영해 볼 수 있다. 각 조직의 여건에 맞춰 활용할 수 있으며, 채용 혁신을 위해 면접관의 역량을 높이는 과정에서 작은 변화부터 시도해 보는 것이 기대된다. 이러한 방식은 면접 과정의 효율성과 정확성을 높여 조직에 적합한 인재를 보다 효과적으로 선발하는 데 기여할 수 있다.

# 인재 선발과
# 채용 채널의 다변화

이지원 부장

# 01

# 현대적 인재 선발 기준

"30년 전의 인재상과 역량모델 아직도 유효한가,
시대의 요구에 따라 인재 선발 기준도 업데이트되어야 한다"

현대 사회의 기술 발전과 급변하는 비즈니스 환경은 인재 선발에 새로운 기준을 요구하고 있다. 여전히 수십 년 전에 만들어진 인재상, 핵심가치, 역량 모델을 기준으로 인재를 선발하고 있지는 않은가? 우리는 시대적 변화와 요구에 부응하고 비즈니스 전략 실행을 위해 요구되는 역량이 무엇인지 재정의하고 새로운 기준과 평가 요소를 도입해야 하는 시점에 와 있다. 시대가 아무리 변해도 유구히 변하지 않는 창업정신, 인사철학과 핵심가치 등도 인재를 선발하는 데 중요한 요소임은 분명하다. 여기서 말하는 현대적 인재 선발 기준은 기존의 것에서 무조건 탈피하라는 것이 아니라, 인재 선발 기준이 현재 요구 역량뿐만 아니라 미래의 기술 및 시장 동향을 예측하여 미래에도 유효한 역량을 갖춘 인재를 발굴하기 위한 도구로써 작용해야 한다는 것이다.

그렇다면 현대적 인재 선발의 기준은 무엇일까? 시대가 요구하는 기술, 조직 문화에의 적합성 그리고 지속성장 가능성은 기업이 인재를 선발할 때 고려해야 하는 중요한 기준이 되고 있다.

## 시대가 요구하는 기술

시대에 맞는 직무 역량은 기술 발전과 비즈니스 환경의 변화에 따라 끊임없이 변화하고 있다. 따라서 새로운 기술과 도구에 대한 이해와 적용 능력이 성공적으로 업무를 수행할 수 있는 핵심 요소임이 분명하다. 채용의 분야에 있어서도 우수한 인재 유인을 위한 회사 홍보 동영상 제작, 메타버스 채용 플랫폼 운영, AI 기반의 지원자 검증 시스템 도입이 채용 담당자의 중요한 직무 역량이 되고 있음을 실감할 것이다. 따라서, 채용 단계에서부터 지원자가 새로운 기술과 도구를 활용하여 업무 효율성을 높이고 성과를 향상시키는 역량을 보유하고 있는지를 검증할 수 있어야 한다. 이는 관련 자격증 보유뿐만 아니라, 새로운 기술이나 아이디어를 접목해서 수행했던 프로젝트나 직무 경험을 질문하거나 지원한 분야에 새로운 방식을 접목하여 업무 효율을 향상시킬 수 있는 방안 등을 질문하는 것도 좋을 것이다. 학창 시절의 학점보다는 관련 자격증과 프로젝트 활동 경험 등을 검토하고, 직무 상 필수 역량이라면 면접 시 프레젠테이션이나 포트폴리오 제출 등을 통해 검증하는 절차가 필요하다.

## 조직 문화와의 적합성

조직 문화와의 적합성은 지원자가 회사가 추구하는 가치, 일하는 방식, 정책, 사업 방향성과 조화를 이루는지를 확인하는 것으로, 조직 문화에 적합한 인재는 조직 내에서 긍정적인 영향력을 발휘하고 조직의 성과를 향상시키는 데 기여할 수 있다. 특히 인공지능 시대에도 기계로 대체하기 어려운 소통과 협업의 역량은 여전히 중요한 요소다. 글로벌 채용 컨설팅 기업 로버트월터스의 '2024 디지털 연봉조사서' 결과에 따르면 기업들은 단기간 내 퇴사할 가능성이 높은 S급 인재보다는 협업 태도와 소통 능력이 뛰어난 A급 인재를 선호한다고 발표하였다. 기술은 가르칠 수 있지만 태도는 바꾸기 어렵기 때문에, 채용 시에도 지원자의 기술 역량 외에도 이른바 '소프트 스킬'을 파악하는 것이 중요하다. 실무적 전문성을 넘어 폭넓은 시야로 전체를 조망하고 이해 관계자들과 효율적으로 소통하는 스킬을 높이 평가해야 한다.

다양한 배경과 관점을 가진 사람들을 포용하고 소통하며 원활하게 협업할 수 있는 능력은 조직 결속을 다지고 업무의 속도, 시너지, 성과 향상에 많은 기여를 한다. 이러한 역량은 경력기술서나 면접 시, 다른 사람들과의 프로젝트 수행 경험, 갈등 발생 시의 대처 경험 등의 질문을 통해 확인하거나 인·적성 검사 등을 통해서도 확인할 수 있다.


## 지속성장 가능성

지속성장 가능성은 지원자가 미래에도 조직의 발전과 성장을 이끌어 나갈 수 있는 능력을 지니고 있는지를 확인하는 것이다. 기술의 변화와 혁신의 속도가 빠를수록 인재는 빠르게 변화하는 환경에 적응하고 새로운 기술 및 지식을 습득할 수 있는 능력을 보유해야 한다. 새로운 분야와 기술에 대한 호기심과 관심을 바탕으로 지속적으로 자기 개발하고 학습하는 사람은 창의적 사고와 업무 개선 역량이 남들보다 우수하다. 지원자의 자격증 보유 여부뿐만 아니라 취득 시기를 살펴보는 이유도 이 때문이다. 이는 지원자가 지속적으로 학습하며 능력을 업데이트하고 있는지를 확인할 수 있다.

비즈니스 환경이 국내에 국한되지 않고 글로벌로 확대되는 시대에 어학 역량도 필수 자격 요건으로 요구되고 있다. 채용 시 TOEIC 700점은 기본이 된 지 오래이며, 최근에는 TOEIC Speaking이나 OPIc와 같은 Oral Test를 통해 말하는 능력을 검증하거나 채용 시 영어 면접을 진행하여 실제로 업무에 활용할 수 있는 능력을 평가하는 기업도 많아지고 있다.

또한, ESG 인식 확대에 따라 기업의 사회적 책임과 지속가능한 발전을 추구할 때, 신인재는 사회적 책임감을 가지고 윤리적으로 행동하는 것이 중요하다. 개인정보보호법, 중대재해처벌법 등 사업장 법적 의무 준수가 강화됨에 따라 인재 선발 시, 인성 검사, 상벌 이력 등을 검토하여 컴플라이언스 준수 역량도 살펴보아야 한다. 회사의 비전과 정책에 따라 법적 의무 준수, 직장 내 건강한 근무환경 조성, 환경 보호와 사회적 공헌 등에 능동적으로 참여하고 회사의 정책을 지지하며 본인의 업무 속에서도 이를 실천할 수 있는 인재가 필요하다. 특히, MZ세대에게 기업의 윤리성은 EVP(직원 가치 제안)에 중요한 요인으로 부각되고 있다.

이처럼 비즈니스 전략을 실행하기 위해 필요한 역량을 보다 정확하게 파악하고 현대적 인재 선발 기준으로 적용함으로써 우수한 인재를 유치할 수 있을 뿐만 아니라, 조직의 성과를 높이고 지속 가능한 경쟁력을 확보할 수 있을 것이다.

# 02

# 전략적 채용 채널의 운영

"정말 좋은 인재는 먼저 찾아오지 않는다. 인재 전쟁에서 승리하려면

'기다리는 채용'이 아닌 '찾아가는 채용'에 주력해야 하며,

내부 숨은 인재를 발굴하여 인력 운영의 효율성을 높여야 한다"

## 선제적 인재 발굴

모든 직장인들은 가슴 속에 사직서를 품고 다닌다고 한다. 하지만 웬만해서는 사직서를 꺼내기가 쉽지 않다. 이직에 대한 의사와 생각은 있지만 특별한 계기가 아니면 참고 다니거나 현재 주어진 환경에 만족하고 다닌다는 얘기다. 여러 가지 이유로 이직을 망설이고 능동적인 구직활동을 하지 않더라도, 타사로부터 매력적인 제의가 들어온다면 어떨까?

잡코리아 자료에 따르면 우리나라 평균 이직 횟수는 20대가 2.1회,

30대가 3.2회, 40대가 4.2회이며, 이직 경험자 비율이 무려 90% 가까이 육박한다. 철옹성이란 없으며 두드리면 열린다는 것이다. 우리가 비즈니스 환경에서 경쟁우위를 차지하기 위해 타사보다 먼저 잠재고객을 발견해야 하듯, 인재 전쟁에서 승리하기 위해서는 잠재 지원자를 적극적으로 먼저 찾아내야 한다.

미국 테크시스템즈(TEKsystems) 보고서에 따르면, 현 직장에 만족해 적극적으로 구직 활동을 하지 않고 있지만, 새로운 일자리 제의가 온다면 수락할 의사가 있다고 답한 응답자 비율이 전체의 81%에 이른다고 조사되었다. 이처럼 소극적 후보자라도 적극적으로 구직 활동을 하지 않을 뿐이지, 다른 회사에서 매력적인 제안이 온다면 언제든 응할 준비가 되어 있다는 것이다. 전 세계 노동 인구는 적극적 후보자(Active candidate) 약 30%, 소극적 후보자(Passive candidate) 70% 정도의 비율로 이루어져 있다. 적극적으로 구직 활동을 하는 후보자뿐만 아니라 소극적 후보자를 발굴해야 더 많은 인재 풀을 확보하고 그중에서 보다 적합한 인재를 선별하여 채용 성공 확률도 높일 수 있다. 소극적 후보자의 경우 비교적 근속기간이 길고 자기 분야에서 인정받는 전문가이거나 중책을 맡고 있는 경우가 많아 우수한 후보일 가능성이 높다. 또한, 급하게 다른 직장을 구하고 있지 않아 자기 능력을 과장하려는 동기가 낮아 비교적 정확한 평가가 가능하다는 장점이 있다.

이러한 소극적인 후보자에게 접근할 수 있고 실시간으로 소통할 수 있는 공간은 어디일까? 우리는 기존의 채용 방식에서 벗어나 더 다양하고 광범위한 방식으로 인재를 모집해야 한다. 소셜 미디어 플랫폼을 활용하거나 온라인 채용 박람회와 같은 채용 마케팅 시행, 산업 및 직무 전문 컨퍼런스·세미나 참여, 내부 직원이 보유한 인적 네트워크를 활용하는 등 다양한 채널을 검토해볼 수 있을 것이다.

### 1) 소셜 네트워킹 서비스(SNS: Social Networking Service) 플랫폼

이제는 LinkedIn, Facebook, YouTube와 같은 소셜 네트워킹 서비스 플랫폼을 활용한 채용이 일반화되고 있다. 미국 인사관리협회(SHRM)와 글로벌 채용 사이트 Glassdoor의 조사 결과에 따르면, 소셜 미디어로 인재를 채용 중인 기업은 전체 조사 대상의 80%에 이르고, 소셜 미디어로 Job 서칭을 하는 구직자는 79%에 이른다고 한다. MZ 세대뿐만 아니라, 중년의 구직자들도 소셜 미디어 플랫폼을 활용하여 정보를 검색하고 네트워크를 확장하여 직장을 선택하는 것이 일반화되었다.

채용 담당자들은 소셜 미디어를 통해 회사의 조직문화와 직무, 직원들의 일상을 소개하며 회사의 긍정적인 이미지를 홍보하고 브랜드 가치를 높여 좋은 인재를 유인하는 것이 중요하다. 여전히 잡코리아, 사람인과 같은 국내 채용사이트도 이용률이 높고 그들의 서비스 범위와 퀄리티도 점점 높아지고 있지만, 소셜 미디어는 전 세계 많은 구직자들이 사용하고 있어 광범위한 인재 풀에 접근할 수 있고 상시로 소통할 수 있다는 장점이 있다.

### 2) 온라인 채용 마케팅

기업들은 젊은 세대의 구직자 특징과 니즈를 반영한 다양한 온라인 채용 마케팅을 시도하고 있다. SK텔레콤은 'T Career Live'라는 유튜브 온라인 채용설명회를 개최하여 선배들의 리얼한 직장 생활을 소개하고 있으며, CJ도 SNS 생중계를 통해 선배들이 화상 채팅으로 채용 정보를 제공해준다. IBM은 AI 기반 챗봇 "와블리"를 통해 24시간 실시간 채용 상담 서비스를 제공하고 있다. 롯데백화점은 직원들이 면접관과 피면접자로 출연하여 모의 면접 현장을 연출, 생중계함으로써 구직자들에게 회사에 대한 이해도와 면접 전형에서의 예상 질문까지 확인할 수 있어서 지원 의사를 고무하고 있다.

실제로 현재 직원이 전달하는 생생한 경험담은 구직자에게 진정성 있는 정보로 인식되어 기업이 작성한 홍보 글보다 클릭 횟수가 8배 높다는 Cisco의 연구 결과가 있다.


### 3) 산업 및 직무 전문가 컨퍼런스·포럼

전문 인재 확보를 위해 많은 대기업들은 산업 및 직무 전문가 컨퍼런스·포럼을 개최하고 있다. 특히 4차 산업혁명과 관련된 IT 사업의 전문 인력 확보가 기업의 생사에 중요한 요인이 되면서, 국내외 해당 전문가들을 초청하여 회사의 비전과 사업 방향, 기술력과 요구 역량을 어필하며 우수 인재 확보를 위해 적극적인 채용 경쟁을 벌이고 있다. 삼성의 Tech Forum, SK Global Forum, 현대차의 Global Talent Forum이 대표적인 사례다. 또한, LG는 산업 현장에서 실제로 겪을 수 있는 문제를 AI 기술을 활용해 해결하는 능력을 겨루는 대회인 LG AI 해커톤을 매년 2회 개최하여 수상자에게 입사 지원 시 서류 전형 면제의 혜택을 제공하고 있다.

## 4) 직원 추천 제도(Employee referral)

옛말에 '유유상종', '초록은 동색이다', 요즘 말로는 '끼리끼리는 과학이다'라는 말이 있다. 비슷한 수준의 사람끼리 어울리고, 주변 사람을 보면 그 사람을 알 수 있다는 뜻이다. 즉, 우수한 인재 주위에 우수한 인재가 많이 있을 확률이 높다. 아마존에서는 A급 인재가 추천해주는 인재를 우선적으로 채용하고, 추천자에게는 파격적인 보상을 제공하고 공개적으로 치하하는 것으로 유명하다.

이러한 직원 추천 제도(Employee referral)는 우리 회사 직원이 회사와 후보자에 대한 높은 이해를 바탕으로 적합한 인재를 추천할 수 있으며, 후보자 역시 추천자에 대한 신뢰를 바탕으로 동일 조건 오퍼 시 수락 확률이 높다는 장점이 있다. 본 제도를 통해 직원에게는 인센티브를 지급하는 혜택을 제공하고, 채용 부서에서는 채용에 소요되는 리드타임과 예산 절감 효과도 얻을 수 있다. Oracle 조사 및 오하이오주립대 연구 결과에 따르면, 사내 추천으로 입사한 직원이 빠른 조직·직무 적응력으로 일반 채용자 대비 15% 높은 성과와 25% 이상 높은 근속을 보인다고 발표했다.

본 제도의 인센티브 설계 시, 모집 직무·직급별 포상 차별화 여부, 인센티브 지급 시기(추천 시·입사 시·입사 후 일정 기간 근무 경과 시), 인센티브 지급 방식(현금, 상품권, 비금전적 혜택 등) 등을 고려해야 한다.


그렇다면 우리 회사에 가장 적합한 채용 채널은 무엇일까?

각 채용활동의 통계 자료를 분석하여 가장 유용한 채용 채널을 도출해야 한다. 사내 추천으로 채용된 직원들의 성과 및 이직률, 채용 만족도 등을 분석하여 사내추천 제도의 효과성을 분석하고 전문가 컨퍼런스·포럼을 통해 모집된 구직자 수 및 채용 확정 인원을 측정하여 외부 채용 활동의 효과성을 측정할 수 있다. 또한, 각 채널에 투입된 채용 비용(시간과 돈)도 함께 검토하여 가성비 좋은 채용 채널을 선택해야 한다.

"Every time, Everyone, Everywhere"

글로벌 기업뿐만 아니라, 국내 기업에서도 임원의 경영성과 평가 시, 우수인재 영입 및 유지를 중요한 평가항목으로 책정하고 있는 사례가 늘고 있다. 채용은 인사부서만의 영역이 아니라, 리더의 중요한 역할 중 하나로 보고 있다는 것이다. 인사원칙이 '최고의 보상은 탁월한 동료'라는 넷플릭스는 메이저리스 명문 야구단처럼 S급 직원으로만 각 포지션을 채우기로 유명하다. 넷플릭스는 어떻게 S급 인재들만 쏙쏙 채용할 수 있는 것일까? 넷플릭스에서 하는 말이 있다. "항상 채용하라! 후보자들은 어디에나 있다. 전문가 컨퍼런스에서, 아이 축구경기 관람석에서, 비행기 옆자리에서 뜻밖의 후보자를 발견할 수 있다." 이는 최고의 인재를 많이 확보하고 유지하는 문제가 회사의 장기전략 수립과 미래 성장에 가장 중요한 요소임을 알기 때문에 강조하고 있는 슬로건이다. 인재를 컨택하고 발굴하고 채용하는 것은 언제, 누구나, 어디서든 가능하다는 것을 명심해야 할 것이다.

## 내부 인재 활용

적임자는 외부에만 있는 것이 아니다. 내부 채용을 통해 이미 검증된 인재를 재배치함으로써 채용 효율성뿐만 아니라, 전사적 인력 운영의 효율성을 극대화할 수 있다. 채용에 투입되는 비용, 시간, 노동을 절감하고 전사적 인력 운영의 탄력성과 효율성을 강화하며 직원에게는 새로운 조직·직무 경험을 통해 성장의 기회를 제공하고 이직률을 낮출 수 있다. 그렇다면 내부 채용 방식에는 어떤 것이 있는지 알아보도록 하자.

### 1) 사내공모 제도(Job posting)

가장 범용적인 방법이 사내공모 제도이다. 사내공모는 조직 내 인력 중 자발적 의사를 통해 조직·직무를 전환시키는 방법으로, 이미 확보된 데이터를 바탕으로 적합한 인재를 신속하게 채용할 수 있다. 직원들에게 다양한 조직·직무 경험과 경력 개발을 유도하고 이직 니즈를 충족시켜 이직 방지와 조직 만족도를 제고함으로써 전사적 인력 운영의 효율성을 높일 수 있다는 장점이 있다.

본 제도를 운영하기 앞서 선발 프로세스 상의 작성 양식과 관련 부서 간의 Ground Rule 등을 명확하게 커뮤니케이션하여 혼란을 방지하는 것도 중요하다. 대상자 선정 기준(필수 자격 요건, 최소 재직 기간, 과거 인사 평가 등급 기준, 결격 사유 등), 선발 절차 전반의 비공개 원칙, 원소속 부서의 업무 안정성 확보를 위한 인수인계 기간과 충원 지원 방법, 불합격자 조직 내 불이익 방지 등을 규정해야 한다.

〈사례 연구〉
- 현대카드의 'Career Market': 현대카드는 개인의 경력 개발과 조직의 인력 수요를 동시에 충족시키기 위해 'Career Market'이라는 사내 구인·구직 시

장을 운영하고 있다. 모집 부서는 'Job Posting Zone'을 통해 공개적으로 채용 공고를 하고 타 부서 경험을 희망하는 직원들은 'Open Career Zone'에서 등록하여 본인을 마케팅한다.

- LG에너지솔루션의 '커리어 플러스': LG에너지솔루션은 반기별 1회 공모를 통해 본인이 원하는 부서에 직접 지원하는 '커리어 플러스'를 운영하고 있다. 블라인드 서류 전형 시행 후 면접을 통해 합격 여부를 결정하고 부서 이동이 확정되면 원소속 팀장에게 결과 통보 후 3개월 이내 무조건 이동하는 것이 원칙이다. 기존 부서의 공백 최소화를 위해 이동 즉시 채용 공고를 게시한다.

- 삼성전자의 'FA(Free Agent: 자유계약선수) 제도': 삼성전자는 동일 직무·부서에서 5년 이상 근무한 직원들에게 FA 자격을 부여하여 희망 직무·부서로 이동할 수 있는 기회를 공식적으로 제공하고 있다. 제도 시행 초기에는 해당 사업부 내에서만 이동할 수 있도록 하여 안정적 정착을 도모하고 단계적으로 전 사업부로 확대, 적용하고 있다.


## 2) 사내 이동 제도(Internal mobility)

정례적 사내 이동 제도를 도입하여 운영하는 기업들이 많다. 이는 조직 내 주기적 인사이동 제도를 의미하며 조직의 다양성을 확보하고 인력 정체 및 유착 비리를 방지한다. 또한 기업의 비전, 상황, 분위기에 잘 적응된 직원을 해당 업무에 배치함으로써 신규 직원 채용 및 교육 과정의 부담을 덜 수 있는 장점이 있다. 직군·직무 및 인재 유형별 육성 경로가 갖춰져 있다면, 직무 이동을 통해 회사 차원에서는 필요한 인재를 전략적으로 육성할 수 있고, 직원들에게는 경력 개발 니즈를 충족시킬 수 있다.

이를 위해 직무 전문성, 호환성, 시너지를 고려하여 이동 대상 직무(이동 필수·권장·제외 직무)를 선정하고, 그에 적합한 경력 개발 경로를 설계하는 것이 바람직하다. 승진, 평가 등의 정기 인사 시즌을 고려하여 운영 시기와 프로세스를 설정하고 이동 직무별 이동 시점, 선행 직무 경험 요건, 최소 근무 기간, 요구 자격과 역량, 결격 사유 등을 설계한다. 또한 직원들의 경력 개발 계획(Career development plan)을 제도화하여 병행하면 직원의 니즈와 모집 직무의 적합성을 동시에 고려한 인사 이동을 시행함으로써 제도의 긍정적 취지를 사내에 전파하고 기대 효과를 극대화할 수 있다.

본 제도는 인사 명령에 해당되는 이동 배치임에 따라, 인사 상 불이익으로 인해 발생할 수 있는 법적·노무적 이슈에 대해 사전에 충분히 검토하는 것이 필요하다. 조직·직무 이동에 따른 보상, 처우 변경 기준이나 각종 근로 조건에 관한 사항도 면밀히 검토되어야 한다.

### 3) 계열사 인력 교류

그룹사의 경우 사내 공모와 사내 이동 제도를 계열사까지 확대 적용할 수 있다. 전출(파견), 전적 등의 이동 방법을 활용하여 계열사 간 인력을 교류하는 방식으로, 원소속사는 인력 정체 해소 및 인재 육성의 기회를, 모집 계열사는 검증된 인재 활용의 기회를, 직원에게는 새로운 경력 개발의 기회를 제공하는 장점이 있다.

전출은 기존 회사와 근로 계약을 유지하면서 한시적으로 다른 회사로 파견되어 근무하는 것으로, 교류 기간, 보상·처우 기준 및 방식, 관리 주체 등에 대한 기업 간의 합의가 필요하며 용역 계약을 체결한다. 전적은 기존 회사와 근로 관계를 종료하고 다른 회사와 새로 근로 계약을 체결하는 것으로, 이를 이직으로 볼 수 있다. 이때 근속 기간을 그룹 전체로 인정하여 적용할 것인지, 퇴직금을 정산하고 계약을 종료할 것인지 등 근로 관계 승계 및 계속 근로 기간 인정에 관한 사항도 규정화해야 한다.

전출과 전적 모두 근로자의 동의가 반드시 필요하며, 사내 규정의 불이익 변경에 해당되는 경우, 근로자 과반수로 조직된 노동조합 또는 근로자 과반수의 동의를 얻어야 한다. 이에 소속 변경에 따른 불이익 방지를 위해 기존 보상·처우는 그대로 유지하거나 추가 보상을 지급하는 것이 일반적이다.

이러한 사내 채용이든 외부 채용이든 회사의 채용 여건을 감안하여 우리 회사에 가장 적합한 채용 채널을 확인하고 비중을 조정하며 단기 및 중기적 인재 채용 전략을 추진해야 한다.

# 03

# 비금전적 EVP(Employee Value Proposition) 확보 전략

"한정되어 있는 판관비, 외부 인재 유치와 내부 직원 유지를 위해

우리 회사는 어떤 EVP가 필요한가"

   인사 담당자라면 한 번쯤은 EVP(Employee Value Proposition, 직원 가치 제안)에 대해 고민해보았을 것이다. 많은 기업에서 이미 다양한 형태로 EVP를 실행하고 있다. Gartner의 연구 결과에 따르면 강력한 EVP를 전달하는 기업은 구직자 지원율을 30% 이상 상승시키고, 이직률을 69% 감소시키는 성과를 거둔다. 즉, EVP는 내부 직원의 만족도와 외부 인재 유치를 동시에 달성할 수 있는 유용한 전략이다. 취업포털 인크루트가 구직자 1,574명을 대상으로 조사한 결과에 따르면, 구직자들이 회사를 선택할 때 가장 중요하게 생각하는 요소로는 △연봉(19%)을 비롯해 △워라밸(16%), △복리후생(14%), △성장 가능성과 비전(12%), △고용 안정성(11%)이 있었다.

보상 수준이 직장 선택의 가장 중요한 요인이지만, 근무 조건, 직업적 성장 기회, 조직 문화 등 비금전적 요소들도 중요한 EVP로 부각되고 있다. 특히, MZ세대들은 개인 삶의 질과 성장 가능성을 회사 선택의 중요한 요인으로 고려한다. 그러나 정해진 판관비 예산 내에서 인재를 확보하기 위해 비용을 무한정 쓸 수 없는 것이 현실이다. 따라서 좋은 인재를 확보하고 유지할 수 있는 유용한 비금전적인 EVP 방안을 마련할 필요가 있다.

## 유연 근무제와 자율 출퇴근제 도입의 장점과 과제

직원들에게 유연한 출퇴근 시간을 제공하는 탄력 근무제·자율 출퇴근제는 업무와 개인 생활의 균형을 유지할 수 있도록 도와준다. 이는 업무 효율을 높이고 직원들의 만족도를 높이는 데 기여한다. 삼성, LG, 포스코, 현대차, 구글, 네이버 등 많은 대기업에서 시행하고 있으며, 하루 4시간 이상, 1주 40시간 범위 내에서 자율적으로 근무 시간을 활용하고 일정한 코어 시간을 설정하여 운영하기도 한다. 또한 주 4일/주 32시간 근무제도 현실화되고 있으며, 네이버 주 32시간 근무제, 한국 IBM 주 4일 근무제, SBI저축은행 월 1회 주 4일 근무제 시범 도입, 포스코는 격주 4일 근무제를 운영 중이다. 카카오는 매주 월요일 오후 출근 제도를 도입하여 화제가 되기도 했다.

그러나 기업 입장에서는 근무시간 감소에 따른 업무 생산량 감소를 어떻게 메울 것인지에 대한 대책이 필요하다. 업무 효율성을 극대화하거나 투입 대비 산출량을 극대화하기 위한 기술이 준비되어야 하는데,

문제는 각종 자동화 기술을 도입할 경우 유휴 인력의 발생으로 인해 인원 감축이 요구될 수 있다는 점이다.

또한, 격주 놀금 제도를 시행했던 카카오는 놀금에 일해야 했던 직원들의 형평성 문제로 논란이 되어 제도를 폐지하기도 했다. 카카오는 노는 금요일을 휴무일로 지정하지 않고, 근로일을 복리후생 차원에서 회사가 근무를 면제해주는 방식이었기 때문에 당일 근무를 했던 직원들은 수당을 요구할 수 없었다.

이처럼 근무시간 조정을 통한 근로자의 삶의 질 개선을 위한 제도도 양날의 검이 될 수 있다는 점을 유념하여 예상할 수 있는 다양한 시나리오를 면밀히 검토해보아야 할 것이다.


## 1) 근무 환경의 변화: 재택근무와 공유 오피스의 확산

최근 직장의 근무 환경은 많은 변화를 겪었다. 그 중 가장 주목할 만한 것은 재택근무와 공유 오피스의 확산이다. 이러한 변화는 코로나19 팬데믹으로 인해 더욱 촉발되었고, 여기에는 기술의 발전, 협업 방식의 변화, 개인 삶을 중시하는 문화 등이 많은 영향을 미쳤다.

재택근무는 기술의 진보로 인해 가능해졌다. 클라우드 기술, 온라인 협업 도구, 화상 회의 플랫폼의 발전으로 인해 직원들은 집에서도 효과적으로 일할 수 있게 되었고, 이는 교통 혼잡을 줄이고 일과 생활의 균형을 유지하며 많은 직원들에게는 생산성을 높이는 데 도움이 되었다.

공유 오피스는 새로운 형태의 직장 환경으로, 기업이나 개인이 필요에 따라 유연하게 공간을 사용함으로써 비용을 절감하고 자원을 효율적으로 활용할 수 있는 장점이 있다. 또한 공유 오피스는 다양한 산업 및 업무 분야의 사람들이 함께 일할 수 있는 커뮤니티를 형성하는 데 기여하고 있다.

이러한 형태의 작업 환경은 창의성과 혁신을 촉진할 수 있으며, 많은 기업들이 유연 근무제와 함께 재택근무를 운영해왔다. 그러나 소통과 협업의 어려움, 일과 생활 간의 모호한 경계, 정보 보안 문제, 사회적 교류와 조직 문화 단절, 성과 관리의 어려움 등을 이유로 다시 사무실 근무로 복귀하고 있는 추세이다. 기업들은 이러한 문제에 대한 대응책을 마련하고 직원들의 요구와 필요에 부응할 수 있는 방안을 모색해야 한다.

〈재택근무의 장점과 과제〉

| 장점 | • 생산성 향상: 클라우드 기술, 온라인 협업 도구, 화상 회의 플랫폼을 통해 직원들은 집에서도 업무를 효율적으로 수행할 수 있다.<br>• 교통 혼잡 감소: 출퇴근 시간의 감소로 인해 교통 혼잡이 줄어들며, 이는 환경 보호에도 긍정적인 영향을 미친다.<br>• 일과 생활의 균형: 유연한 근무 시간과 장소 덕분에 직원들은 개인적인 삶과 업무를 더 잘 조율할 수 있다.<br>• 비용 절감: 기업은 사무실 운영 비용을 절감할 수 있으며, 직원들도 출퇴근 비용을 절약할 수 있다. |
|---|---|
| 과제 | • 소통과 협업의 어려움: 물리적 거리가 존재하기 때문에 팀 내 소통과 협업이 어려워질 수 있다.<br>• 일과 생활의 경계 모호: 업무 시간과 개인 시간의 구분이 어려워질 수 있으며, 이는 스트레스와 번아웃으로 이어질 수 있다.<br>• 정보 보안 문제: 집에서의 업무 수행은 정보 보안의 취약성을 증가시킬 수 있다.<br>• 성과 관리: 원격 근무 환경에서 직원의 성과를 효과적으로 관리하고 평가하는 것이 어려울 수 있다. |

〈공유 오피스의 장점과 과제〉

| | |
|---|---|
| 장점 | • 비용 절감: 기업은 사무실 임대료 및 운영 비용을 절감할 수 있다.<br>• 유연한 공간 사용: 필요에 따라 공간을 유연하게 사용할 수 있어 자원의 효율적 활용이 가능하다.<br>• 커뮤니티 형성: 다양한 산업 및 업무 분야의 사람들이 함께 일할 수 있는 커뮤니티를 형성하여 네트워킹과 협업을 촉진할 수 있다.<br>• 창의성과 혁신 촉진: 다양한 배경의 사람들이 함께 일함으로써 창의적인 아이디어와 혁신이 촉진될 수 있다. |
| 과제 | • 프라이버시 부족: 공유 공간에서는 개인의 프라이버시가 보장되지 않을 수 있다.<br>• 정보 보안 문제: 다양한 사람들이 함께 사용하는 공간에서 정보 보안이 취약할 수 있다.<br>• 고정된 업무 환경 부족: 일정한 자리나 공간이 보장되지 않아 업무 집중도가 떨어질 수 있다.<br>• 책임 소재 불분명: 공유 오피스 내에서 발생하는 문제에 대한 책임 소재가 불분명할 수 있다. |

재택근무와 공유 오피스는 현대 직장 환경의 중요한 변화 요소로 자리 잡고 있으며, 각자의 장점과 과제를 가지고 있다. 기업들은 이러한 변화에 대응하여 소통과 협업을 강화하고, 정보 보안을 철저히 하며, 직원들의 일과 생활 균형을 유지할 수 있는 방안을 모색해야 한다. 또한 성과 관리 시스템을 개선하고, 직원들이 업무에 집중할 수 있는 환경을 조성하는 것이 필요하다. 이를 통해 기업은 직원 만족도를 높이고, 효율성과 생산성을 극대화할 수 있을 것이다.

## 2) 차별적인 가치를 제공할 수 있는 복지제도

직장인 10명 중 7명은 현재 재직 중인 회사의 복지제도에 불만을 느끼고 있는 것으로 나타났다. 벼룩시장이 직장인 1,208명을 대상으로 '회사 복지제도'에 대한 설문조사를 진행한 결과, 응답자의 69%가 '현 직장의 복지제도에 만족하지 않는다'라고 답했다.

기업 규모별로 살펴보면 △중소기업이 '만족스럽지 않다'는 응답이 77%로 가장 많았으며, △중견기업(65.5%) △대기업(47.7%) 순으로 이어졌다. 응답자의 대다수인 93.4%가 '회사의 복지제도가 장기 근속에 큰 영향을 미친다'고 답했으며, 실제로 '회사 복지에 대한 불만으로 이직 또는 퇴사를 고려해본 적이 있다'는 응답도 66.1%에 달했다. 복지제도가 직원 유지와 지원자 모집에 많은 영향을 미친다는 것을 알 수 있다.

그렇다면 한정된 예산 내에서 차별적인 가치를 제공할 수 있는 복지 제도에는 어떤 것이 있을까? 지금부터 타사 사례를 통해 우리 회사에 적용 가능한 복지제도는 무엇인지, 우리 회사의 고용 브랜드를 높이고 인재를 확보할 수 있는 방법을 검토해보도록 하자.

### 휴가제도의 중요성 및 도입 사례

삶의 질과 웰빙(Well-being)이 중요한 시대적 흐름에 따라, 많은 기업들은 직원들이 업무 스트레스를 해소하고 정신적·육체적 건강을 회복하며 새로운 에너지를 얻을 수 있도록 휴가제도를 강화하고 있다. 대표적인 예로 안식년 제도가 있다. 장기간의 휴가를 통해 직원들이 업무에서 벗어나 여가를 즐기고 재충전할 수 있는 시간을 제공하는 제도로, 이는 직원들에게 새로운 환경 속에서 색다른 경험을 할 수 있는 기회를 제공하여 창의성을 자극하고 업무 효율을 높이며 조직 만족도를 제고해 장기 근속을 유도하는 긍정적인 효과를 가져온다.

〈기업별 휴가제도 사례〉

| 기업 | 제도 | 특징 |
|---|---|---|
| 카카오뱅크 | 입사 후 3년마다 한 달간의 유급휴가와 휴가비 200만 원, 프리미엄 콘도 이용권(3박 4일)을 무료 제공. | 업무상 이유로 한 달 휴가가 어려울 경우 절반(15일)만 사용 가능하며, 이때 휴가비를 2배(400만 원)로 지급. |
| 삼성전자, 현대차 | 생일, 결혼기념일 등의 경조휴가와 특정일을 가족사랑의 날로 지정하여 가족과 함께 시간을 보낼 수 있는 기회를 제공. | 가족친화적 문화를 조성하여 직원들의 만족도와 조직 충성도를 높임. |
| SK | 팀장의 결재 없이 휴가를 사용하는 자율휴가제 도입. | 상사의 눈치 보지 않고 자유롭게 휴가를 사용할 수 있도록 독려. |
| LG 유플러스 | 비혼 직원과 기혼 직원의 복지 혜택 차이를 줄이기 위해 비혼선언(1인 가구) 독려 지원금과 유급휴가 제공. | 만 38세 이상, 근속기간 5년 이상 임직원이 '비혼 선언'을 하면 기본급의 100%에 해당하는 지원금과 유급휴가 5일을 지급. |
| 롯데백화점 | 반려동물 관련 복지 제도 도입. | 반려동물 장례 시 휴가 1일 제공, 러쉬코리아는 반려동물 수당을 매월 지급. |
| 카카오 게임즈 | 캠핑카 및 캠핑용품 대여 프로그램 운영, 제주도 별장을 연 1회 무료 제공. | 신청한 직원에게 연차 외 1.5일의 휴가를 추가 제공. |

### 휴가제도 정착을 위한 방안

아무리 좋은 휴가제도가 있더라도 자유롭게 휴가를 사용하지 못하는 조직 분위기라면 유명무실하다. 따라서 다음과 같은 방안을 통해 휴가제도가 조직 내에서 잘 정착될 수 있도록 해야 한다.

- 솔선수범: 각 조직장들이 솔선수범하여 휴가를 사용하도록 한다.
- 독려 및 모니터링: 직원들이 자유롭게 휴가를 사용할 수 있도록 독려하고, 휴가 사용 현황을 모니터링하며 정기적으로 피드백을 제공한다.
- 권리 인식: 휴가 사용은 직원들이 누릴 수 있는 당연한 권리임을 인식시키고, 이를 위한 시스템과 문화를 조직 내에 정착시킨다.

이를 통해 직원들의 정신적·육체적 건강을 증진시키고, 업무 효율성을 높이며, 조직 만족도를 향상시킬 수 있을 것이다.

### 3) 근무환경과 건강 증진 프로그램

근무환경은 직원들의 조직 만족도와 근속에 중요한 영향을 미치는 요인이다. 많은 기업들이 사내 어린이집을 운영하여 맞벌이 부부의 만족도를 제고하고 여직원들의 경력단절을 예방하고 있다. 또한, 사내 카페와 라운지를 운영하여 저렴한 비용 또는 무료로 다과를 이용할 수 있는 임직원들의 휴게 공간을 제공하고 있다. 이는 자유로운 토론 공간을 조성하여 아이디어와 창의성을 촉진하고 업무 효율을 높이는 데 기여하고 있다. 유진그룹은 여의도 사옥 루프탑에 야외라운지를 마련하여 매년 여의도 한강 불꽃축제 시 임직원 가족과 지인을 초청하여 만찬과 함께 불꽃축제를 즐기고 다양한 이벤트를 진행하는 등 가족친화적 문화를 조성하고 있다.

임직원들의 심신 건강을 지원하는 시설과 프로그램을 운영하는 기업도 증가하고 있다. 한화는 63빌딩 중 40층 전체를 임직원을 위한 피트니스 시설로 운영하고 있다. 그 외에도 무료 심리상담 서비스와 마사지 서비스, 균형 잡힌 식단의 무료 식사를 제공하는 회사들도 많아지고 있다. 이는 심신이 건강한 직원이 스트레스 지수가 낮아 직무 몰입도가 높고 창의적 사고력이 높으며 애사심도 증가할 수 있다는 효과를 겨냥한 복리후생의 좋은 사례라 할 수 있다.

### 4) 성장 가능성과 비전

개인의 성장을 지원하는 육성 프로그램은 연봉 외에 직장의 가치를 중시하는 세대들에게 중요한 EVP로 작용한다. 기업은 개인의 역량 개발 지원을 넘어 조직 필요 역량 확보를 위해 다양한 육성 프로그램을 운영하고 있다. 삼성전자는 인재 육성과 창의적인 조직 문화를 만들기 위해 사내 벤처 육성 프로그램인 C랩(Creative lab)을 운영하고 있다. 삼성전자 내에서 온라인 공모를 통해 임직원들로 팀을 구성하여 아이디어를 제안하고 지원할 수 있으며, 사내 임직원 평가단의 심사를 통과하면 해당 아이디어를 실현할 수 있는 최대 1년간의 기회가 주어진다. 자율 근무와 독립된 별도 근무 공간도 보장된다. 우수한 C랩 프로젝트는 별도의 스타트업 회사로 독립할 수 있도록 지원한다. 오리온은 입사자 온보딩 프로그램의 일환으로 입사 2주년이 된 직원들에게 해외 사업장을 견학하여 해외 비즈니스의 비전과 사업 현황을 공유하고, 당사의 해외 사업 및 국내 비즈니스 확장에 대한 프로젝트를 수행하며 창의적인 아이디어를 수렴하고 시상하는 프로그램을 진행하였다. 이 프로그램은 직원들의 육성과 장기 근속을 유도한다. 그 외에도 많은 기업들은 해외 연수, 대학원 진학 및 자격증 취득 지원, 전자도서관 운영 등을 통해 직원들의 성장과 내부 역량 확보를 위해 노력하고 있다.

## 사회적 책임 프로그램

최근 눈길을 끄는 광고가 있다. 바로 패스트푸드 체인점인 맥도날드의 광고이다. 이 광고에는 버거가 등장하지 않는다. 다양한 인력 고용, 친환경 경영 실천, 지역사회와의 상생, 능력 중심의 승진 등이 광고의 주요 내용이다. 이는 고객이 제품을 선택할 때 제품의 품질과 가격뿐만 아니라 제품이 만들어지는 과정, 제품이 주는 가치, 기업의 사회적 활동까지 고려하여 구매 결정을 내린다는 것을 보여주는 사례이다.

ESG를 실천하는 기업 경영 방식과 조직문화는 소비자뿐만 아니라 직원들에게도 회사에 대한 자부심을 주며, 지원자들에게 좋은 기업 이미지와 강력한 신뢰를 제공한다. 이는 당연히 좋은 인재, 성과 그리고 매출로 이어진다.

좋은 인재를 모집하는 데 있어 EVP는 강력한 역할을 하지만, 실현 불가능한 EVP는 입사 후 괴리감을 느끼게 해 퇴사로 이어질 수 있다. 따라서 현 직원 대상의 설문조사 등을 통해 우리에게 필요한 차별적 EVP가 무엇인지, 현재 우리가 추구하는 EVP에 공감하고 있는지, 도입 취지대로 운영되고 있는지, 보완이 필요한 사항은 무엇인지 의견을 수렴하는 절차가 필요하다.

결국 채용에 있어서 혁신이란, 채용 방식에 하이테크를 접목하는 기술적 혁신뿐만 아니라 채용에 대한 혁신적 마인드를 갖는 것에서부터 출발한다. 좋은 사람들을 뽑는 것뿐만 아니라, 그 사람들을 유지할 수 있는 방법을 고민하는 것도 채용 단계에서 이루어져야 하며, 그들의 생애까지 고려할 수 있는 시스템도 마련되어야 한다.

필자는 만나는 사람들에게 묻는다. "어쩌다, 어떤 계기로 이 일을 하시게 되었어요?" 많은 사람들이 이렇게 대답한다. "처음에 입사했을 때 이 일을 하다 보니 이렇게 쭉 이 일을 하게 되었어요." 이 사람이 정말 잘할 수 있는 일, 본인의 장점을 최대한 활용할 수 있는 일을 하고 있을까? 나는 한 사람의 인생을 책임질 만큼 각 직무에 대해 잘 이해하고, 이 사람이 우리 회사에 적합한 사람이라는 확신과 믿음을 줄 자신이 있는가? 채용 담당자는 회사에 필요한 사람을 뽑는 일만 하는 것이 아니라, 그 사람의 평생 직업과 직무를 책임진다는 무거운 책임감과 사명감을 가져야 한다. 흔히 인사팀에서 채용은 막내가 하는 직무라고 생각하지만, 채용은 정말 중요한 직무이다. 채용 공고를 올리고 채용 프로세스를 진행하며 면접관을 관리하는 것에 우리 채용 담당자의 역할이 국한되지 않았으면 한다.

한 사람의 비리와 이슈가 회사의 흥망성쇠를 좌우하는 사례는 매우 많다. 따라서, 올바른 사람을 선발하고 적합한 직무에 배치하며, 그 사람이 일생을 바쳐 일하고 싶은 건강한 근무환경을 조성하고, 회사를 떠나는 마지막까지 유종의 미를 거둘 수 있도록 돕는 것이 채용의 본질이다.

이른바 직원의 첫 상호작용부터 온보딩, 일일 업무, 최종 퇴사까지 조직 내 직원의 여정을 의미하는 직원 경험(Employee experience) 관점에서 채용 담당자로서의 역할을 충실히 수행할 때 채용의 혁신은 반드시 이루어질 것이다.

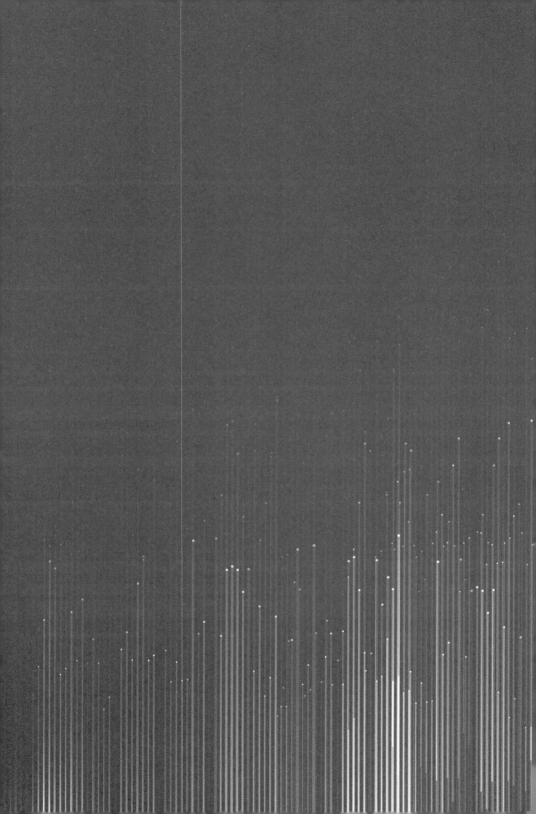

# 제3부

# 글로벌 인사이트와 미래 역량

채용 트렌드와 글로벌 전략(한권수 CHRO)

미래 인재상과 조직 필요 역량(고동록 대표)

# 채용 트렌드와
# 글로벌 전략

한권수 CHRO

# 01
# 글로벌 및 국내 채용 트렌드

　　최근 글로벌 회사 및 국내외 인사 채용 담당자들과 채용 현장의 주요 이슈를 논의하면 공통적으로 네 가지가 없다고 자조 섞인 유머로 답하곤 한다. 이는 함브라비 법전에 씌어졌다는 "요즘 젊은 것들은 싸가지가 없다"라는 직설적인 비속어가 아니다. 최근의 채용 현주소와 국내외 글로벌 트렌드를 함축하는 네 문장은 여러 면에서 시사하는 바가 크다.

### Q: 요즘 채용 현장 어때요?

**A** "지원자가 없어요"

　　"뽑을 사람이 없어요"

　　"남는 사람이 없어요"

　　"뽑으면 나가요"

앞의 대화에 대해 채용 담당자는 어떠한 대답을 할 것인가?

- 기존 회사 프로세스를 바꾸기 어려우니 열심히 그냥 삽질한다.
- 잘 채용하고 있는 회사를 어떻게서든 조사해서 그대로 Ctrl+C! Ctrl+V! 한다.
- 모르겠고, 일단 뽑고 나가면 그 해당 부서를 탓한다.
- 문제 인식은 너무나 잘 알고 있지만, 새로운 일에 위험을 감수할 수 없으니 오로지 일신 보존에만 신경 쓰고 기존 프로세스를 유지한다.


채용 인사 담당자라면 물론 위 질문에 대한 답을 이미 알고 있겠지만 모두 오답이다. 다만 자조 섞인 내용으로 "요즘 채용에 답이 없다"고 이야기하는 채용 담당자들의 심리 상태를 단적으로 보여주는 질문과 답으로 해석될 수 있다.

채용에 있어서 수년간 동안 변하지 않는 핵심 키워드는 조직의 지속 가능한 성장을 위한 "우수 인적 자원 확보"이다.

해당 주제를 더 명확하게 고려하기 위해 본질적인 핵심 내용을 글로벌 및 국내 채용 트렌드로 요약하면 다음 네 가지로 구분할 수 있다.


## 1) 채용의 축소

2023년과 2024년, 미국을 제외한 글로벌 경제는 저성장의 늪에 빠져 많은 기업들이 생존을 위해 설비 투자와 인재 투자를 줄이고 있다. IT 중심의 스타트업 기업들조차 신규 채용을 중단하며 인력 감축을 단행하는 상황이다. 그러나 일부 선두 기업들은 이러한 위기를 기회로 삼아, 핵심 인재 확보에 더욱 박차를 가하고 있다. 이들은 경제적 어려움 속에서도 장기적인 경쟁력을 확보하기 위해 우수 인재를 선점하려는 전략을 구사하고 있다.

## 2) 수시 및 상시 채용의 확산

글로벌 기업과 국내 기업들은 새로운 트렌드의 한 요소로 수시 및 상시 채용을 도입하고 있다. 채용 수요가 지속적으로 증가하는 가운데, 대졸 신입사원 채용 역시 공채 중심에서 벗어나 시즌에 구애받지 않는 추세로 변하고 있다. 이러한 변화는 기업들의 채용 전략에도 새로운 바람을 불어넣고 있으며, 필요한 인재를 필요할 때 바로 채용하는 유연한 접근 방식을 가능하게 한다.

## 3) 지원자 경험의 중요성

MZ 세대뿐만 아니라 새로운 가치관을 가진 세대의 등장은 채용 분야에서도 경험의 중요성을 강조하게 만들고 있다. 기업에 대한 긍정적 또는 부정적 인식은 지원자 경험에 따라 달라지며, 이는 기업들이 채용 프로세스를 재검토하고 개선하는 원동력이 된다. 젊은 세대가 오히려 기성세대보다 심한 '젊은 꼰대'를 채용했다가 실패하는 사례도 글로벌 기업들 사이에서 심심치 않게 발생하고 있다. 이는 지원자 경험의 중요성을 더욱 부각시키고 있다.

## 4) 디지털과 AI의 활용

ChatGPT와 같은 AI 기술의 등장은 채용과 HR 분야에 새로운 변화를 가져오고 있다. 채용의 효율성과 공정성을 확보하기 위해 AI 기술의 도입이 점점 더 확대되고 있으며, 이는 채용 과정의 혁신을 이끌고 있다. AI 기반의 채용 도구는 지원자 평가, 인터뷰 스케줄링, 이력서 스크리닝 등 다양한 분야에서 활용되고 있다.

## 채용 담당자는 어떻게 대응해야 할까?

### 1) 핵심 인재 확보에 집중한다

- **전략적 인재 관리:** 인력 감축과 채용 축소가 불가피한 상황에서도 핵심 인재는 지속적으로 확보해야 한다. 경쟁력 있는 보상과 경력 개발 기회를 제공하여 우수 인재를 유치하고 유지할 수 있도록 한다.
- **전략적 인재 풀 관리:** 기존 인재 풀을 관리하고 유지하여 필요할 때 신속하게 활용할 수 있도록 한다. 정기적인 네트워킹과 관계 유지를 통해 이를 실현할 수 있다.

### 2) 유연한 채용 프로세스를 도입한다

- **프로세스 간소화:** 수시 및 상시 채용을 도입하여 필요한 인재를 필요할 때 즉시 채용할 수 있도록 채용 프로세스를 간소화하고 유연성을 강화한다.
- **적극적인 인재 발굴:** 다양한 채용 채널을 활용하여 잠재적인 인재를 지속적으로 발굴한다. 소셜 미디어, 전문 네트워크, 직무별 커뮤니티 등을 통해 인재 풀을 확장한다.

### 3) 지원자 중심의 채용 프로세스를 구축한다

- **지원자의 입장에서 설계:** 채용 과정을 지원자의 입장에서 재검토하고 개선한다. 명확한 정보 제공, 신속하고 투명한 소통을 통해 긍정적인 지원

자 경험을 제공한다.

- 피드백 시스템 도입: 지원자에게 채용 과정에서의 피드백을 제공하여 긍정적인 인상을 남기고, 이를 통해 기업의 평판을 개선한다.

## 4) AI 기반 채용 도구를 활용한다

- 채용 과정의 자동화: AI 기술을 활용하여 이력서 스크리닝, 지원자 평가, 인터뷰 스케줄링 등 채용 과정을 자동화하고 효율성을 높인다.
- 데이터 분석: 채용 데이터를 분석하여 인재 발굴과 평가 과정을 최적화하고, 이를 통해 보다 적합한 인재를 선발한다.

글로벌 및 국내 채용 트렌드는 기업들에게 많은 도전과 기회를 제공하고 있다. 채용 담당자들은 이러한 트렌드를 이해하고, 유연하고 혁신적인 채용 전략을 통해 우수 인재를 확보하고 유지할 수 있어야 한다. 이를 통해 조직의 지속 가능한 성장을 도모할 수 있을 것이다.

# 02

# '컬처핏' 중심의 채용 전략

"훌륭한 변화는 때때로 우리가 이해할 수 없을 만큼 미세한 차이에서 시작된다"

– 유시민 –

우리가 경험하고 있는 세계는 끊임없이 변화하고 있으며, 이는 채용의 방식과 문화에도 예외가 아니다. 2023년은 '일하는 방식'의 변화가 강조되었다면, 2024년은 '일하는 문화'가 새롭게 부각되고 있다. 이러한 변화는 단순히 기술적 변화를 넘어서 인간의 근본적인 가치와 연결되고 있다. 이러한 시대적 변화를 반영하여, 채용 시장의 새로운 미래채용 전략을 예측하고 심도 있게 고찰하고자 한다.

글로벌 시장에서는 채용 과정이 데이터와 기술의 힘이 결합하여 더욱 체계화되고 있으며, AI의 활용은 이력서 분석뿐만 아니라 인재의 성격과 역량까지 예측할 수 있게 해, 조직과의 깊은 부합성을 찾아낼 수 있다. 더불어 국내 시장에서는 전통적인 채용 방식에서 벗어나 직무능력과 문화적 적합성을 중시하는 방향으로 점차 이동하고 있으며, 특히 한국에서는 코로나19 이후 원격 근무와 유연 근무, 탄력 근무가 조용히 확산되면서 일하는 방식의 혁신이 가속화되고 있다.

2024년 채용 시장은 '컬처핏'을 중심으로 재편되고 있다. 조직 문화에 부합하는 인재를 선별하는 것이 주요 목표가 되고 있으며, "문화는 전략을 아침식사로 먹는다"라는 피터 드러커의 말처럼, 채용에 있어서 조직문화는 그 조직의 전략과 성공을 좌우하는 중요한 요소가 되었다. 따라서 예전에는 능력 및 역량과 소위 KSA(Knowledge, Skill, Attitude)에 집중하여 채용했다면, 이제는 조직 문화 적합성을 가장 중요한 기준으로 삼는 기업들이 늘고 있다. MZ세대의 채용이 확대되면서 기존의 직장 문화도 변화의 물결을 맞이하고 있다.

이제 기업들은 구성원들의 질적, 양적 변화로 일하는 방식을 넘어 일하는 문화에 대한 질문을 끊임없이 주고받고 있다. 단순히 일을 잘하는 사람보다는 조직 구성원들과 협업하고, 조직 문화에 잘 적응하는 사람에 대한 채용과 배치, 성과 평가의 근본적인 프로세스의 변화가 진행되고 있기 때문이다.

세계 대부분의 경제 지표가 저성장을 가리키고 있는 만큼, 기업의 채용 유지 전략 또한 인력의 재배치와 구조조정, 상시 조직 재발령을 전제로 조직 슬림화와 함께 채용의 상시화가 진행 중이다. 이러한 상황에서 조직의 아이러니는 오히려 나가지 말아야 할 핵심인재의 유출 가능성과 잉여인력이 어떻게든 버티는 현상이 지속적인 이슈로 대두되고 있다.

과거를 알면 현재와 미래를 예측할 수 있듯, 지금까지의 채용 트렌드를 잘 요약하면 그 흐름의 강줄기를 이해할 수 있을 것이다. 앞서 언급

했듯, 2023년은 일하는 방식의 변화가 중요했다면, 2024년은 일하는 문화가 부각될 전망이다. 이를 바탕으로 미래의 채용 예측 전략의 변화를 다음과 같이 10가지 트렌드로 요약할 수 있다.

### 트렌드01. 컬처핏 시대

컬처핏, 즉 문화적합성은 지원자와 기업의 조직문화가 얼마나 잘 맞는지를 평가하는 것으로, 이는 직무적합성보다 중요한 요소로 부상하고 있다. "지식은 가르칠 수 있지만, 가치관은 쉽게 바뀌지 않는다"라는 말처럼, '컬처핏'은 조직 문화와의 부합성을 통해 장기적인 조직의 성공을 모색한다. 이는 채용이 단순히 능력을 평가하는 과정을 넘어 조직 문화 전체를 형성하는 역할을 하게 됨으로써 기업은 이를 첫 번째 화두로 삼아 전략을 구성해야 할 시기이다.

### 트렌드02. ChatGPT 자기소개서 대응

ChatGPT를 활용한 자기소개서 작성은 이제 일반화되고 있다. 이러한 도구의 활용은 자기소개서의 중요성을 낮추고, 대신 인적성 검사나 면접 등 다른 채용 전형에 더 많은 중점을 둘 수 있게 한다. 이는 자기소개서의 표준화로 인해 개인의 진정성과 창의성을 평가하기 어려워진 현상에 대한 반응으로, 기업들은 좀 더 확고한 단계적 인적성 검사 및 다양한 면접 형태로 전략을 보완해야 한다.

### 트렌드03. MZ세대 면접관

MZ세대 면접관의 등장은 세대 간의 격차를 줄이고, 실제 업무 환경에 더 적합한 인재를 선발하려는 시도이다. 이러한 변화는 기존의 팀장이상의 상위 직급만이 면접을 주관하는 방식에서 벗어나, 직접 함께 일할 실무자가 면접을 보는 형태로 전환되어, 의사소통 방식의 오류로 인재를 놓치는 사례를 방지한다. 기존의 40, 50대의 관점에서 벗어나, 20, 30대 면접관이 함께 하여, 기존의 패러다임으로만 면접자를 판단하지 않도록 돕는 역할을 할 것이다.

## 트렌드04. 다이렉트 소싱

헤드헌터를 통한 채용에서 벗어나 직접 소싱으로의 전환은 기업이 직접 적극적으로 나서서 최적의 인재를 찾는 방법으로 전개된다. 이 방식은· 채용 과정에서 기업과 지원자 간의 직접적인 소통을 강조하며, 시간이 지남에 따라 최고의 인재와의 관계를 구축할 수 있는 기회를 제공한다. 기업이 직접 인재를 발굴하고 평가하는 과정은 헤드헌터를 통한 전통적인 방식보다 더 맞춤화되고 개인적인 접근을 가능하게 한다.

## 트렌드05. 웰니스

웰니스는 육체적, 정신적 건강의 조화를 추구하며, 직원의 삶의 질을 향상시키는 것을 목표로 한다. 팬데믹의 불확실성 속에서 임직원들의 건강이 큰 타격을 입은 만큼, 기업들은 직원을 단순히 '일하는 기계'로 보지 않고, '사람으로서 존중'하는 문화를 강조하고 있다. 이를 통해 웰니스 워케이션 같은 새로운 근무 방식으로의 전략 전환이 요구된다.

### 트렌드06. 대체불가능한 인재상

이제는 평균적인 인재가 아닌, 탁월하고 대체 불가능한 핵심 인재를 필요로 하는 시대가 되었다. 이러한 인재들은 조직 문화의 수준을 끌어올리고, 그 부재가 조직에 큰 영향을 미칠 수 있다. 이들은 독단적이기보다는 협력적이며, 자신의 분야에서 누구도 대체할 수 없는 중요한 역할을 한다.

### 트렌드07. 직원 리텐션 전략

직원 유지는 이제 채용 시장에서 중요한 전략으로 자리 잡고 있다. 온보딩(On-boarding) 위주의 전략이 아닌 오프보딩(Off-boarding) 전략은 여러 면에서 안정적이고 생산적인 인력을 구축하는 데 필수적인 조직의 능력으로, 높은 직원 유지율은 비즈니스 목표 달성과 신규 채용에 있어 큰 이점을 제공할 것이다.

### 트렌드08. DEI 채용

기존 ESG 채용전략에서 더욱 심화된 다양성(Diversity), 형평성(Equity), 포용성(Inclusion)은 채용 시장에도 큰 영향을 미치고 있다. 이는 조직 문화를 개선하고 더 나은 경영 환경을 조성하기 위해 필수적인 가치들이 채용 전략으로 자리 잡았다. DEI를 채용 과정에 통합함으로써, 기업은 다양한 배경을 가진 인력을 채용하고, 더 많은 혁신과 창의성을 이끌어 낼 수 있을 것이다.

### 트렌드09. 마이크로 코칭 확산

전통적인 지시 방식에서 벗어나 마이크로 코칭이 확산되고 있다. 이는 짧은 시간 동안 진행되는 5분 대화, 채팅, 음성 메모, Shot Talk, One on One 등을 통해 지속적인 피드백과 지원을 제공한다. 마이크로 코칭은 빠른 의사소통과 신속한 피드백을 통해 직원들의 업무 효율과 만족도를 향상시키는 데 도움을 주며, 기업문화에서 크게 확산되고 있다.

### 트렌드10. 욜드 시대

지속 가능한 성장을 위한 Back to the Old Boy 또는 욜드(Young old)는 은퇴 후에도 주체적으로 삶을 영위하고자 하는 노년층을 일컫는 신조어이다. 이 시대에는 기업들이 노년층의 경험과 지식을 활용하는 채용 전략을 고민하고 있으며, 이를 통해 세대 간의 교류와 협력을 촉진시킬 수 있다. 청춘의 열정과 경험의 지혜가 경영의 통찰력으로 협업하며 이루어질 때 좀 더 새로운 채용 전략을 다양하게 구사할 수 있는 전략의 툴로서 사용될 것으로 확신한다.

'역사는 과거와 끝없는 대화이다'라고 언급한 E.H. CARR의 말처럼, HR 관점에서 채용 전략도 과거의 사실에 대한 '가치관과 관점'에 따라 선택과 해석 그리고 그 재구성의 배열에 따라, 끊임없이 상호작용하고 있다. 조직과 조직원의 살아 숨쉬는 끝없는 대화를 통해 트렌드라는 이름으로 생성, 발전, 소멸해 가며 발전을 거듭하게 될 것이다. 끊임없는 기업 생태계의 변화를 현장에서 이해하고 그 변화에 맞게 유연하게 채용 전략을 수정, 발전시켜 빠른 적용과 수용 조직으로서의 변화의 요구가 끊임없이 요구되고 있는 시대를 살고 있다.

# 03

# 채용 레볼루션의 사례와 벤치마킹

"변화는 필수적이며, 그를 주도하는 자가 미래를 지배한다"

– 월트 디즈니 –

현대의 기업들이 채용에서 겪고 있는 변화의 필연성과 중요성을 단적으로 말해주는 한 줄의 글이다. 2024년 현재, 기업들은 단순히 기술적 능력만을 요구하는 시대를 넘어서, 문화적 적합성과 다양성을 중시하는 방향으로 성장 발전하고 있다. 이는 비단 한국뿐만 아니라 전 세계적인 현상으로, 각 기업이 어떻게 이 변화의 물결을 타고 나가느냐가 그들의 미래를 좌우하게 될 것이다.

채용 분야에서의 혁신을 지속하고 있는 기업이 지속 가능한 성장동력을 얻기 위해 "인재확보"는 이제 선택이 아닌 필수의 전략 과제다. 아래의 내용은 2024년을 기준으로 세계적으로 유명한 대기업과 한국 대표 기업들의 채용 혁신 사례를 소개하며, 이를 통해 얻은 인사이트를 바탕으로 우리 조직의 전략과 전술, 프로세스를 구축하는 데 의미 있는 벤치마킹 사례를 소개하고자 한다. 채용 분야에서의 혁신은 기업이 지속 가능한 경쟁력을 확보하는 데 중요하다. 아래는 2024년 기준으로 세계적으로 유명한 대기업과 한국 대표 기업들의 채용 혁신 사례를 소개하며, 이를 통해 얻은 교훈을 바탕으로 한국 기업들이 나아가야 할 방향을 제시한다.

더불어 저성장, 인구 감소와 생산 가능 인구의 감소는 전 세계 많은 나라에서 기업들이 직면하고 있는 중요한 도전 과제 중 하나이다. 이러한 도전을 효과적으로 관리하기 위해, 조직은 혁신적인 인력 소싱 전략을 필수적으로 선택해야 한다. 글로벌 선도 기업들의 사례와 국내 벤처 기업의 벤치마킹 사례는 다음과 같다. 자원 배분이 부족한 해외 중소형 기업과 국내 선도적인 중소형 기업의 사례는 의미 있는 벤치마킹 사례로 선택될 수 있다.

## 해외 채용 레볼루션의 대표적 사례

### 1) 덴마크의 중소기업: 유연한 작업 환경 제공

덴마크의 많은 중소기업들은 직원들에게 극도의 유연성을 제공하여 생산 가능 인구 감소 문제에 대응하고 있다. 이들 기업은 주 4일 근무제, 원격 근무 옵션 그리고 결과 기반 평가 체계를 도입하여 직원들이 개인적인 삶과 업무를 조화롭게 관리할 수 있도록 지원한다. 이러한 접근은 직원의 만족도와 생산성을 동시에 높이는 효과를 가져온다.

### 2) 호주의 스타트업: 글로벌 원격 인력 활용

호주의 일부 스타트업은 국내 인력 시장의 제한을 극복하기 위해 전 세계에서 원격 인력을 채용하고 있다. 이러한 접근 방식은 특히 IT 및 디지털 마케팅 분야에서 효과적으로, 시간대 차이를 활용하여 비즈니스 운영 시간을 확장하고 있다. 싱가포르 및 아시아의 대표적인 기업들도 분야별 아웃소싱 채용 전략을 병행하고 있어, 글로벌 인재를 효과적으로 활용하고 있다.

### 3) 핀란드의 중소기업: 직업 교육 프로그램과 협력

핀란드의 중소기업들은 대학 및 지역 직업 교육 기관과 협력하여 맞춤형 교육 프로그램을 제공하고 있다. 단순한 산학 협력과 일학습 병행제 같은 일률적인 국내의 정부 지원 사업을 넘어서, 관련 기관과 협약을 맺어 직접 필요한 기술을 가진 인력을 양성하고, 학생들에게는 실질적인 업무 경험과 취업 기회를 제공한다. 이를 통해 기업은 즉시 활용 가능한 인재를 확보하고, 학생들은 취업 준비에 대한 부담을 덜 수 있다.

## 국내 채용 레볼루션의 대표적 사례

국내 선도적 중견, 중소기업은 인구 감소와 생산 가능 구직자 감소를 대응하기 위해 조직의 상황에 따라 다양한 전략을 구사하고 있다. 이를 요약하면 디지털 전환, 외국인 인력 고용, 혁신적 아웃소싱이라는 세 가지 단어로 정리할 수 있다. 효과적인 인원 소싱 및 자원 배분의 전략화 벤치마킹 사례를 요약하면 다음과 같다.

첫째, 벤처기업 및 중견, 중소기업의 디지털 전환에 집중한다. IT 강화를 통한 지원 업무의 자동화 및 컴팩트화, 인력 소싱 최소화, 생산 포장 및 단순 제조 로봇 자동화 등 다양한 사례가 있다. 정부 지원 사업을 포함한 이 접근법은 CS 고객 대응 업무에서 AI 기반 채팅 봇을 다수 도입하고 있다. 예를 들어 제노코(ZeNoCo)는 AI 기반 자동 이력서 분석 도구를 통해 HR 담당자의 업무 부담을 줄이고, 빠르고 적합한 인재 선발을 가능하게 한다. 소프트웨어 개발 중소기업인 코드박스(Codebox)는 다양한 프리랜서 플랫폼과 협력하여 개발 프로젝트에 필요한 프리랜서 및 원격 근무자를 채용하고 있다. 이 접근법은 인력 소싱을 유연화하고 특정 프로젝트의 요구 사항에 맞춤화된 인력을 확보하는 데 의미 있는 역할을 하고 있다.

둘째, 외국인 및 지역 거점 인력 확보에 집중한다. 단순 생산직 외에도 사무, 연구, 지원 인력에 대한 다양한 인력 소싱을 통해 노동력 부족 문제를 해결하는 기업이 많아지고 있다. 코리아나 바이오(Koreana bio)는 생명공학 연구 및 개발 분야에서 글로벌 인재를 적극적으로 채용하고 있다. 회사는 유럽과 미국 출신의 연구원들을 포함한 다양한 국적의 전문가들을 고용하고, 이를 통해 국제적인 연구 네트워크를 구축하고 혁신적인 제품 개발을 가속화하고 있다. 에이텍(A-Tech)은 고급 기술 인력의 부족을 해결하기 위해 대학과 협력하여 특화된 인턴십 프로그램을 운영하고 있다. 이 프로그램은 학생들에게 실제 작업 환경에서의 경험을 제공하며, 우수 인턴에게는 정규직 전환의 기회를 제공한다. 이는 새로운 인재를 확보하고 장기적으로 회사에 통합시키는 효과적인 방법으로 작용하고 있다.

셋째, 혁신적 아웃소싱을 시도한다. 대표적 아웃소싱 강소기업들은 특정 업무를 전문화된 서비스 제공자에게 위탁함으로써 자원을 보다 효과적으로 활용하고, 핵심 역량에 집중하는 전략을 채택하고 있다. 엑스코드(Xcode)는 소프트웨어 개발 중소기업으로, 프로젝트 관리와 일부 코딩 작업을 동남아시아에 위치한 아웃소싱 회사에 위탁하고 있다. 이를 통해 높은 개발 비용과 국내 인력 부족 문제를 해결하고, 더 빠르고 비용 효율적인 서비스를 제공할 수 있게 되었다. 파인 테크놀로지(Fine technology)는 특수 기계 부품의 제조를 인도와 말레이시아의 업체에 위탁하여 자원을 절약하고 생산 효율을 높이는 데 크게 기여하고 있다. 또한, 글로벌 공급망을 통해 부품 조달의 다변화를 추구하고 있다.

채용 레볼루션은 단순한 인재 채용을 넘어선 문화적 맥락에서 조직과 직원의 미래를 함께 구축하는 중요한 과정이다. 이는 채용을 바라보고 접근하는 방식에 대한 패러다임 전환과 전반적인 전략 수정이 필요함을 의미한다. 이제는 단순히 '적절한 인재'를 찾는 것을 넘어, 그 인재가 조직의 문화와 잘 맞는지, 조직과 함께 성장하며 지속 가능한 발전을 이끌 수 있는지를 중심으로 사고해야 한다. 각 기업과 조직은 자신만의 도전을 맞이하고 있으며, 이를 효과적으로 관리하기 위해서는 혁신적인 인력 소싱 전략이 선택이 아닌 필수임을 이해해야 한다.

채용 레볼루션은 단순히 채용 방법을 하나 도입하는 것이 아니라 생존의 문제로 다가오고 있다. 앞으로의 채용 프로세스는 인력의 유연성을 높이고, 기술을 통해 채용 과정을 최적화하며, 조직 문화에 맞는 인재를 발굴하는 것을 목표로 삼아야 한다. 선도적인 글로벌 기업과 국내 기업들의 사례에서 보듯, 상시 채용, 디지털 및 AI의 활용, 직원 경험을 중시하는 것은 이제 거스를 수 없는 채용 트렌드의 주류가 되었다.

　이러한 접근은 필연적으로 조직 내부의 문화와 구조에 큰 변화를 가져올 것이며, 새로운 채용 전략 형성을 필요로 할 것이다. 직원들이 조직 내에서 자신의 역량을 최대한 발휘할 수 있는 환경을 조성하는 것은 더 이상 논의의 대상이 아니라 실행의 문제이다. "용기 있는 자만이 역사를 만든다"라고 넬슨 만델라는 말했다. 채용 레볼루션은 우리 모두에게 그 용기를 요구한다. 이 용기가 바로 미래를 향한 길을 열어줄 열쇠이다. 우리가 이 변화를 잘 이해하고 적극적으로 나아간다면, 불확실한 미래 속에서도 우리 조직은 지속적으로 성장하고 발전할 수 있을 것이다. 이 변화를 주도하는 우리 모두가 미래의 주역임을 기억하자. 변화는 불가피하며, 그 변화의 선두에 우리가 서야 한다. 함께 미래를 향해 한 걸음 나아가자. 비전이 있는 곳에 길이 있다!

# 미래 인재상과
# 조직 필요 역량

고동록 대표

# 01

# 미래 사회에 필요한 인재역량

## 미래 디지털 경제의 특징

미래 사회는 초연결성과 초변화의 특징을 지니며, 인공지능이 이 변화와 혁신의 중심에 있다. 인공지능은 사회와 일상에 근본적인 변화를 주도하며, 디지털 기술의 발전은 산업 구조 전반에 광범위한 영향을 미친다. 이러한 기술적 변화는 디지털 경제로의 발전을 촉진하며, 경제 활동의 효율성을 향상시키고 새로운 비즈니스 모델과 서비스를 가능하게 한다. 다음과 같은 주요 특징을 가지고 있다.

- 개인화와 맞춤화: 기술의 발달로 소비자의 요구와 선호에 따라 개인화된 제품과 서비스 제공이 가능해졌다. 인공지능과 데이터 분석을 활용한 맞춤형 추천 시스템은 소비자 경험을 향상시키고 새로운 시장 기회를 창출한다.
- 초연결성: 디지털 기술의 발전으로 사람, 기계, 데이터가 실시간으로 연결되는 초연결 사회가 실현된다. 인터넷, 모바일 기술, IoT, 클라우드 컴퓨팅을 통해 정보와 자원의 교류가 촉진되고, 경제적 활동의 효율성을 증가시켜

새로운 비즈니스 모델과 서비스를 창출하는 원동력이 된다.

- 초변화: 디지털 경제 사회에서 기술과 시장 환경의 급속한 변화는 인공지능, 머신러닝, 빅데이터 분석 등의 기술 발전으로 인한 것이다. 이는 조직과 개인에게 지속적인 적응과 혁신을 요구하며, 불확실성을 증가시키지만 새로운 기회와 가능성도 제공한다.
- 기술 주도: 미래 디지털 경제는 AI, 머신러닝, 로봇공학, 블록체인, IoT, 클라우드 컴퓨팅 등 첨단 기술에 의해 주도된다. 이 기술들은 생산성을 극대화하고 새로운 가치 창출 방식을 모색하며, 인간의 노동과 생활 방식을 근본적으로 변화시킨다.
- 데이터 중심: 대량의 데이터 생성, 수집, 분석, 활용이 디지털 경제의 기반이 된다. 데이터는 새로운 지식을 생성하고 의사결정을 지원하며 개인화된 서비스를 가능하게 하는 핵심 자원이다. 데이터 분석과 인사이트는 비즈니스 전략과 혁신에 중요한 역할을 한다.

이러한 특징들은 디지털 경제를 형성하는 핵심적인 역할을 하며, 글로벌 차원에서 사람들과 조직을 연결하여 협력하고 경쟁하는 글로벌 생태계를 구축하게 한다. 또한, 기술의 빠른 발전은 지속적인 학습과 개인 역량 개발을 필요로 하며, 환경적 지속 가능성, 데이터 윤리, 개인 정보 보호 등 윤리적 및 사회적 고려의 중요성을 더해지게 한다.

## 미래 인재의 필요역량

미래 디지털 경제의 특성을 바탕으로 지속적인 혁신과 성장을 추구하는 미래 인재는 개인 차원, 관계 차원, 조직 차원에서 다음과 같은 필요한 역량을 구비해야 한다.

## 1) 개인 차원 역량

- 전문성: 자신이 맡은 분야에서 직무 전문성을 갖추어야 하며, 이는 해당 분야에 대한 지식과 경험을 바탕으로 형성된다.
- 문제 해결 능력: 문제를 파악하고, 이를 해결하기 위한 방안을 모색하며, 실행에 옮길 수 있는 능력이 중요하다.
- 창의성: 새롭고 유용한 아이디어, 해결책, 혹은 결과를 창출하는 능력이다. 기존의 것들을 독창적이고 혁신적인 방법으로 조합하거나, 전혀 새로운 관점을 도입하여 생각하는 능력이다.
- 의사소통 능력: 다른 사람들과 원활하게 소통할 수 있는 능력으로, 조직 내에서 다른 사람들과 협력하여 업무를 수행하는 데 중요한 역할을 한다.
- 자기 관리 능력: 자신의 시간과 에너지를 효율적으로 관리할 수 있는 능력을 말한다.

## 2) 관계 차원 역량

- 대인관계 능력: 사람들과의 상호작용을 통해 긍정적이고 효과적인 관계를 구축하고 유지하는 능력으로, 의사소통, 공감, 갈등 해결, 협력과 적응 등의 요소를 포함한다.
- 리더십: 개인, 팀, 조직의 목표 달성을 위해 동기 부여하고 비전을 제시하며, 목표 설정, 리소스 관리, 결정 권한 부여, 조직 문화 조성 등의 역할을 수행하는 역량이다.

- 고객 지향성: 조직이나 개인이 고객의 요구와 기대를 중심으로 전략을 수립하고 의사결정을 하며, 고객의 만족을 최우선으로 하여 고객의 관점에서 생각하고 행동하는 것이다.

### 3) 조직 차원 역량

- 조직 적응력: 개인이나 조직이 외부 환경의 변화에 효과적으로 대응하고, 새로운 상황에 빠르게 적응하여 성과를 유지하거나 개선하는 능력이다. 변화하는 시장 조건, 기술의 진보, 경쟁적 도전 등 다양한 외부 요인에 대응하기 위해 필수적이다.
- 팀워크: 공동의 목표나 프로젝트를 달성하기 위해 여러 사람들이 협력하는 과정이다. 서로 다른 개인들이 자신의 역량, 경험, 기술을 통합하여 목표에 도달하려는 노력을 포함한다.
- 변화 수용 능력: 개인이나 조직이 변화하는 환경이나 상황에 얼마나 빠르고 효과적으로 적응하고 대응할 수 있는 능력이다. 새로운 아이디어를 받아들이고, 도전적인 상황에 유연하게 대처하며, 필요할 때 변화를 주도하는 데 중요한 역할을 한다. 변화 수용 능력이 높은 사람이나 조직은 불확실성이나 압박 속에서도 더 빨리 배우고, 문제를 해결하며, 새로운 기회를 창출할 수 있는 경향이 있다.

# 02
# 미래조직 적합형 인재의 조건

　미래 조직에 적합한 인재란 변화하는 경제, 기술, 사회적 환경에 잘 적응하고 그 변화를 선도할 수 있는 능력을 갖춘 사람을 의미한다. 미래 사회의 디지털 경제에서 조직 적합형 인재의 조건은 개인의 내부적 성장, 타인과의 상호작용, 조직과의 연결성에 따라 달라진다. 개인의 삶과 조직 전반을 주도해 나갈 미래 조직 적합형 인재는 디지털 리터러시와 데이터 기반의 의사결정 능력, 인공지능 이해와 활용능력, 크리티컬 씽킹, 창의력과 혁신, 협업과 팀워크, 글로벌 및 문화적 감수성 등을 갖추어야 한다.

## 디지털 리터러시와 데이터 기반 의사결정 능력

　디지털 리터러시란 기술의 기본 원리와 디지털 도구를 효과적으로 사용, 관리, 평가할 수 있는 능력을 의미하며, 이를 통해 정보를 탐색하고,

분석하며, 적절하게 활용할 수 있는 능력을 포함한다. 이를 기반으로 데이터 기반의 의사결정을 내릴 수 있게 된다.

- 기본 디지털 기술 습득과 정보 탐색 및 평가: 컴퓨터, 스마트폰, 태블릿 등의 기본적인 사용 방법을 익히고, 인터넷 탐색, 이메일 사용, 문서 작성, 스프레드시트 및 프레젠테이션 소프트웨어 활용 능력을 개발해야 한다. 또한, 온라인에서 정보를 효율적으로 찾는 방법을 배우고, 다양한 출처의 정보를 비판적으로 평가하여 정보의 신뢰성과 유용성을 판단할 수 있어야 한다.
- 디지털 커뮤니케이션: 이메일, 소셜 미디어, 인스턴트 메시징 등 다양한 디지털 플랫폼을 통해 효과적인 커뮤니케이션을 할 수 있는 능력을 갖추어야 한다. 텍스트, 이미지, 오디오, 비디오 등 다양한 형태의 디지털 콘텐츠를 생성하고 편집하여 소셜 미디어와 네트워킹하는 능력을 포함한다.
- 데이터 분석 기반의 의사결정: 대량의 데이터를 수집, 분석, 해석하고, 그 결과를 기반으로 의사결정을 내릴 수 있는 능력이 필요하다. 평균, 중앙값, 표준편차 같은 기초 통계 개념을 이해하고, 다양한 소스로부터 데이터를 수집하는 방법을 습득해야 한다. Python, R, Excel, SQL 같은 데이터 분석 도구를 사용하여 데이터를 분석하고, 데이터를 효과적으로 시각화하여 정보를 전달하는 방법을 익혀야 한다. 차트, 그래프, 대시보드 등 시각화 도구(Tableau, Power BI 등)를 사용하여 의사결정을 할 수 있는 능력을 갖추어야 한다.

## 인공지능 이해와 활용능력

인공지능 기술은 컴퓨터나 기계가 인간의 지능적 행동을 모방할 수 있게 하는 기술이다. 아날로그를 디지털화하고 디지털을 아날로그화하는 온오프라인의 융합은 AI에 대한 이해와 활용능력이 중요하다.

- 기본 개념과 원리 이해: 학습, 추론, 문제 해결, 인식, 언어 이해 등 기계 학습, 딥러닝, 자연어 처리, 로보틱스, 컴퓨터 비전, 강화 학습 등의 주요 개념과 기술을 이해해야 한다. 기계 학습(Machine Learning, ML)은 데이터를 기반으로 예측이나 결정을 할 수 있게 하는 알고리즘을 개발하는 과정으로, 대규모 데이터에서 패턴을 인식하고 이를 통해 학습한다. 딥러닝(Deep learning)은 신경망(Neural networks)이라는 알고리즘 구조를 사용하는 기계 학습의 한 분야로, 이미지 인식, 음성 인식, 자연어 처리 등 복잡한 문제를 해결하는 데 효과적이다. 자연어 처리(Natural language processing, NLP)는 인간의 언어를 이해하고 생성하는 기술로, 텍스트 분석, 기계 번역, 감성 분석 등 다양한 응용 분야가 있다. 로보틱스(Robotics)는 물리적인 로봇을 제어하거나 자동화하는 기술로, 인공지능을 이용하여 로봇이 환경을 인식하고 탐색하는 능력을 개발한다. 컴퓨터 비전(Computer vision)은 컴퓨터가 이미지나 비디오에서 정보를 추출하고 이해하는 기술로, 자동차의 자율 주행, 얼굴 인식 시스템 등에 활용된다. 강화 학습(Reinforcement learning)은 환경과의 상호작용을 통해 최적의 행동 전략을 학습하는 기술로, 비디오 게임, 로봇 제어, 자원 관리 등 다양한 분야에서 응용되고 있다.

- 인공지능 활용능력: AI 분야의 기초 지식을 습득하고 arXiv.org 같은 사이트에서 최신 연구와 기술 동향을 따라가기 위한 교육과 학습을 꾸준히 해야 한다. TensorFlow, PyTorch, Scikit-learn 같은 인공지능 관련 도구 활용과 GitHub 같은 플랫폼에서 오픈소스 프로젝트에 참여하여 간단한 데이터 분석부터 복잡한 머신 러닝 모델 구축까지 다양한 프로젝트를 시도해 봐야 한다. 또한 Meetup, LinkedIn, 또는 지역적인 테크 커뮤니티에 가입하여

컨퍼런스나 워크샵을 통해 지식을 공유하고 업계 전문가와 네트워킹을 통해 지속적으로 인공지능 활용 능력을 제고해 나가야 한다.

## 크리티컬 씽킹

크리티컬 씽킹, 즉 비판적 사고는 복잡하고 다양한 정보 속에서 합리적이고 명확한 판단을 내리는 능력으로, 단순히 정보를 수용하는 것이 아니라 정보를 분석하고 평가하여 의사결정을 내리는 과정을 포함한다.

- 분석력: 정보를 세밀하게 조사하고, 구성 요소로 나누어 각 부분이 전체에 어떻게 기여하는지를 이해하는 능력이다.
- 평가력: 정보와 주장의 신뢰성, 유효성, 관련성을 판단하며, 다양한 관점을 비교하는 능력이다.
- 추론력: 합리적이고 논리적인 결론을 도출하며, 주어진 증거나 이론을 바탕으로 추론하는 능력이다.
- 자기 규제적 사고: 자신의 생각과 가정을 비판적으로 검토하고, 편향에서 벗어나려는 자기 규제적 사고를 말한다.
- 문제 해결력: 문제를 인식하고, 가능한 해결책을 생성하며, 최적의 해결책을 선택하는 능력이다.

비판적 사고 과정은 문제 인식, 정보 수집, 가설 수립, 증거 분석, 결론 도출 그리고 행동 계획(Action plan)으로 구성된다. 크리티컬 씽킹은 교육, 사업, 일상 생활 등 다양한 분야에서 중요하게 활용되며, 효과적인 의사결정을 돕고, 복잡한 문제를 해결하는 데 필수적인 역량이다.

# 창의력과 혁신

창의력은 일반적으로 새롭고 유용한 아이디어나 해결책을 생산할 수 있는 능력으로, 혁신적인 방법으로 문제를 접근하는 능력이다. 이는 지속적인 경쟁 우위를 확보하는 데 필수적이며, 혁신의 원천으로 기존 지식의 축적과 우발성, 호기심에 의해 발휘된다.

- 다양한 분야에 대한 지식 습득: 다양한 분야의 지식과 정보를 탐색하고 서로 다른 분야의 지식을 결합하거나 새로운 관점에서 문제를 바라보는 것이 창의적 아이디어를 생성하는 데 도움이 된다. 실패를 학습의 기회로 받아들이고, 시도와 실패를 통해 새로운 해결책을 찾는 과정에서 새로운 아이디어가 형성되기도 한다.

- 창의적 사고 기법 활용: 창의적인 사고는 새로운 아이디어와 해결책을 찾기 위한 끊임없는 탐구와 질문에서 시작된다. 호기심이 많은 사람들은 주변 세계를 깊이 있게 관찰하고, 왜 그런지, 어떻게 하면 다르게 할 수 있는지를 자주 묻는다.

- 유연한 사고방식: 다양한 상황에 적응하고, 문제를 여러 각도에서 바라볼 수 있는 능력을 필요로 한다. 전형적이지 않은 접근 방식을 통해 새로운 연결고리나 아이디어를 찾는 데 도움을 준다.

- 독창성: 흔하지 않거나 기존에 없던 아이디어를 생각해 내는 능력이 뛰어나야 한다. 이는 기존의 생각이나 방법에서 벗어나 새롭고 독특한 해결책을 제시할 수 있게 한다.

- 복잡한 문제 해결: 복잡한 문제에 대해 효과적이고 실용적인 해결책을 제시할 수 있는 능력으로, 문제를 깊이 있게 이해하고, 다양한 해결책을 생성하고, 최적의 해결책을 실행하는 과정에서 생겨난다.

한편, 브레인스토밍, 마인드맵, SCAMPER, 시각적 사고 등 창의적 사고를 촉진하는 다양한 기법의 학습과 실습은 새로운 아이디어를 발견하고 확장하는 데 도움이 된다.

## 협업과 팀워크

다양한 배경을 가진 사람들과 효과적으로 협력하고, 공동의 목표를 향해 작업할 수 있는 능력은 글로벌화된 세계에서 중요한 역량이다.

- 신뢰 구축: 구성원 간의 신뢰를 구축하는 것은 협업의 기반이 된다. 일관된 행동, 약속 이행, 개방적인 커뮤니케이션을 통해 서로에 대한 신뢰를 강화해 나가야 한다.
- 공동 목표 설정과 공유: 조직의 공동 목표를 설정하고, 모든 구성원과 공유하며, 목표 달성을 위한 전략을 함께 계획해야 한다. 구성원 모두가 목표에 대한 이해와 실천 약속을 공유하도록 한다.
- 커뮤니케이션과 협업 도구 활용: 명확하고 효과적인 커뮤니케이션은 협업의 핵심이다. 비언어적, 언어적 커뮤니케이션 기술을 개발하고, 경청하는 능력을 강화해야 한다. 갈등은 모든 협업 과정에서 발생할 수 있으므로 건설적인 방법으로 갈등을 해결할 수 있는 기술을 배우고, 갈등 상황을 관리하는 방법을 이해해야 한다. 신속한 의사소통과 성과 촉진을 위하여 협업을 위한 다양한 도구와 기술(예: 프로젝트 관리 소프트웨어, 커뮤니케이션 플랫폼)을 효과적으로 활용하여 조직의 생산성과 효율성을 높이도록 한다.

# 글로벌 및 문화적 감수성

다양한 문화와 관점을 이해하고 존중하며, 글로벌 컨텍스트에서 효과적으로 작업할 수 있는 능력은 다문화적인 환경에서의 협업과 혁신을 촉진한다.

- 문화 간 차이를 인정하고 존중: 다른 문화적 배경을 가진 사람들과의 관계를 구축하고 유지하는 데 기본이 된다. 다양한 문화적 배경을 가진 사람들과의 네트워크를 구축하여 새로운 관점과 정보를 습득해 나가야 한다.

- 문화 다양성과 언어 학습: 세계 각국의 문화, 역사, 사회적 관습에 대해 학습함으로써 다른 문화적 배경을 가진 사람들을 이해하는 데 기본이 된다. 새로운 언어를 배우는 것은 해당 문화를 이해하는 데 도움이 되며, 언어 학습은 다른 문화적 배경을 가진 사람들과의 커뮤니케이션 능력을 향상시킨다.

- 개방적이고 존중하는 태도 유지: 다른 문화와 관점을 개방적이고 존중하는 태도로 수용하고, 다양성을 가치로 여기며, 다른 문화적 관점에서 배울 준비가 되어 있어야 한다.

- 문화적 편향 인식과 극복: 자신의 문화적 편향과 선입견을 인식하고, 이를 극복하기 위한 자기 성찰과 노력으로 자신의 사고방식을 넓혀 나가야 한다.

# 03

# 디지털 시대의 조직 필수 역량

미래 조직에 적합한 인재란 변화하는 경제, 기술, 사회적 환경에 잘 적응하고 그 변화를 선도할 수 있는 능력을 갖춘 사람을 의미한다. 미래 사회의 디지털 경제에서 조직 적합형 인재의 조건은 개인의 내부적 성장, 타인과의 상호작용, 조직과의 연결성에 따라 달라진다. 개인의 삶과 조직 전반을 주도해 나갈 미래 조직 적합형 인재는 디지털 리터러시와 데이터 기반의 의사결정 능력, 인공지능 이해와 활용능력, 크리티컬 씽킹, 창의력과 혁신, 협업과 팀워크, 글로벌 및 문화적 감수성 등을 갖추어야 한다.

## KSA 관점

1) 지식(Knowledge)

- 디지털 및 기술적 지식: 최신 디지털 기술, AI, 머신러닝, 데이터 분석 등

에 대한 이론적 지식과 이들이 사회 및 비즈니스에 미치는 영향에 대한 이해

- 산업 및 조직 지식: 자신이 속한 산업의 동향, 기업의 비즈니스 모델, 조직의 문화 및 구조에 대한 깊은 이해
- 글로벌 및 문화적 지식: 다양한 문화적 배경과 글로벌 비즈니스 환경에 대한 지식
- 사이버 보안 및 데이터 프라이버시: 데이터 보호 기본 원칙, 사이버 보안 위협, 개인정보 보호법규에 대한 지식

## 2) 기술(Skill)

- 디지털 도구 활용 능력: 다양한 디지털 도구와 플랫폼을 효과적으로 사용하는 기술
- 데이터 분석 기술: 데이터를 수집, 처리, 분석하여 유용한 인사이트를 도출할 수 있는 기술
- 커뮤니케이션 및 협업 기술: 디지털 커뮤니케이션 도구를 활용한 효과적인 소통과 팀워크 기술
- 문제 해결 및 비판적 사고 기술: 복잡한 문제를 식별하고, 비판적으로 분석하여 해결책을 찾는 기술
- 창의적 사고 및 혁신 기술: 혁신적인 아이디어를 개발하고 실행할 수 있는 창의적 사고 기술

## 3) 태도(Attitude)

- 평생 학습 태도: 지속적인 학습과 자기 개발에 대한 열린 태도와 동기
- 적응성 및 유연성: 변화하는 환경과 기술에 유연하게 적응하는 태도

- 팀워크 및 협력적 태도: 다양한 배경을 가진 동료들과 협력하고, 공동의 목표를 위해 노력하는 태도
- 윤리적 및 사회적 책임: 자신의 행동이 조직과 사회에 미치는 영향을 고려하는 윤리적 태도
- 개방성 및 다양성 존중: 다양한 아이디어와 문화를 수용하고 존중하는 태도

이러한 지식, 기술, 태도는 미래 디지털 사회에서 개인이 기업 조직 내에서 성공과 성장에 기여하기 위해 필수적이다. 개인은 이러한 역량을 지속적으로 발전시키고, 조직은 이를 지원하는 환경을 조성해 나가야 한다.

## 고객, 기술, 경영, 사업, 조직 관점

### 1) 고객 관점

- 고객 중심 사고: 고객의 요구와 기대를 파악하고, 고객 만족도를 높이는 데 초점을 맞추는 능력
- 고객 서비스 마인드: 고객에게 친절하고 적극적으로 대응하며, 고객의 불편을 최소화하는 능력
- 고객 분석 능력: 고객의 특성과 선호도를 파악하고, 이를 바탕으로 고객 맞춤형 서비스를 제공하는 능력

### 2) 기술 관점

- 기술 이해력: 최신 기술 동향을 파악하고, 기술의 장단점을 이해하는 능력

- 컴퓨터 활용 능력: 컴퓨터를 활용하여 업무를 수행하고, 데이터를 분석하는 능력

- 프로그래밍 능력: 프로그래밍 언어를 이해하고, 이를 활용하여 프로그램을 개발하는 능력

## 3) 경영 관점

- 경영 전략 수립 능력: 조직의 목표를 달성하기 위한 전략을 수립하고 실행하는 능력

- 예산 관리 능력: 예산을 효율적으로 관리하고, 비용을 절감하는 능력

- 인사 관리 능력: 조직 구성원들의 역량을 파악하고, 적절한 교육과 보상을 제공하는 능력

## 4) 사업 관점

- 시장 분석 능력: 시장의 동향을 파악하고, 경쟁사와의 비교 분석을 통해 경쟁력을 강화하는 능력

- 제품 개발 능력: 고객의 요구에 맞는 제품을 개발하고, 이를 시장에 출시하는 능력

- 마케팅 전략 수립 능력: 제품을 홍보하고, 고객을 유치하기 위한 마케팅 전략을 수립하는 능력

## 5) 조직 관점

- 조직 적응력: 조직의 문화와 분위기에 적응하고, 조직 구성원들과 원활

하게 소통하는 능력

- 팀워크 능력: 조직 구성원들과 협력하여 업무를 수행하고, 성과를 내는 능력
- 문제 해결 능력: 문제를 파악하고, 원인을 분석하며, 해결 방안을 모색하고 실행하는 능력

이러한 역량은 조직에서 성공적으로 업무를 수행하기 위해 필요한 필수 역량들이다. 디지털 시대의 조직 필수 역량을 갖춘 인재가 조직 내에서 높은 성과를 창출하고, 조직의 성장과 발전에 기여할 수 있다.

초개인화, 초연결, 초변화의 미래 사회는 기술과 데이터 기반의 경제로, 창의성과 전문성, 고객 지향성과 팀 리더십, 협업과 변화 수용성을 갖춘 미래 인재 역량을 필요로 한다. 이러한 미래 조직에 필요한 적합형 인재는 디지털 리터러시와 데이터 기반 의사결정 능력, 인공지능 이해와 활용 능력, 크리티컬 씽킹, 창의성과 혁신, 협업과 팀워크, 글로벌 및 문화적 감수성 등의 인재 조건을 구비해야 한다. 미래 조직에 필요한 역량을 정의하고, 이에 적합한 인재를 선발하고 채용하는 것이 글로벌 경쟁력 제고와 조직 문화 적합성을 위한 HR 최우선 과제로 부상했다. 이에 조직 구성원으로서 지식·기술(Skill)·태도 관점과 고객·기술(Technology)·경영(Management)·사업(Business)·조직 관점에서 필수 역량을 갖춘 인재를 선발하는 것이 중요하다. 미래 조직에 필요한 인재 선발과 채용을 위해 본질적인 관점에서 다시 기본으로 돌아가자(Back to the Basic).

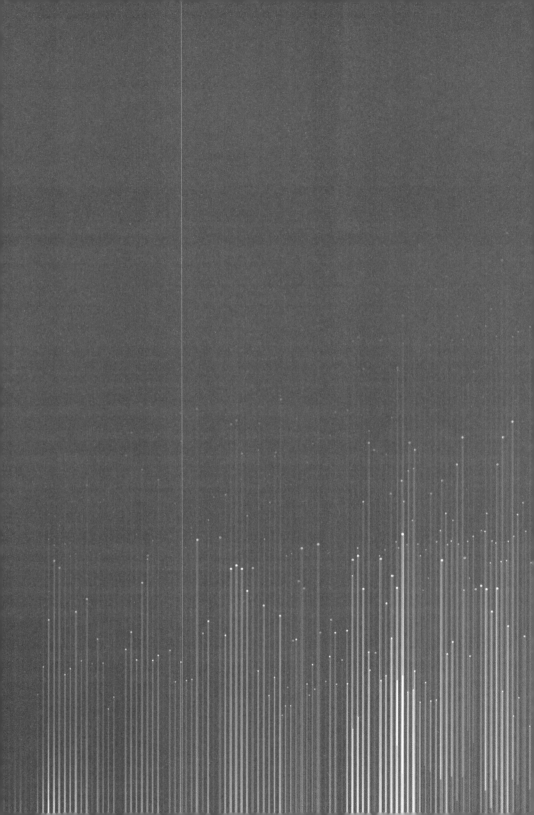

# 제4부

# 조직 문화와
# 인재의 조화

개인과 조직 적합성, 그리고 리더십(정현아 센터장)

조기 퇴사율 감소와 적합인재 확보(송구 차장)

# 개인과 조직 적합성,
# 그리고 리더십

정현아 센터장

# 01
# 이탈, 왜 떠나는가?

글로벌 경영 위기 속에서 청년 실업과 관련된 다양한 실업 문제가 심 각한 사회 이슈로 대두되고 있으며, 정부 차원의 실업 해소를 위한 정책 들도 꾸준히 발표되고 있다. 기업 입장에서는 회사에 적합하고 잠재력 있는 인재를 확보하는 채용 전략이 중요한 경영 전략 중 하나이다. 다양 한 채용 경로와 모집 방식이 지속적으로 개발되는 이유는 우수한 인재 를 채용하고 확보하기 위함이다. 그러나 우수한 인재를 채용하더라도 이를 유지하고 관리하지 못하면 인사 관리에 실패할 수 있다.

채용은 일과 조직, 사람 간의 만남이다. 채용은 인력 운영의 시발점 이며, 채용 전략은 조직의 미션과 목표를 구체화하기 위한 조직 전략과 HR 전략에 기반하여 수립된다. 전략적이고 체계적인 채용 전략이 효과 를 발휘하려면 채용 정책과 세부 프로그램이 일관되게 정렬되어야 하 며, '사람과 조직 간의 적합성(適合性)'을 사전에 고려하는 것이 필수적이 다. 조직에 적합한 인재를 선발하는 과정에는 기업의 문화, 가치, 비전 등의 요소를 함께 고려해야 한다. 이는 조직 적합성을 가진 인재가 직무 적합성을 갖출 때 높은 직무 만족과 조직 몰입을 기대할 수 있기 때문이다. 입사 초기 기대에 못 미치는 조직의 대우는 구성원의 기대감을 불만으로 바꾸고 불만족 행동을 초래할 수 있다. 구성원들은 직장을 '탈출 계획을 세우고 갈아타는 정거장'으로 여기며 자발적 이탈을 시도하게 된다. 이러한 상황에서 '심리적 계약 위반'이라는 개념은 조직원의 이탈 행동과의 연관성을 설명해준다. 이에 조직에 대한 기대감이 충족되지 않을 때 나타나는 구성원의 이탈 행동을 이해하고 조직 유효성을 향상시키는 방법을 모색하고자 한다.

## 이탈(Exit)

구성원의 조직 불만족에 대한 행동은 '이탈(Exit), 발언(Voice), 충성(Loyalty), 태만(Neglect)'의 형태로 나타난다. '이탈'은 조직에 불만을 느끼는 구성원이 조직을 떠나는 것을 의미하며, '발언'은 문제 상황을 피하지 않고 변화를 시도하여 리더에게 직접 불만을 제기함으로써 상황 개선을 요구하는 것이다. '충성'은 조직에 불만이 있어도 상황이 나아질 것이라고 기대하는 것이며, '태만'은 불만족 상황에서 의도적으로 업무를 수행하지 않거나 노력의 강도를 낮추어 조직 상황을 악화시키는 것을 의미한다. 이 중 '이탈'은 부정적 반응이 적극적 형태로 발현된다는 점에서 조직에 가장 파괴적인 영향을 미친다.

조직 구성원이 소속된 조직을 떠나려는 의사는 '이직 의도'이다. 아무리 우수한 인재를 채용하더라도 조기에 조직을 떠나게 되면 기업 성과에 도움이 되지 않는다. 구성원이 조직을 떠나려는 의도를 가지고 있다면 경제적 손실은 물론 개인의 성과와 조직 목표 달성에 부정적 영향을 미친다. 따라서 이직 의도는 조직 효과성을 나타내는 중요한 기준이자 강력한 지표이다. 이직 의도가 낮다고 해서 현재 조직에 만족하고 있다고 판단하기에는 한계가 있다. 불만족은 만족의 연속선상에 있지 않으며, 이직 의도와 잔류 의도는 각기 다른 욕구의 충족 수준에 따라 발현되는 별개의 태도이기 때문이다. 그렇다면 조직 구성원은 어떤 유인에 의해 조직에 계속 남고자 하는 의도를 가지게 되는 것일까?

'잔류 의도'는 직원이 현재의 조직에 계속 남기를 원하는 의도이다. 현재 조직에 머무를 때의 비용 대비 편익이 조직을 떠날 때보다 클 경우, 구성원은 조직에 잔류하게 된다. 경제적 측면뿐만 아니라 심리적 관점에서도 입사 초기 기대가 충족되지 않으면 조직에 대한 몰입이 낮아져 퇴사를 재촉하게 된다. 직무 불만족이나 다른 직무 기회의 부족을 알게 될 때 그리고 구직 기회 등의 이동이 용이할 때, 이직 의도가 높아져 결국 이탈 행동이 일어난다. 반대로 조직 구성원이 자발적으로 잔류하면 다른 구성원들로 하여금 조직과 직무에 대한 긍정적인 생각을 갖게 하여 조직 몰입을 향상시키고 조직 목표 달성에 기여한다. 따라서 조직 잔류는 구성원의 자발적 이직을 줄이고 조직에 계속 머물게 하는 방안이다.


## 왜 떠나는가?

조직과 구성원은 공식적 근로 계약 외에 비공식적 형태의 '심리적 계약' 등의 주관적 믿음을 갖는다. 구성원은 이 믿음에 기반하여 조직에 시간, 노력, 기술을 제공하고 이에 상응하는 보상을 받는 호혜적 관계를 유지한다. 그러나 구성원은 조직에의 부적응이나 직무 불만족, 차별적 대우 등의 상황에서 심리적 계약의 위반을 경험할 수 있다. 이는 기대와 현실의 차이로 인해 발생하며, 조직이 구성원과의 약속을 지키지 않을 경우 심리적 계약이 파기된다. 심리적 계약이 위반된 구성원은 소외감 등의 부정적 정서를 느끼며 이직 의도와 이직 행동을 일으킨다. 심리적 계약 위반은 조직 몰입, 혁신 행동 등 구성원의 태도와 행동에 부정적 영향을 미쳐 조직 성과를 저해한다.

구성원이 조직에 계속 남아 있으려는 이유는 조직에 대한 의무감과 기대감 때문이다. 바람직한 조직 행동을 이끌고 긍정적 행동 변화를 유도하기 위해서는 구성원의 태도 형성과 변화 과정을 이해해야 한다. 동일한 처우를 받더라도 기대치와 만족감은 주관적 기준에 따라 다르기 때문에, 구성원이 조직에 불만족을 느낄 때 나타날 수 있는 다양한 행동 반응에 관심을 기울여야 한다. 그래야 조직의 가치와 전략 방향에 맞는 조직 행동을 이끌 수 있다. 조직의 성과 달성을 위한 전략 추진 차원에서 조직은 심리적 계약 위반을 최소화하고 구성원의 조직 불만족 행동을 관리해야 할 것이다.

# 02

# 개인과 조직의 적합성(適合性)

   개인이 조직에 입문하고 떠나는 과정은 개인과 조직의 상호작용이며 상호 동화(同化)의 과정이다. 이 과정은 변화의 주체와 대상에 따라 '사회화'와 '개인화'로 구분된다. '사회화 과정'은 조직이 조직의 필요에 따라 개인에게 영향을 주거나 개인을 변화시키려는 과정이며, '개인화 과정'은 개인이 개인의 필요에 따라 조직을 변화시키려는 과정이다. 지금까지는 주로 개인이 조직의 목표와 문화, 가치를 맞추어 변화하는 사회화 과정, 즉 개인이 조직 생활에 필요한 요령과 조직의 관습을 배우고 조직의 중요한 것들을 구성원이 중요하다고 인식하도록 학습시키고 훈련하는 과정에 주목하였다. 이는 조직 구성원을 주로 신규직원, 하위직급의 직원으로 파악했기 때문이다. 그러나 근래에는 조직 사회화 과정을 개인과 조직이 상호작용하는, 개인과 조직이 일치를 이루도록 하는 상호 간의 영향을 주고받는 과정으로 이해한다. 개인이 조직에 입문하여 직무를 수행하는 가운데 조직에 대한 자신의 기여와 조직으로부터 받는 보상이 일치하지 않는 사건과 계기를 만나게 되면, 개인은 조직 목표와 자신의 목표를 일치시키기 위한 노력을 기울이는 등의 '개인과 조직의 적합성(Person-Organization Fit)'을 탐색하게 된다.

## 개인-조직 적합성

개인-조직적합성은 개인과 환경 또는 조직 간의 '정합성, 일치성, 유사성, 조화'로 정의된다. 이는 개인의 가치, 성격, 특성과 조직의 가치, 문화, 특성이 얼마나 일치하는가에 해당한다. 개인과 조직 간의 가치 일치, 목표 일치, 개인의 선호나 요구 사항과 조직 시스템 및 구조 간의 일치, 개인 성격의 특성과 조직 특성 간의 일치를 의미한다. 개인의 특성에는 성격, 가치, 신념, 선호, 관심 등이 포함되며, 조직의 특성에는 조직 문화, 분위기, 가치, 규범, 전략적 요구 사항, 기대 등이 포함된다. 개인과 조직의 특성은 하나의 개념으로 정의될 수 없기에 개인-조직적합성은 다양한 관점으로 고려되어야 한다. 개인-직업적합성, 개인-직무적합성, 개인-조직적합성, 개인-집단적합성, 개인-상사적합성 등이 그 예이다. 최근에는 개인주의와 집단주의 두 가지 특성이 한 개인에게 공존할 수 있음을 강조하고 있어 집단주의 성향이 높은 사람들이 조직 환경과 잘 맞고 조직에 더 큰 애착심을 가지며 조직 목표 달성을 위해 끊임없이 노력하는 경향이 있다고 본다.

개인-조직적합성은 조직에 대해 구성원이 느끼는 적합성이나 안락함을 말하며, 자신의 직무, 직장, 지역사회가 적합하다고 느끼는 정도를 나타낸다. 소속된 조직이 적절하게 조화를 이루고 자신이 소속된 회사나 조직과 잘 맞으면 상호 양립할 수 있다고 느끼는 것이다. 개인과 조직은 상호 필요를 제공하거나 유사한 특성을 공유하며, 조직은 개인의 시간, 노력, 능력 등을 요구하고 개인은 조직이 제공하는 재정적, 심리적 자원과 승진 기회를 통해 적합성을 이룬다. 또한 근속기간이 길어지면 조직의 목표와 가치를 배우고 조직의 특성을 수용함으로써 조직 내 동질성이 증가하여 개인-조직적합성이 높아진다.

개인-조직적합성은 가치 일치성으로 인해 기술과 경영 환경의 변화에 따라 수시로 변할 수 있으며, 직무 적합성과 조직 적합성은 서로 다른 개념이므로 구성원이 직무에 필요한 역량과 지식을 가지고 있더라도 조직의 가치관을 지지하지 않을 수 있다. 개인-조직적합성 인식 수준이 높으면 심리적으로 조직 일체감을 가지게 되어 조직 몰입과 조직에 계속 남고자 하는 결심에 영향을 미친다.


## 채용에서의 개인-조직 적합성

구직자의 개인-조직적합성에 대한 인식은 개인의 가치와 채용될 조직의 가치에 대한 인식 간의 일치에 의해 예측된다. 개인이 조직을 선택할 때 자신과 유사한 가치를 지니거나 유사성의 정도가 높다고 판단될 때 그 조직을 선택할 가능성이 높다. 조직이나 직무 특성에 호감을 느끼는 개인이 해당 조직이나 직무에 지원하고 조직은 그 중 적합한 사람을 선발하며, 선발 이후 조직이나 직무에 적응하지 못한 구성원이 퇴출되는 일련의 과정에서 개인은 자신의 목표와 유사하거나 목표를 달성할 수 있는 조직을 선택하는 경향이 있다. 개인과 조직의 가치관 차이로 인해 가치관이 다른 개인이 조직 내에서 영향력을 행사할 수 없다면 개인의 가치관은 쉽게 변하지 않으므로 그 개인은 조직을 떠날 가능성이 높다. 따라서 개인의 특성이 조직의 특성과 유사하지 않거나 조직이 요구하는 주요 특성이 개인에게 부합하지 않으면 개인-조직적합성은 감소하여 직무 만족, 조직 몰입, 이직 의도 등에 부정적 영향을 미치고 조직 성과 역시 저하될 수 있다. 조직의 적합성이 낮다고 느끼면 근로자의 직무 소진의 정도가 커질 수 있으므로 기업은 조직과 적합한 근로자를 채용하는 것이 중요하다. 개인의 입장에서도 개인의 가치와 조직의 가치가 적합할 때 소진이 덜할 수 있으므로 개인-조직적합성은 조직의 선택과 채용에 있어서 중요한 요소이다. 이처럼 개인의 가치와 조직의 가치가 적합할수록 근로자의 직무 만족도와 조직 몰입이 높고 이직률은 낮기 때문에, 개인의 선호도와 조직 문화 사이의 적합성을 이해하는 것이 필요하다. 개인-조직적합성은 조직의 선택과 결정뿐만 아니라 개인의 구직 행위의 결정과 조직 진입 후 개인과 조직 간의 동화 과정 등과 관련된 장기적인 결과로서 이직률, 작업 태도, 친(親)사회적 행동, 작업 성과 및 조직 성과 등과도 밀접한 관계가 있다. 직원 개개인의 특성과 직무 상황이 잘 맞지 않을 때 직원들의 스트레스가 증가하게 되므로 직원의 직무 만족도를 높이는 것은 조직의 경쟁력을 높이는 데 유효하다. 개인이 자신의 직업, 동료, 조직 문화와 적합할수록 조직 구성원은 적극적인 태도로 조직의 이익과 목표 달성을 위해 자발적인 노력을 하게 된다. 개인-조직 간 가치 적합성을 채용 단계에서부터 검증할 필요가 있음은 이 때문이다.

　사람은 조직의 잠재적 자산이며, 기업 혁신의 근간인 우수한 인재를 보유한 조직이 경쟁기업에 비해 높은 성과를 창출할 수 있다는 것은 분명한 사실이다. 엄격한 선발 절차를 거쳐 유입된 인재를 유지함으로써 조직은 생산성과 효율성을 확보할 수 있으며 숙련된 인재의 이탈에 따른 투자 손실을 최소화할 수 있다. 우수한 인재의 이탈을 방지하고 유지하기 위해서는 개인과 조직 간의 적합성이 핵심 기준이다. 개인-조직 적합성은 헌신, 만족도, 이직률과 밀접하게 관련되어 있으며, 적합성이 높을수록 직원의 업무 참여도와 조직에 대한 재량적인 작업 행동을 수행할 가능성이 높아진다. 또한 개인-조직적합성은 개인의 직무 태도와 직무 수행에 긍정적으로 작용하여 조직 성과를 높이고 직원의 자기 효능감과 심리적 권한이 확장되는 조직 풍토를 형성함으로써 직원의 혁신 성과를 향상시킨다.

# 03

# 몰입과 혁신으로의 전이(轉移)

## 몰입(Engagement)

몰입은 조직의 목표와 가치를 신뢰하고 수용하며 조직을 위해 노력하고자 하는 의지, 구성원으로서 지속하고자 하는 의지로 정의된다. 정서적인 애착을 갖게 되면 개인은 조직에 집중하여 조직으로부터 이탈하지 않으므로 몰입은 채용 이후 조직 구성원의 이직, 결근, 생산성을 설명하는데 중요한 역할을 한다. 몰입이 높은 구성원은 조직의 미션과 목표를 신뢰하고 달성하기 위해 매진하기 때문에 기업뿐만 아니라 정부기관에서도 조직 구성원의 몰입에 대한 관심이 증가하고 있다. 조직 구성원의 몰입은 구성원 개인의 성과와 이직률, 고객 서비스, 충성도 등의 개인적 요소뿐만 아니라 기업과 조직의 성과와도 긴밀한 연관이 있다. 구성원이 직무와 조직에 깊이 몰입하고 있을 때, 조직은 경쟁우위를 가지며 낮은 이직률, 양질의 고객 서비스, 높은 생산성을 보인다. 이러한 몰입은 구성원이 직무에 몰두하는 정도에 따라 다르며, 사람마다 몰입의 수준이 다른 것은 개인에게 영향을 주는 심리적 상황과 관련이 있다.

사람은 자신에게 스스로의 에너지에 대한 지배권이 있다고 느끼기 때문에, 업무 수행에 자아를 투자했을 때 보상이 따를 것이라는 기대와 업무 수행에 필요한 물리적, 감정적, 심리적 자원을 자신이 보유하고 있다고 느끼는 감정의 정도에 따라 몰입의 정도는 달라진다. 고용주 혹은 조직과 직원 사이의 몰입과 헌신은 상호 양방향 관계이다. 따라서 개인과 조직 사이의 가치와 목표 일치성에 대한 적합성은 개인을 직무와 조직에 높은 수준으로 몰입하게 하며 자발적으로 이직할 가능성을 낮추므로 이직 의도에 대한 구성원의 몰입은 중요한 개념이다.

또한 몰입은 자기 효능감에도 긍정적인 영향을 미친다. 자기 효능감이란 주어진 과제를 성공적으로 수행할 수 있을지에 대한 신념으로, 어려움이 예상되는 상황에 스스로 얼마나 대처 가능한지 자신의 능력을 판단하는 것을 의미한다. 조직 구성원은 자신의 능력에 대한 긍정적 평가와 지각을 통해 긍정적 사고방식과 대안의 선택, 동기부여, 스트레스에 대한 저항력과 인내를 이끌어낸다. 자아 존중감이 높은 사람은 자기 통제를 통해 스스로 문제를 해결하는 적극적인 대처 방안을 선택함으로써 업무와 관련된 스트레스와 심리적 긴장을 완화시키고 자신을 스스로 조직 내에서 가치 있고 능력 있는 존재로 인식하여 지속적인 자기 성장과 긍정적 자아를 형성하여 조직 생활에 대한 적응력을 높인다. 이처럼 개인-조직적합성이 조직 구성원들의 긍정적 태도에 미치는 영향은 유의미하다.

한편, 직장이동이 잦고 성취욕구가 높으며 직무에 대한 높은 자율성을 중요시하는 MZ 세대의 특성과 기존 인력 간의 세대 차이를 고려해야 하는 바, 조직의 리더는 개인-조직적합성이 조직 구성원의 태도와 행동을 촉진하는 과정에서 구성원의 몰입을 증가시키는데 노력을 기울여야 하며 맞춤형 인사관리 정책과 동기부여 방안을 고려하여 세대 간 시너지 효과를 이끌어내기 위해 유연하고 수평적인 업무 환경을 구축해야 한다. 구성원의 자발적 이직이 인적 자본의 손실로 이어져 조직 혁신에 부정적 영향을 미칠 수 있다는 점을 주목하고, 개인-조직적합성과 근로자의 몰입, 조직 구성원의 긍정적 태도와 행동 간의 연관성을 살펴보아야 한다. 이를 통해 경영자와 리더는 조직 혁신의 주체인 조직 구성원의 역할과 행동의 중요성을 재인식하고, 구성원이 조직에 몰입하고 있을 때 기업은 비로소 경쟁우위를 가질 수 있다는 통찰을 얻을 수 있다.

## 혁신(Innovation)

조직에서의 혁신은 구성원의 '혁신적 행동(Innovative behavior)'으로부터 기인한다. 개인-조직적합성과 개인-직무적합성은 직원의 직무 만족과 조직 몰입, 직무혁신 의지를 높이는데 기여하며 직원의 직무혁신 의지를 높이고 혁신 행동을 이끌며 이직률을 낮추는 요인이 된다. 높은 적합성은 개인적 가치, 일에서 얻고자 하는 목표, 미래에 대한 계획이 현재의 직무에 대한 지식, 기술, 능력에 대한 욕구와 기업이 추구하는 가치, 문화와 적절하게 조화된다는 것을 뜻하므로, 개인-조직적합성은 구성원의 혁신 행동을 높이는데 중요한 역할을 한다. 구성원이 조직 내 특정 개인과 그룹에 선한 행동이나 도움이 되는 행동을 함으로써 조직에 직간접적으로 긍정적인 영향을 끼친다. 구성원의 헌신적 참여를 통해 조직 운영을 개선하고, 조직 발전을 위한 적극적 정보수집 및 영향력 행사 등을 통해 조직의 변혁을 지원하기 때문에 조직의 관리비용을 줄이는 기능도 한다.

제한적 행동만을 하는 구성원들로 이루어진 조직은 내진(耐震)이 약하다. 직무에 따른 공식적 역할에 의해서만 운영되는 조직은 불안정하며, 조직 효과성은 구성원의 자발적 행동 혹은 초(初)역할적 행동에 달려있다. 조직 기능의 유효성이나 효율성을 증진시키는 것은 개인의 자발적 행동에서 출발하며, 조직이 제공하는 공식적 보상과는 무관하게 직접적인 보상이 뒤따르지 않더라도 조직 구성원의 혁신적인 행동을 이끈다. 즉, 구성원은 주인의식과 사명감을 바탕으로 조직 발전을 위해 다양한 노력을 기울이며, 적절한 보상이 없어도 직무에 규정된 의무 이상의 것을 수행함으로써 자신이 소속된 조직의 발전을 위해 자발적인 업무를 수행한다. 이러한 구성원들의 행동이 장기간 축적될 경우 시너지 효과를 일으켜 결과적으로 조직 효과성이 높아진다. 구성원은 소속된 조직의 이미지를 향상시키기 위해 노력하고 혁신적인 아이디어를 제공하는 등의 혁신 행동을 적극적으로 보인다. 개인-조직적합성은 이러한 긍정적 효과를 낳는다.

민간 조직뿐만 아니라 공공 조직의 행정환경 또한 관 주도에서 시민 편익을 최우선으로 하는 행정서비스 제공으로 변화하고 있다. 혁신의 기반은 아이디어이며 이를 수행하고 발전시키는 주체는 사람이므로 개인의 혁신 행동의 중요성은 작지 않다. 개인-조직적합성과 이들의 관계 메커니즘, 상황 요인을 보다 상세히 규명하기 위해 심리적 차원의 기제에 관한 연구가 더욱 입체적이고 정밀하게 이루어질 필요가 있다.

# 04

# 리텐션(Retention)을 이끄는 리더십

채용의 완성은 리더십이다. 일반적으로 리더십은 리더가 구성원에게 영향력을 행사하는 일방적인 과정으로 보일 수 있지만, 리더십이 조직 맥락에서 실제로 구현되기 위해서는 쌍방향적인 순환과정으로 진행되어야 한다. 팔로워 없는 리더, 리더 없는 팔로워는 존재할 수 없기에, 모든 조직 현상은 리더와 팔로워의 상호작용 맥락에서 이해해야 한다. 따라서 리더는 모든 구성원에게 동일한 리더십 관계를 유지하지 않고 차별화된 리더십 관계를 형성하며, 리더와 소속 구성원이 서로 역할을 협상하면서 교환관계를 성숙시켜 나간다.

서로 다른 교환관계에 있는 구성원들이 조직에 정착하여 업무를 수행하며 성과를 높이기 위해 그리고 효과적인 리더십을 발휘하기 위해 리더는 구성원들과의 교환관계를 세밀하게 파악할 필요가 있다. 리더보다 교환관계를 호의적으로 인식하는 구성원은 리더가 다른 사람보다 자신을 더 많이 지원할 것이라고 믿으며 조직 내 자신의 지위를 과대평가하고 해고나 불공정한 보상 등의 부정적인 결과에 자신이 노출될 가능성을 과소평가한다. 반면, 교환관계를 덜 호의적으로 인식하는 구성원은 직무 만족과 조직 몰입이 감소하는 것에 대한 우려는 적으나, 부정적인 정서적 반응이 높아 이직과 결근의 형태를 보인다. 높은 수준의 교환관계는 신뢰와 존경, 상호간 지원이 가능한 호혜성에 기반한 관계이다.

상사에 대한 신뢰는 구성원과의 상호작용을 통해 형성되는 믿음이다. 이는 우수한 통제장치이며 경제적 비용을 절감시키는 효과적인 관리수단이 되어 조직 내에서 조직 목표에 대한 비전 제시, 인간적 갈등 관리, 제반 문제 해결을 위한 협력을 이끌어내는 힘을 가지고 있다. 상사에 대한 신뢰가 높은 구성원은 조직에 대한 애착과 조직 몰입의 수준이 높으며 조직에서 이탈하려는 이직 의도가 낮다. 개방적이고 신뢰감 있는 인간관계 형성은 조직에의 정착은 물론 조직의 성과를 향상시킨다. 조직 구성원의 이직에 미치는 요인은 다양하겠지만, 상사에 대한 신뢰와 효과적인 리더십은 이직을 낮추는 매우 결정적인 요인이다. 상호 신뢰를 만들어가는 리더십은 인간의 선천적 능력에 대한 믿음과 변화, 발전에 대한 실현성을 중요하게 여기는 인본주의 철학에 근거한다.

조직 구성원을 지시와 명령에 통제되는 수동적인 존재가 아닌, 무한한 성장 가능성을 지닌 개별적이고 능동적인 존재로 인식할 때 비로소 구성원은 성장 욕구를 실현한다. 따라서 리더는 조직 구성원에 대한 믿음과 태도의 변화를 적극적으로 이끌어야 한다. 리텐션을 이끄는 리더십, 채용의 완성이다.

조직은 구성원의 합(合)이다. 우수한 인재의 확보와 유지를 통해 조직의 성과는 극대화될 수 있다. 기업의 성패는 모든 구성원이 회사의 비전을 공유하고 이를 수행할 수 있는 높은 실행력을 보유하고 있는가와 맥을 같이 한다. 전략을 실행하기 위해서는 필요 자원들이 적절하게 배분되어야 하며, 이 과정에서 가장 중요한 자산은 단연 조직 구성원이다. '구성원을 어떻게 선발해야 하는가'라는 기업의 난제(難題) 가운데, 개인-조직적합성과 리더십은 채용 전략을 수립하는 데 중요한 이슈이다. 급변하는 경영 환경과 치열한 경쟁, 조직 운영의 복잡성 상황에 처한 많은 기업이 성공적인 조직으로 생존하고 지속 가능하기 위해 유무형의 많은 조직 변화를 시도하고 있다. 조직 시스템과 제도의 개선뿐만 아니라 조직의 가치 실현에 부합하는 방향으로 구성원의 태도와 행동의 변화를 이끌어야 한다. 이 과정에서 '사람, 인재에 대한 적극적인 관심과 지원'은 선결조건이 되어야 할 것이다.

참고 문헌

- 김태성(2023). 고성과 작업 시스템과 심리적 계약 위반 및 이탈 행동에 관한 연구. 한국기술교육대학교 박사학위논문.
- 박수경(2023). 개인-조직적합성이 혁신 행동, 조직 시민 행동, 잔류 의도에 미치는 영향. 인하대학교 박사학위논문.
- 박영석, 여하나(2001). 심리적 계약의 네 가지 유형. 한국심리학회지.
- 박지혜(2019). 공공기관 구성원 개인의 직무 및 조직 적합성이 이직 의도에 미치는 영향. 대한경영학회지.
- 박현욱(2020). 진성 리더십이 혁신 행동에 미치는 영향. 한국행정학보.

# 조기 퇴사율 감소와
# 적합인재 확보

송구 차장

# 01
# 적합 인재 확보 전략

## 우리 회사에 맞는 능력

일반적으로 높은 능력을 가진 사람에게 높은 성과를 기대하기 쉽다. 그러나 높은 능력과 성과가 모든 회사와 직무에서 항상 비례하는 것은 아니다. 주어진 일에 능동적으로 목표를 수립하고 이를 달성하는 데 집중하는 사람은 높은 성과를 낼 가능성이 크다. 하지만 콜센터, 특히 아웃바운드 영업 직무의 경우, 목표의식이 강한 사람은 고성과자와 반드시 비례하지 않는다. 이는 수화기 넘어 들리는 거절을 목표의식이 강한 사람이 견디기 힘들어하기 때문이다. 같은 영업직이라도 회사마다 다른 능력을 요구하는 경우가 많다. 예를 들어, 신규 고객을 유치해야 하는 영업과 기존 고객을 관리하는 영업, 소수의 VIP를 상대하는 영업과 다수의 대중을 상대하는 영업 등은 각각 다른 능력을 요구한다.

현재는 지원자의 능력을 중요시하지만 관점이 바뀌었다. 현재 스펙은 '자사 해당 직무를 수행하는 데 필요한 지식 보유 여부를 외부 검증

기관에서 검증해준 참고자료'로 인식하며, 당사에서 정의한 역량과 비교해 판단하는 도구로 바뀌어 있다. 여기서 역량이란 그 조직에서 고성과자들에게 공통적으로 발견되는 지식, 기술, 태도를 말한다. 남들이 좋다고 하는 능력의 집합이 아니라 '우리 회사'의 '해당 직무'에 '필요한 능력'을 찾아야 한다.

## 우리 회사에서 필요한 역량 선발 능력 향상

자사의 역량을 찾았다면 인사팀에서 해야 할 첫 번째는 '자사의 인재상과 직무별 요구 역량'을 파악해 정리한 후 면접관들에게 제공하고 이를 교육한 후 모니터링과 피드백을 통해 실제 면접에서 유효한 평가 도구로 활용하는 것이다. 면접관 교육은 채용 업무를 하는 모든 사람이 같이 듣는 것이 좋다. 면접 대기실에서 기본 안내를 하는 직원, 면접을 진행하거나 모니터링을 함께할 인사팀 직원이 교육을 듣고 채용 과정에서 각자의 역할을 재구성하는 토의 시간을 가지는 것도 필요하다.

예를 들어 면접 대기실에서 면접 장소까지 안내 중 부적합 행동을 본 경우, 이를 면접관에게 안내하면 면접관이 지원자의 숨겨진 면모로 인식해 채용 결정에 중요 요소로 반영하는 절차를 협의하는 것이 좋다. 교육 내용은 채용 트렌드와 구직자의 이해, 평가 도구와 BEI 면접, 질문기법 학습, 실습으로 구성하며, 실습은 자사의 평가 시트를 강사에게 제공해 이를 교육에 활용하도록 세팅한다. 실습을 위한 피면접자는 자사 인사팀 직원 같은 내부 자원을 통해 모의 면접 실습을 진행하고, 녹화된 영상을 보며 질문별 소감을 듣는 것도 좋다.

교육 후 일정 기간 동안 인사팀에서 면접 과정을 모니터링하여 배운 면접 스킬 활용 여부를 확인하고, 부족한 질문을 보완해주며, 면접 후 면접관들이 성찰할 수 있도록 코칭해야 한다. 자사의 평가 도구를 올바르게 사용해야 2~3년 후 입사 평가 결과와 실제 성과의 상관관계를 확인할 수 있으므로 이는 반드시 필요하다.

## 적합인재와의 적극적인 스킨십

인사팀에서 해야 할 두 번째 일은 구직자들이 자사가 원하는 인재상을 쉽게 이해할 수 있도록 대외적인 채널을 통해 홍보하는 것이다. 이러한 홍보는 채용 업무의 효율을 높일 수 있다. 적합 인재를 먼저 선점하며, 적합하지 않은 지원자의 지원율을 줄여 업무 효율을 개선할 수 있고, 지원자가 회사의 인재상과 관련된 자신의 경험과 역량을 기술하여 면접 시 효율적인 평가를 할 수 있게 된다.

능동적인 홍보 방법은 적합한 인재가 모이는 온·오프라인 장소에 직접 찾아가서 그들이 원하는 역할을 하며 자사의 인재상을 체득하게 하는 것이다. 반면, 수동적이고 기본적인 방법은 우리의 인재상과 요구 역량, 업무 환경 등을 홈페이지나 채용 페이지, 다양한 SNS를 통해 공개하고, 인사팀에 문의할 수 있도록 컨택 포인트를 만드는 것이다.

### 1) 능동적 대외 활동

능동적 대외 활동의 대표적인 예로는 대학교, 학원 등 교육기관과 연계한 프로그램이 있다. 개발 사례 특강, 실 개발과제 협업 프로젝트, 경력 개발 워크숍·코칭, 인턴십 프로그램, 자문위원회 활동을 통한 커리큘럼 개발 지원 등을 이미 IT 직군을 대상으로 많은 기업에서 진행하고 있다. 이러한 활동은 자사의 인재상 정보를 직접 알리는 것도 있지만, 주 목표는 타깃 대상자들이 자사의 직무 과정과 문화를 체득하게 하여 긍정적인 이미지를 심어주고, 그 과정에서 적합 인재를 파악하여 프로그램 중 혹은 직후 채용하여 선점하는 것이다.

### 2) 수동적 홍보 방법

수동적이고 기본적인 방법은 불특정 다수에게 자사의 정보를 공개하는 것이다. 홈페이지에 인재상을 단어나 문장으로 표기하는 것 외에도, 인재상이 현장에서 어떻게 받아들여지는지를 행동 지표 수준으로 설명하고, 그 인재상을 독려하고 육성하기 위한 제도를 함께 설명해 주는 것이 좋다. 관련 제도 설명은 회사의 주장이 아니라 살아 숨쉬는 문화로 정착되었다는 것을 외부 사람들도 인식할 수 있게 해야 한다.

직무별 직원들의 인터뷰 내용을 정리해서 올릴 때는 직원의 사진이나 인터뷰 영상을 올리는 것이 더욱 진솔한 느낌을 줄 수 있다. 또한, 유튜버와 협업하여 회사 이벤트와 연계하는 방법도 고려할 수 있다. 결과물만 회사 채널에 올리는 것이 아니라, 섭외, 기획, 종료 후 인터뷰 등 비하인드 스토리도 촬영하여 회사의 업무 환경과 문화를 자연스럽게 노출하는 것도 좋은 방법이다. 자체적으로 하기에는 품질이 고민되고, 전문가를 섭외하기에 예산이 고민된다면 주변 대학교의 방송, 미디어 학과에 연락해서 아르바이트를 섭외하거나 '숨고' 같은 긱워커를 활용하는 것도 좋은 방법이다.

### 3) 지원자와의 소통 강화

회사가 지원자를 선발한다는 갑의 관점을 버리고, 지원자도 회사를 선발한다는 동등한 관점을 가져야 한다. 이미 일부 직무에서는 지원자가 회사를 선발한다고 느끼고 있으며, 5년 내에 다른 직무들도 같은 체감을 하게 될 것이다. 이는 인구 구조상 이미 결정난 미래다. 이에 고객을 대하듯 지원자를 대해야 한다. 궁금한 점을 미리 검토하여 최대한 알 수 있게 하고, 추가로 궁금한 것이 있으면 언제든 물어볼 수 있도록 해야 한다.

채용 공고 사이트에 채용 담당자 전화번호와 이메일을 작성하지만, 이를 활용하는 구직자는 극소수다. 이는 불이익을 걱정하는 지원자 입장에서 전화나 메일을 보내는 사람이 누구인지 노출되기 때문이다. 이에 카카오톡 오픈채팅방을 만들어 서류 심사를 통과한 면접 대상자가 닉네임으로 언제든 진짜 궁금한 것을 물어볼 수 있도록 하는 것을 권장한다. 세팅할 때 검색 허용하지 않고, 참여 코드를 설정한 뒤 면접 안내 메일 발송 시 사용 방법 안내문을 제공하면 보안 이슈 없이 사용할 수 있다.

### 4) 효율적인 소통 방안

담당자로서 문의가 늘어나서 업무 양이 증가할까 걱정되겠지만, 질문 범위가 대부분 정해져 있어 몇 번만 답해보면 큰 부담이 되지 않는다. 오히려 부재중 전화, 미확인 메일로 소모되는 시간을 줄이고, 원활한 소통을 통해 입사 포기로 인한 업무 재처리를 방지할 수 있다. 지원자가 어떤 것을 궁금해하는지를 채용 담당자가 학습할 수 있어 장기적으로도 도움이 된다.

처음부터 챗봇을 개발하여 채용 홈페이지에 탑재하는 방법은 비용 문제가 있고, 일반적인 채용 절차 외에는 챗봇에 학습시키기 어려워 채용만 활용하기에는 비용 대비 효과가 적다. 우선 직접 소통을 통해 질문과 답변 데이터를 축적한 후 도입하여 활용도를 높이는 방법을 권장한다.

### 5) 인재상 설계와 조직문화 정착

전사적 관점의 인재상과 팀에서 재정의한 인재상이 살아 숨쉬도록 직원 성장 경험과 보상 경험을 제도로 설계해야 한다. 경험을 통해 스스로 판단한 인재상은 액자에 넣어 놓은 인재상이나 임원 혹은 팀장이 말로 하는 인재상과는 차원이 다른 이해도를 갖는다. 만약 제도가 없거나 반대되는 성격을 갖는 제도가 있다면 인재상과 요구 역량은 리더의 거짓 선동으로 구성원이 느끼게 되고, 대외적으로 홍보하여 채용한 인재는 입사 전 알게 된 정보와 다른 현실에 조기 퇴사할 가능성이 높아진다.

예를 들어, 도전적 인재를 요구하는 곳이라면 연초에 도전 과제를 기획하여 제출하고, 심사를 통해 예산을 지원하며, 연말에 그 결과를 심사하여 포상하는 제도를 만드는 것이 좋다. 실패하거나 중단된 과제 중에서 그 원인을 파악하여 원인부터 해결하는 새로운 도전 과제를 도출하거나, 실패가 다른 직원에게 도움이 되는 정보로 활용될 수 있도록 하는 등 결과만을 포상하는 것이 아닌 도전 자체를 포상하는 세밀한 기획이 필요하다. 이를 통해 직원들이 단기 성과가 아닌 의미 있는 성장을 위한 도전을 인식하게 될 것이다.

# 적합인재 도출 방법

회사의 인재상이나 요구 역량이 정의되지 않은 경우, 이를 도출하는 과정을 수행해야 한다. 예산이 있다면 외부 전문가의 도움을 받아 체계적으로 인재상과 역량을 도출하는 것이 바람직하나, 예산이 부족하다면 내부적으로 정리를 한 후 외부 컨설팅을 받는 것을 권장한다. 직원들이 인재상과 직무 요구 역량에 대한 인식이 부족한 상태에서는 전문 컨설턴트도 도출하기 어려울 수 있다. 또한 내부 준비가 미흡한 상태에서 외부 컨설팅을 통해 도출된 결과는 단순한 문서로 남을 가능성이 높다. Output image를 떠올리기 어렵고 주요 양식을 설계하는 것이 부담된다면 NCS 자료의 구조를 참고하는 것이 유용하다. 고성과자를 인터뷰할 때 NCS 내용을 타사 참고자료처럼 활용할 수 있다(https://www.ncs.go.kr).

인재상 기획 수립 시에는 단 한 번이 아닌 최소 세 번 이상, 5년 이상의 주기를 고려해야 한다. 이 주기를 통해 직원들이 자사의 제품과 서비스 본질을 숙고하고, 경쟁사를 인식하며, 경쟁 우위를 확보하기 위한 핵심 포인트와 업무 방식을 고민하는 경험을 하게 된다. 이 과정은 적합인재를 도출하는 결과만큼 중요하다.

직무, 직급, 직책을 고려하여 고성과자를 선발하고 그들과 그들의 상급자를 인터뷰하여 성과를 나타내는 데 어떤 역량이 유효했는지를 도출해야 한다. 무작정 고성과자들에게 인터뷰를 시도하면 역량 도출이 어려울 수 있다. 간단히라도 주요 직무의 수행 과정과 범위를 정리한 직무 기술서를 먼저 작성하고, 사전 인터뷰로 고성과자의 상급자에게 최근 성과를 낸 사례를 물어본 후 고성과자와의 인터뷰를 진행하는 것이 바람직하다.

도출한 역량은 지식, 기술, 태도로 나눌 수 있는데, 이 순서대로 관찰하기 쉬운 반면, 개선하기는 어렵다. 지식은 물어보면 바로 확인할 수 있고, 모르면 알려줘서 암기하도록 하면 되지만 기술은 업무를 수행시키고 이를 관찰, 질문 등으로 파악하기 위한 기술이 필요하며, 기술 숙련도를 높이는 데 많은 시간이 필요하다. 태도는 채용 과정에서 관찰이 거의 불가능하며, 사실상 바꾸기 어렵다고 판단해야 한다. 따라서 적합 인재를 확보하기 위해서는 업무에 대한 태도가 가장 어려운 판단 요인이라 할 수 있으며, 이를 잘 도출해야 한다. 참고로 업무에 대한 태도는 면접 시 지식과 기술에 대한 질문에 이어서 왜 그 지식과 기술을 취득했는지, 그 과정에서 발생한 난제를 해결하기 위해 어떤 관점으로 행동했는지 등을 질문하여 평가할 수 있다.

채용 담당자가 문서를 작성할 때 태도를 정리하는 데 어려움을 겪는 이유는 짧고 명확한 표현을 해야 한다는 압박감 때문이다. 지식, 기술과 다르게 태도는 2~3줄의 설명으로 정리해도 충분하다. 오히려 고성과자를 인터뷰하여 태도가 직무에 어떻게 발휘되어 탁월한 성과를 내었는지 스토리를 수집하여 별도의 성공사례집으로 내는 것도 유효하다. 자체 역량 분석은 해답을 찾는 과정으로 생각하고 임하는 것이 좋다.

## 직원 가치제안을 통한 필터링

직원 가치제안(EVP: Employee Value Proposition)을 활용하는 것은 비교적 간단하지만 매우 효과적인 방법이다. 직원 가치제안은 회사가 지향하는 매력적인 직장 이미지의 핵심 요인으로서, 회사가 어떤 가치 요인에 초점을 두고 인재들을 처우할 것인지를 의미한다. 예를 들어, 맥킨지는 힘들지만 최고의 기업 컨설팅 경험을 제공하고, 사우스웨스트 항공은 직원의 행복과 재미있는 경험을 강조하며, 애완동물 용품을 판매하는 회사는 애완동물과 함께할 수 있는 업무 환경을 제공하는 것이다. 이는 자사의 제품과 서비스, 가치, 성공 요인과 결부되어 직원들에게 제공하고 강화해야 하는 가치를 선언하는 것이다.

매력적인 이미지로 인해 부적합 인재를 거르기 어려울 것이라는 생각이 들 수 있으나, 그렇지 않다. 맥킨지는 업무 양과 품질에 대한 요구를 달성할 수 있는 사람만 입사가 가능하며, 사우스웨스트 항공은 기장도 청소를 해야 할 정도로 권위나 권한에 대한 기대를 포기한 사람만 입사할 수 있다는 것을 의미한다.

EVP를 도출하기 위해서는 임원 및 관리자, 장기 근속자, 고성과자 중 일정 연차 이상자를 선별하여 인터뷰하고, 자사의 몰입 요소를 찾기 위한 전사 설문을 진행한 후 두 결과를 분석하고 토의하여 선언문을 작성해야 한다. 이는 회사의 제품, 서비스, 경영 전략과 연계되어 지속적으로 성장하기 위해 유의미하다고 판단되는 요인의 범위 내에서 이루어져야 한다. 보기 좋은 선언이 아니라 회사에서 실제로 살아 숨 쉬며 공동의 가치를 만드는 데 기여할 수 있는 것이라고 현재 직원들이 느끼지 못한다면, 입사 후 기대와 현실의 괴리로 인해 어렵게 채용한 적합 인재의 조기 퇴사 가능성이 높아진다. EVP에 대한 세부 학습과 설문 문항 선정은 riss.kr과 같은 논문 사이트에서 참고하는 것을 권장한다.

# 02

# 입사 초기 조직 경험의 중요성

## 채용업무의 끝은 어디까지인가?

채용 담당자는 합격자가 입사하는 날을 채용업무의 마지막 단계라고 생각하기 쉽다. 이는 중요한 변곡점임에는 틀림없지만, 채용 담당자의 업무는 합격자의 근로계약서 작성으로 끝나지 않는다. 동아일보 2024년 4월 2일자 기사에 따르면, 입사 1년 이내에 퇴사한 경험이 있는 비율이 66.1%였으며, 이들 중 69.3%는 퇴사를 후회하지 않는다고 밝혔다. 이는 많은 신규 입사자가 미래의 조기퇴사자가 될 가능성이 있다는 의미이다. 이러한 이유로 많은 기업은 채용 담당자의 KPI로 조기 퇴사율 관리 또는 조기 퇴사율 저감을 설정하기도 한다. 채용 담당자의 관점에서 볼 때, 조기 퇴사율이 높아지면 채용 프로세스를 다시 진행해야 하므로 업무가 두 배가 되는 것을 의미한다. 따라서 어렵게 입사시킨 적합 인재가 회사에 적응하고 성과를 낼 수 있도록 돕는 것이 중요하다.

입사 첫날 이후에도 채용 담당자는 적합 인재가 현업에 적응할 수 있도록 가이드하고, 개선점을 찾아내는 업무를 지속해야 한다. 적합 인재가 업무에 몰입할 수 있도록 돕고, 부적합 인재의 자연스러운 탈락을 유도해야 한다.

## 부적합 인재의 퇴사 촉진

적합 인재를 채용하기 위해 최선을 다했더라도 부적합 인재가 입사하는 경우는 발생할 수 있다. 첫 번째 요인은, 아무리 훈련된 면접관이 잘 정리된 면접 도구를 사용하더라도 오판이 발생할 수 있다는 것이다. 두 번째 요인은, 지원자가 자신을 적합 인재로 보이게 하기 위해 '연기'할 가능성이다. 따라서 부적합 인재가 입사할 가능성을 완전히 배제할 수는 없으며, 이로 인해 조기 퇴사자가 발생할 수 있다. 반면, 조기 퇴사율이 0%인 것도 바람직하지 않다. 이는 적합하지 않은 합격자가 퇴사할 마음을 먹고도 최소한의 업무만 수행하는 '조용한 퇴사'를 선택했음을 의미할 수 있다. 이러한 상황을 걸러낼 수 있는 프로세스가 없다면 이는 문제이다.

채용 담당자는 유사 규모의 동종업계의 조기 퇴사율을 참고하여 회사의 제품과 서비스에 적합한 조기 퇴사율의 적정선을 설정하고 관리해야 한다. 부적합한 합격자는 최대한 빠른 시간 내에 퇴사하도록 유도하는 규정을 만들어 운영해야 한다. 현행법상 채용한 직원을 해고하는 것은 불가능에 가깝지만, 자발적인 퇴사를 촉진하는 방법을 고려할 수 있다. 예를 들어, 입사 초기 파악 기간(1~2주) 이내에 사직서를 제출할 경우 한 달 혹은 남은 수습 기간의 급여 일부를 지급하는 방안을 들 수 있다. 이러한 제도는 판단을 촉진시키는 효과 외에도 면접에 임하는 팀장의 자세를 개선시키고, 신규 입사자의 결심을 강화할 수 있다.

기업의 재무적 관점에서도 이는 유리하다. 동아일보 기사에 따르면, 대기업 기준으로 조기 퇴사로 인한 손실 비용은 채용, 교육, 업무 인수인계로 인해 1인당 평균 2,000만 원에 달한다. 통상 신규 입사자는 1년간의 급여 가치보다 성과 가치가 낮기 때문에, 1개월 차에 퇴사하는 것보다 3개월 차, 10개월 차에 퇴사하는 것이 더 큰 손실을 초래한다. 따라서 부적합 인재는 최대한 빠르게 결단을 내리도록 유도하는 것이 이득이며, 적합 인재에게 집중할 수 있는 자원을 확보할 수 있다.


## 입사 첫날의 신규입사자 이해

적합 인재만을 채용할 수 있도록 제도와 절차, 관련자 육성이 완료되었다면, 신규 입사자가 빠르게 조직의 분위기, 태도, 의식을 습득하고 조직 가치관과 태도를 형성할 수 있도록 최선을 다해야 하며, 그 시작점인 첫날부터 전략적인 접근이 필요하다.

먼저 신규 입사자가 입사 초기 어떤 것을 보고, 느끼고 생각하는지를 이해해야 한다. 그 방법으로 인사팀이 모여 가상의 신규 입사자 캐릭터인 페르소나를 만들어서 디자인 씽킹을 하는 것이 가장 좋다. 페르소나를 만들 때 회사의 적합 인재 요건과 최근 신규 입사자 데이터를 참고하여 특징을 설정하는 것이 좋다. 데이터는 입사 시 제출한 자택 주소, 나이와 같은 기본 인사 정보는 물론, 별도의 설문을 통해 수집한 정보도 포함할 수 있다. 예를 들어, 최근 신규 입사자 데이터를 참고하여 타지에서 살

다가 학업을 위해 서울에서 혼자 자취하며 대학을 졸업하고 구직 활동을 한 29세 남성 등 생활 패턴과 관점을 유추할 수 있는 특징을 설정한다.

이후 이 페르소나가 첫 출근을 위해 거주지에서 출발해서 퇴근할 때까지의 동선과 시선을 시간대별, 장소별로 최대한 세세하게 작성한다. 상상하기 어렵다면 회사 근처부터 직접 걸어가고 현재 진행하고 있는 OT를 모니터링하며 기록하는 것도 추천한다. 이후 각 사건별 신규 입사자가 체감하는 현상과 감정들을 그래프로 그리며, 감정 곡선에 영향을 줄 수 있는 방법을 찾아 입사 첫날의 전체 흐름뿐만 아니라 수습 기간과 1년 리텐션 교육까지의 이벤트 기획을 권장한다.

특히 오리엔테이션(OT)을 전략적으로 준비해야 한다. 적합 인재 유도를 위해 다양한 정보를 대외적으로 알리고 프리온보딩을 통해 추가 정보를 제공했더라도, 이는 회사에서 안내하는 정보일 뿐이다. 신규 입사자가 직접 보고 듣고 체험하여 검증한 정보는 아니기 때문에, 신규 입사자는 불확실성을 안고 첫날을 맞이하게 된다. 따라서 신규 입사자는 입사 첫날을 회사가 자신에게 적합한지, 입사 포기를 하고 더 나은 기회를 탐색할지를 판단하는 기회로 생각할 수 있다. 스스로 역량이 우수하다고 생각하고 채용시장이 치열한 직무일수록 이러한 경향이 강할 것이다. 따라서 OT를 통해 회사의 현재, 가까운 과거와 미래를 제시하며 불확실성을 해소하고 직무 몰입과 조직 몰입을 유도해야 한다.

이를 위해 담당자는 OT의 목표가 설명이나 설득이 아니라, 신규 입사자의 납득을 목표로 고민해야 한다. 기본 정보와 그 정보가 내포한 의미를 설명하는 것에 그치지 않고, 그 정보가 자신의 직무에 어떤 긍정적인 영향을 미칠지, 또는 어떤 노력이 필요한지에 대해 스스로 생각하도록 유도하는 질문을 설계해야 한다. 예를 들어, "회사에서는 역량 개발을 위해 다양한 제도를 운영하고 있습니다. 3년 동안 회사에서 일하고 성장한 뒤 어떤 모습을 기대하십니까?"라는 질문을 던지고 답변을 들은 후 관련된 제도를 설명하며, "이 제도들을 활용하면 원하는 모습에 얼마나 가까워질 수 있을 것 같습니까? 대략적인 퍼센트로 말씀하신다면?" 등의 질문을 준비할 수 있다. 모든 정보를 질문으로 만들 수는 없으므로, 성장 인식, 불확실성 해소, 몰입 유도에 기여할 수 있는 정보를 선별하여 질문을 설계하면 된다.

회사의 가치를 안내하고 인식시키려면 해당 가치가 발현된 사례를 들어 설명하는 것이 효과적이다. 그 가치가 반영된 제품이나 서비스를 체험하거나 그 장소를 견학하는 방법이 가능하다면 더욱 좋다. 예를 들어, 안전 제일주의를 강조하는 회사라면, 공장 건물 앞에 "1차 착공식일 00년 00월 00일, 2차 착공식일 00년 00월 00일"이라고 적혀 있는 곳에서, "00년에 공장을 짓던 도중 00 리스크를 발견했습니다. 공정의 70%가 진행된 상황에서 리스크를 감수할 수 없다고 판단하여 건축 중이던 건물을 철거하고 재건축을 진행했습니다. 그 결과, 지금도 건물 관리는 물론, 모든 직원이 제조 공정에서 안전을 최우선으로 생각합니다"라는 식으로 설명할 수 있다. 이처럼 태도를 결정하는 가치는 눈으로 보고 손으로 만질 수 있는 무언가를 제시하고 스토리를 제공하는 것이 좋다. 사진, 과거 공지 글, 동영상 등이 유효하다.

OT에 회사 투어가 포함된다면 위치 안내 뿐만 아니라 그 장소의 의미 있는 과거와 미래 변화를 중심으로 안내하고, 2~3년 뒤 자신의 모습을 그릴 수 있는 질문을 덧붙이는 것이 좋다.

# 현업 인계 후 팀 내 활동 관리

채용 담당자가 OT를 마치고 CEO나 임원의 환영 인사와 특강을 완료하면, 소속 팀에게 신규 입사자를 인계하는 절차가 이어진다. 인계 시 웰컴 박스와 자리 세팅을 하는 것도 좋은 방법이지만, 가장 중요한 것은 함께 일할 사람들과의 관계 형성과 업무 방식에 대한 정보를 제공하는 것이다. 각 팀에서 수행하는 활동을 채용 담당자가 모두 통제할 수는 없겠지만, 몇 가지 가이드라인을 제공하고 준비된 상황을 점검한 후, 정기적인 조사를 통해 개선 활동을 할 수 있다. 보통 현업 팀에서는 아직 입사하지 않은 사람을 위해 만반의 준비를 하는 것에 큰 관심을 두지 않는다. 따라서 채용 담당자는 현업 팀이 보유한 정보 중 어떤 것이 유용한지, 어떤 방법이 효율적인지를 파악하여 현업 팀의 업무 부담을 최소화하면서 필요한 절차를 마련하고 점진적으로 고도화해야 한다.

가이드라인에 고려해야 할 사항 다섯 가지를 제시한다.

## 1) 팀 소개

채용 담당자가 해당 팀장에게 신규 입사자를 인계할 때, 간단한 인사와 자기소개로 끝내는 경우가 많다. 이후 공식적인 자료를 제공하는 것이 좋다. 팀과 개인의 목표·KPI·MBO 문서나 업무 분장표 등의 문서를 제공하고, 이를 설명하는 형태를 취해야 한다. 이는 내부 보고나 공유된 공식 자료로 이미 정리된 자료를 신규 입사자에게 제공하는 방법으로, 현업의 업무 부담이 거의 없으면서 절차만 마련하면 바로 실행할 수 있다. 이 정보를 통해 팀의 업무 범위, 목표 수립의 배경, 현 진행 상황, 주요 이슈 등 공식적인 업무의 범위와 주요 관계를 설명할 수 있다. 팀원의 개인별 KPI가 팀 내 공개되어 있는 경우, 이를 열람하여 각 팀원의 핵심 업무를 파악하는 것도 좋지만, 조직문화에 따라 민감할 수 있으니 주의가 필요하다.

### 2) 유관 팀과 관계자 정보 제공

입사 당일 또는 익일 주요 직책자들을 방문하여 인사를 시키는데, 목표를 단순한 인사가 아닌 직무상의 관계 설명으로 잡고 실행해야 한다. 직급과 직무 특성상 업무 관계가 깊은 대상의 경우, 별도의 티타임을 잡아 관계를 형성하는 것이 좋다. 현업 팀에서 따로 준비할 문서는 없으며, 채용 담당자가 제공하는 가이드라인에 목적을 명확히 안내하고, 문화로 정착될 때까지 모니터링을 통한 개선이 필요하다.

### 3) 주요 회의체 정보 제공

전사, 부서, 팀, 파트별 주요 회의체의 종류와 진행 방법을 설명하는 것이다. 간단하게 진행하려면 회의체 리스트와 최근 회의록 출력본을 제공하여 설명하면 된다. 이를 통해 신규 입사자가 회사의 주요 정보 교류 방법과 의사결정 방법을 이해하고, 회의 참여를 통해 빠르게 업무를 익힐 수 있게 된다.

위 세 가지는 통상 입사 1~3일 차에 진행하며, 약간의 관점 변화와 개선을 통해 실행할 수 있다. 다음은 일정 수준의 공수가 필요한 업무 스타일 정보 교환과 성장 프로세스 제공이다.

## 4) 업무 스타일 정보 교환

신규 입사자와 직책자 간의 업무 스타일 정보를 교환한다. 보통 일을 하면서 서로의 스타일을 파악하며 점진적으로 일머리를 맞추는데, 이 기간을 단축시키고 상호 스트레스를 감소시키는 것이 목적이다. 채용 담당자는 업무 스타일 파악에 필요한 주요 질문 리스트를 양측에 제공하고, 상호 업무 스타일을 이해하기 위한 미팅을 하도록 한다. 질문 리스트는 설문 형태, 자유 서술 형태, 대칭되는 단어 선택 형태 등 다양한 방식으로 제공할 수 있다.

신규 입사자 질문의 예시는 다음과 같다.

- 나는 구체적인 업무 지시가 있을 때 업무 성과가 좋은 편이다./ 나는 업무 권한 범위가 확실하고 위임이 잘 되었을 때 업무 성과가 좋은 편이다.
- 나는 지시를 받으면 초반에 방향을 잡기 위해 원활한 질문이 가능한 환경을 선호한다./ 나는 지시를 받으면 일단 정보를 취합하고 방향을 검토한 후 질문하는 것을 선호한다.
- 나는 업무를 추진하는데 있어 비교적 이해 관계자의 입장보다 시스템과 절차를 중시하는 편이다./ 나는 업무를 추진하는데 있어 비교적 절차도 중요하지만 이해관계자를 더욱 중시하는 편이다.
- 나는 나의 업무 성과에 대한 피드백을 자주 받기를 선호한다./ 나는 나의 업무 성과를 공식적인 장소에서 공식적으로 인정받기를 원한다.

## 5) 신규 입사자의 경력 개발 계획 미팅

통상 3개월간 직무 적응을 위해 어떤 직무 경험을 할지, 어떤 교육을 받을지를 안내하고 회사의 경력 개발 제도를 설명한다. 이를 통해 단기적으로는 회사의 경력 개발 체계를 인식하여 불확실성을 해소하고, 중장기적으로는 3~5년 뒤의 미래를 그려보며 직무 안정감을 느끼게 한다. 사회 초년생의 경우, 교육 담당자와 협의하여 사내외 강사의 강의보다 일과 교류를 통한 비형식 학습의 효과가 높다는 것을 안내하고 그 방법을 제시한다.

채용 담당자는 OJT 리더나 지정된 선배 직원에게 수습 또는 OJT 기간 동안 수행할 과제 리스트를 정리하고, 각 활동별 목표가 직무 수행에 어떻게 도움이 되는지를 명시하도록 요청할 수 있다. 처음에는 현업에서 업무 부담을 느낄 수 있지만, 한 번 작성하면 이후 수정 포인트가 20% 미만으로 줄어들고, 점차 신규 입사자 교육 업무가 줄어들 것이라고 설득해야 한다. 전사적으로 진행하기 어렵다면 직무·부서별로 진행하는 방법도 있으며, 채용 요청서 작성 시 신규 입사자 OJT 계획서를 필수 첨부하도록 하고 모니터링, 개선하는 방법도 고려할 수 있다. 제조 직무나 유지보수 같은 기능 직무는 S-OJT를 도입하여 관리할 수 있다.

입사 첫날과 조직 적응까지는 채용 담당자만의 업무가 아니라 채용과 교육 담당자의 협업이 필요하며, 현업 팀장, 멘토 등 사내 다양한 관계자와의 소통이 필수적이다. 협업 과정이 쉽지 않겠지만, 적합 인재가 잘 정착하는 것이 채용 업무를 줄일 수 있는 가장 바람직한 방법임을 인식하고 업무에 임해야 한다.

# 03

# 평가 중심 수습에서 육성 중심의 수습으로

### 평가 중심에서 육성 중심의 수습

많은 기업에서 채용 후 3개월, 길면 6개월의 수습 기간을 설정한다. 수습은 정규직 직원으로 확정된 근로계약을 체결한 후 근로자의 직무 능력이나 사업장에서의 업무 능력을 훈련하기 위한 기간을 의미한다. 수습 근로자로서 3개월 이내의 자에 한해서는 해고 예고 관련 조항이 적용되지 않기 때문에 통상적으로 3개월로 설정하는 경우가 많다. 수습 기간 중에는 근무 규칙을 보다 엄격히 정하여 해고의 기준으로 삼더라도 크게 문제되지 않기 때문에 수습을 부적합자를 제외하기 위해 도입하는 경우가 많다.

그러나 수습을 부적합자를 거르기 위한 도구로만 사용할 경우, 이득보다 손실이 클 수 있다. 첫째, 평가 도구의 객관성을 확보하는 데 많은 시간과 비용이 투입된다. 비교적 해고의 문턱이 낮다 하더라도 정규직으로 채용한 직원을 수습 해지하는 것은 객관적 평가 도구와 운영 기술이 필요하며, 부당 해고 또는 차별에 대한 소송으로 시간과 비용이 발생할 수 있다. 둘째, 수습 평가를 잘못 처리하면 신규 입사자는 물론, 기존 직원들의 신뢰에도 악영향을 미쳐 평가 과정을 자의적이거나 불공정하다고 인식하게 될 수 있다. 이는 사기 저하, 협업 감소, 갈등 증가 등의 유해한 조직 문화 형성으로 이어질 수 있는 중요한 문제다. 마지막으로, 기업의 평판이 손상될 수 있다. 채용 포털사이트나 커뮤니티에 면접 후기, 수습 해지 사례가 공유되면서 역량 있는 지원자들이 기피하게 될 수 있다.

따라서 수습을 평가 중심에서 조직 적응과 직무 능력 배양 중심으로 전환해야 하며, 수습 해지 기준은 과하지 않게 설정해야 한다. 수습 과정에서 회사가 요구하는 역량 수준과 본인의 현재 역량 차이를 느끼고, 이를 해결하기 위해 마련된 회사의 육성 제도와 시스템으로 해결할 수 있을지 스스로 판단하도록 설계해야 한다. 수습 해지는 높지 않은 기준점과 충분한 육성, 성장 기회가 있었음에도 불구하고 어쩔 수 없이 선택하는 최후의 선택지로 인식될 수 있도록 설계해야 한다.

## 육성 중심의 수습 방법

육성 중심의 수습을 어떻게 기획하고 관리해야 할까? HR, 현업, 신규 입사자는 각자 어떤 역할과 책임을 가지고 있으며, 직무별, 직급별, 상황을 수용할 수 있는 평가와 수습 해지자가 인식할 수 있는 평가를 어떻게 운영할 수 있을까? 정답은 없겠지만 몇 가지 가이드라인을 제시하고자 한다.

HR은 채용 담당자, 교육 담당자, 평가 담당자의 세 영역에서 협업이 필요하다. 그 중에서도 교육 담당자의 역할이 가장 중요하다. 교육 담당자는 채용 담당자와 함께 신규 입사자들의 관점과 요구 사항, 현업 팀의 요구 수준을 파악하여 수습 중 육성 체계를 수립하고 운영해야 한다. 또한, 평가 담당자와 협력하여 평가 도구를 개발하고 체계를 설계하며, 수습 해지 발생 시 면담과 해지 절차를 함께 진행해야 한다.

수습 중에 진행해야 하는 교육은 크게 세 가지가 있다. 회사의 제도와 조직 문화 이해를 통한 조직 후원 인식, 전사에서 사용하는 시스템의 올바른 이해와 사용 방법을 통한 커뮤니케이션 환경 구축, 각 직무 수행을 위한 직무 전문 지식 습득과 전후 업무 프로세스 이해이다.

## 1) 조직 후원 인식

조직 후원 인식은 조직을 의인화하여 조직 구성원과의 일종의 사회적 교환 관계를 형성하는 것을 의미한다. 이는 단순한 경제적 교환만이 아니라, 상호 선의를 기반으로 한 사회적 교환 관계까지 포함한다. 조직 후원 인식은 상사-부하 간의 교환 과정에서 회사의 복리후생 제도가 실행되고, 회사의 사훈과 경영 이념, 가치 등이 어려운 상황에서도 공명정대하게 실행될 때 인식된다. 따라서 많은 회사의 복리후생 제도 중에서 신규 입사자들에게 어필되며, 회사가 어떤 가치를 중요하게 여기는지 인식할 수 있는 제도를 파악하고 활용 방법까지 교육해야 한다. 제도의 유무보다 실제 신규 입사자들이 체감하고 활용 가능하게 하는 것이 중요하다. 예를 들어, 제조 회사에서는 평소 건강 관리를 위한 체육 활동 지원 절차와 사고 발생 시 지원 절차를 실제 사례로 설명할 수 있다. 우수한 여성 근로자를 필요로 하는 백화점의 경우, 일-가정 양립을 위한 연차 제도나 가정 대소사 지원 제도를 예로 들 수 있다.

## 2) 전사 시스템 교육

소통은 두 명 이상의 사람이 만나 자신의 생각을 말이나 글로 전달하는 것을 생각하지만, 많은 사람들이 생활하는 기업에서는 말과 글로 정보를 전달하는 것만이 소통이 아니다. 양식과 규격, 절차를 정하고 이를 준수하는 것 또한 소통이다. 따라서 전사 시스템 교육은 기능 설명에 그쳐서는 안 된다. 시스템은 회사가 정한 절차와 형태로 정보를 기록하고 열람하며, 중복 업무와 업무 대기 시간을 줄이고, 업무에 대한 오해를 예방하는 것이 목적이다. 신규 입사자들은 사내 시스템을 통해 업무를 능동적으로 파악하고, 사내에서 합의된 절차와 방법대로 시스템을 활용하여 유기적으로 업무할 수 있는 능력을 키워야 한다. 이를 위해 주요 기능별 목적과 업무 관계 및 흐름을 중심으로 교육해야 한다. 시스템을 통한 업무 정보 등록 방법이 왜 중요한지 납득하도록 교육해야 한다. 시스템 개발 회사에서 제공하는 기능 설명 매뉴얼이 있다면, 이 기능이 가치 사슬에서 어떤 역할을 하는지, 각 단계별로 해야만 하는 이유 혹은 하지 않으면 안 되는 이유를 추가하고 이를 중심으로 교육하면 신규 입사자들은 필요성을 인식하고 찾아서 사용하게 된다.

## 3) 전문 지식 습득과 전후 업무 프로세스 이해

각 직무 수행에 필요한 지식 습득과 해당 직무의 전후 관계에 대한 교육은 직접 수행하기 어렵다. HR은 명확한 가이드라인을 제시하고, 교육과 평가는 현업 팀에서 진행해야 한다. HR은 그 결과를 모니터링하면서 점진적으로 고도화해야 한다. 팀 평가는 최소 10개 항목 이상의 평가를 포함해야 한다. 평가 방법은 필기 평가, 실기 평가, S-OJT 평가 등 직무와 직급에 맞는 평가 방법이 단독 또는 혼합으로 가능하다. 평가에는 팀 고유의 시스템 활용, 당사 제품과 서비스에 대한 직무 지식, 유관 팀과의 협업이 수반되는 지식이나 직무 수준에 대한 평가가 반드시 포함되어야 한다.

육성 중심의 수습은 HR, 현업 팀, 신규 입사자가 각자의 역할과 책임을 명확히 이해하고 협력하여 이루어져야 한다. 이를 위해 HR은 명확한 가이드라인과 체계적인 교육 및 평가 시스템을 마련하고, 지속적으로 모니터링하고 개선해야 한다. 신규 입사자가 수습 기간 동안 역량을 최대한 발휘하고, 조직에 적응할 수 있도록 돕는 것이 최우선 과제가 되어야 한다.

## 수습 도입 시 주의사항

수습 근로자도 엄연히 정규직 직원이다. 사용자인 회사가 수습 근로자를 해고하는 경우, 통상의 해고보다 '정당한 이유'가 조금 넓게 인정될 뿐, 객관적이고 합리적인 사유가 있어야 하며, 해고 사유와 시기는 반드시 서면으로 통보해야 한다. 또한 해고 원인이 해당 근로자를 해고할 만큼 중요한 것임을 입증할 만한 객관적인 자료가 확보되어야 한다. 이를 위반할 경우, 부당 해고 이슈로 분쟁에 휩싸일 수 있다.

수습을 도입할 때는 반드시 취업규칙은 물론 근로계약서에 명시해야 하며, OT에서도 안내하여 수습의 목표가 평가가 아닌 조직 적응과 육성을 위한 것임을 명확히 안내해야 한다. 수습 제도를 운영하기로 했다면 대상자는 전원 수습 평가를 진행해야 한다. 특정한 한 사람만을 차별적으로 평가하여 수습 해지를 하는 것은 부당 해고로 판단될 수 있다. 수습 해지는 해당 직원의 업무 수행 능력을 기준으로 평가해야 하며, 근무 태도 불량이나 다소 업무상 미흡한 부분만으로 수습 해지를 하는 것은 부당 해고로 판단될 수 있다. 수습은 업무 수행능력을 '습득하는 과정'으로 해석되기 때문이다. 따라서 회사는 수습 기간 중 교육을 통해 수습근로자의 업무 능력 향상과 근무 태도 시정 기회를 제공해야 하며, 이는 구두로만 할 것이 아니라 회사 이메일과 같은 객관적인 근거를 활용하여 명확한 현상과 기대사항을 기록하는 것이 좋다. 여기서 미숙한 업무란 직무 수행에 중요한 활동을 의미하며 단순 오탈자 확인 등 직무와 직접적으로 관련 없는 업무는 해당하지 않는다.

대부분의 경우, 이 판단을 팀장이 하게 되므로 팀장의 언행이나 이메일로 문제가 발생할 수 있다. 따라서 수습 제도를 도입했다면 팀장들에게 수습의 원래 의미와 회사의 업무 절차, 리스크 발견 시 해야 하는 일에 대해 철저하게 교육해야 한다. 최소한 불안한 점이 보인다면 빠르게 인사팀에 연락하도록 주지시켜야 한다.

부당 해고 신고 시 법은 신고자의 관점에서 해석하게 된다. 수습 해지 시 당사자와 1시간 이상 충분한 면담을 통해 부득이하게 해고해야 하는 점을 설명하고, 필요시 '수습 기간 연장 동의서'를 작성하여 한 번 더 평가 절차를 밟을 수 있다. 단, 연장 후 평가하여 해고할 경우 입사 3개월이 넘으면 해고 예고를 하거나 30일분의 통상임금을 지급해야 한다는 점을 염두에 두어야 한다. 수습 해지 결정 시 그 명확한 사유와 시기를 서면으로 통보하여 마무리해야 한다. 수습 해지 결정이 났다면 해당 팀에게 수습 평가에 관한 모든 서류, 업무 메일, 작업 결과물 등 수습 해지 결정에 대한 모든 자료를 받아 관리하는 것이 좋다. 수습 해지하고 몇 개월 후 부당 해고 신고가 들어올 경우 회사에서 상황을 파악하고 근거 자료를 확인하는 데 시간이 걸릴 수 있으므로, 가급적 즉시 근거자료를 지참하여 대응하는 것이 좋다.

계약직을 수습 평가하는 경우가 가끔 있는데, 계약직은 계약기간을 우선시하기 때문에 수습 평가 결과를 근거로 계약기간 전에 수습 해지를 할 수 없다. 계약직에게 수습 평가를 실시한 경우, 계약기간은 준수하고, 계약 연장 여부 또는 정규직 전환 여부 시 참고 자료로만 사용하는 것을 권장한다.

수습은 업무 수행능력을 습득하는 기간으로 보기 때문에 언제나 학습할 수 있도록 동영상 매뉴얼을 제작하여 서버에 저장하거나 온라인 연수원에 탑재하는 것을 권장한다. 동영상 매뉴얼은 특히 시스템 교육에 많은 도움이 되며, 외부 교육기관에서도 자체 영상 콘텐츠를 탑재할 수 있는 서비스를 저렴하게 제공하는 곳이 많으므로 문의해 보기 바란다.

필자의 경우는 OT 중 수습의 목적과 주요 절차를 안내하였다. 다음날 이메일로 안내 메일을 보낼 때 수습 종합 평가서, 절차서, 매뉴얼은 물론 이의 신청서, 수습 해지 통보서 양식까지 말 그대로 수습의 모든 것을 공개하고 온라인 연수원 사용 방법과 전사 공통 시험문제 Pool과 동영상을 수습 평가 교육용 콘텐츠 교재로 제공하였다. 평가는 목적이 아니라 교육이 목적이었기에 가능한 행동이었다. 전사 공통 시험, 팀 평가, 태도 평가 세 개의 카테고리로 설정하여 최종 점수가 70점 미만인 경우 수습 해지 대상이 되어 면담을 통해 수습 해지를 통보하였다. 전사 공통 시험이 60점 이상인 경우에는 메일로 결과와 주요 정보를 안내하고, 60점 미만인 경우에는 현업 팀장에게 찾아가 시험지를 보여주며 격무에 시달리는 건 아닌지 파악하고 수습이 끝난 후에도 회사 생활에 어려움이 없도록 안내, 관리를 부탁하였다. 이렇게 수습 평가에 해당하는 모든 내용을 콘텐츠화하고 이를 신규 입사자가 언제든 학습할 수 있도록 하여 회사가 조직 적응과 육성에 충실했다는 것을 준비하였다. 수습 평가 결과가 부당하다고 생각하면 이의 신청을 할 수 있도록 하였다. 이의 신청은 인사팀장과 현업 팀장의 심사를 통해 1회 3개월 이내로 연장 여부를 결정하도록 하였으나, 약 7년간 수습 해지자 중 연장 신청한 사람은 없었다.

최근 인사평가도 평가에 집중하는 것이 아닌 성과 관리 절차 중 한 단계로서 인사 평가를 다루며 성과 관리에 집중하고 있다. 수습 제도 또한 우리가 선택한 동료가 빠르게 업무에 적응하고, 성과를 통해 보람을 느낄 수 있도록 지원한다는 관점으로 빠르게 변해야 한다. 평가는 부적합자 제외라는 기본 기능도 있지만, 고득점을 위해 학습에 집중하고, 평가 문제 풀이 과정에서 그 의미를 되새기도록 하는 교육적 도구로 사용해야 한다. 수습 내용을 통해 '우리 회사는 투명하다. 우리 회사는 공정하다. 우리 회사는 직원의 성장을 지원한다'를 주장하는 것이 아니라 그 자체로서 느낄 수 있도록 해야 한다. 100마디의 말보다 직접 느낀 1번의 경험이 진실되게 느껴질 것이다.

# 제5부

# 브랜딩과
# 온보딩의 중요성

채용 브랜딩과 효과적인 온보딩(김정필 팀장)

공정 채용과 고용브랜드 강화(김정기 대표)

# 채용 브랜딩과
# 효과적인 온보딩

김정필 팀장

# 01
# 채용 브랜딩의 중요성

브랜딩(Branding)은 무엇인가? 세계적인 마케팅 전략가 세스 고딘(Seth Godin)은 브랜드를 "기대, 추억, 이야기, 관계의 집합체로 여러 제품이나 서비스 중 하나를 선택하게 하는 소비자의 결정을 종합한 것"이라고 정의하며, "브랜딩은 이러한 결정에 적극적으로 영향을 미치기 위해 하는 모든 것"이라고 말했다.

브랜딩을 채용 관점에서 보면, 지원자들이 우리 회사를 지원하고 싶게 만드는 메커니즘을 만들어 비즈니스를 돋보이게 하고 관심을 끌어 지원자들의 선택에 영향을 미치고, 영감을 주고, 변화를 주는 모든 활동으로 정의할 수 있다.

결론적으로, 인재 확보를 위해 "인재는 회사로부터 직장이라는 상품을 사는 고객"이라는 사고하에 어떻게 고객(인재)을 만족시킬 것인지에 대한 인재 마케팅적 접근으로 채용의 개념을 전환해야 한다.

> 지원자는 우리의 고객이다.
> 고객은 지원할 회사에 대해 알고 싶어한다.
> 그러므로 고객이 원하는 것(고객 가치)을 제공해야 한다.
>
> 채용을 하는 관점(선택을 하는 것) → 채용을 받는 관점(선택을 받는 것)

채용에 나서는 회사들은 충분한 지원자 풀을 확보하고 이를 기반으로 직무와 조직 문화에 적합한 인재를 선발해야 한다. 특히 디지털 네이티브 특성을 지닌 MZ세대가 채용의 주력 세대가 되면서, 이들은 자신의 직무를 통한 성장 가능성(경력 개발)과 삶의 워라밸을 중시하는 특성을 가지고 있다.

디지털에 익숙하고 다양한 니즈를 가진 MZ세대는 다양한 디지털 채널을 통해 지원하고자 하는 회사들의 평판과 채용 브랜드를 쉽게 비교할 수 있으며, 자신들의 개별적 가치와 니즈에 해당 회사가 어떻게 매칭되는지를 세심하게 고려하고 있다. 이 과정에서 채용 브랜딩이 잘 되어 있는 회사와 그렇지 않은 회사 간의 채용 경쟁력 차이는 클 것이다. 따라서 채용 브랜딩은 채용 프로세스의 모든 단계에 걸쳐 반영되어야 하며, 주요 단계에서 핵심적으로 고려해야 할 사항들을 알아보자.

# 02

# 채용 브랜딩의 주요 단계

채용 브랜딩은 회사의 이미지와 가치를 지원자들에게 효과적으로 전달하여 적합한 인재를 유치하고 유지하는 데 필수적이다. 이를 위해 채용 전략 수립부터 온보딩 프로그램까지 각 단계에서 채용 브랜딩을 체계적으로 실행해야 한다.

## 채용 전략 수립

채용 전략을 수립할 때는 회사의 이미지와 가치를 강조하여 적합한 인재를 유치할 수 있는 기반을 마련하는 것이 중요하다. 이를 위해 먼저 회사의 핵심 가치, 미션, 비전을 명확히 정의하고, 이를 바탕으로 채용 브랜드의 정체성을 확립해야 한다. 이 과정에서 지원자들이 회사의 방향성과 목표를 명확히 이해하도록 돕는 것이 중요하다. 또한, 타겟 인재 그룹을 명확히 설정해야 한다. 회사가 필요로 하는 직무와 문화에 적합한 인재를 정의하고, 그들에게 어필할 수 있는 전략을 수립해야 한다. 예를 들어, 창의적인 문제 해결 능력을 중시하는 회사라면 이를 강조한 채용 메시지를 전달하는 것이 좋다. 단기 및 장기 채용 목표를 설정하고 이를 달성하기 위한 구체적인 계획을 세워 채용 활동의 일관성을 유지하는 것도 중요하다. 모든 채용 활동에서 회사의 브랜드 메시지와 일관성을 유지하여 지원자들에게 신뢰감을 주고, 회사의 이미지를 강화해야 한다.

## 채용 홈페이지 및 채용 공고

채용 홈페이지와 채용 공고에서는 회사의 문화, 가치 그리고 직무에 대한 매력적인 설명을 통해 지원자들의 관심을 끌어야 한다. 이를 위해 먼저 채용 홈페이지와 공고의 디자인을 매력적으로 구성하여 첫인상이 중요시되는 지원자들의 관심을 끈다. 직관적이고 사용자 친화적인 인터페이스를 제공하는 것이 중요하다. 또한, 회사의 문화를 소개하여 지원자들이 회사의 일상과 환경을 이해할 수 있도록 해야 한다. 채용 공고에는 직무에 대한 구체적인 설명과 함께 기대하는 역량과 책임을 명확히 제시하여 지원자들이 자신의 역량이 회사에 어떻게 기여할 수 있는지 이해하도록 한다. 사진, 동영상, 인포그래픽 등을 활용하여 회사의 문화와 직무에 대한 생생한 정보를 제공하는 것도 좋은 방법이다.

## 채용 과정 (면접 및 평가)

면접과 평가 과정에서도 회사의 채용 브랜딩을 반영하여 지원자들에게 긍정적인 인상을 남겨야 한다. 이를 위해 면접과 평가 과정에서도 회사의 브랜드 메시지를 일관되게 전달해야 한다. 면접관들이 회사의 가치와 문화를 반영한 질문을 준비하고 이를 통해 지원자들과 소통하는 것이 중요하다. 면접관들은 친절하고 전문적인 태도로 지원자들을 대해야 한다. 이는 지원자들에게 회사의 긍정적인 이미지를 심어주고, 면접 경험을 통해 회사에 대한 호감을 형성할 수 있게 한다. 평가 기준과 과정을 투명하게 공개하여 지원자들이 공정하게 평가받는다는 느낌을 받을 수 있도록 하고, 지원자들의 신뢰를 높인다. 면접 후 지원자들에게 피드백을 제공하여 그들이 개선할 수 있는 점을 알려주는 것도 좋은 방법이다.

## 온보딩 프로그램

새로운 직원이 조직에 합류하는 온보딩 과정에서도 채용 브랜딩을 통해 회사의 문화와 가치를 전달하여 직원의 조직에 대한 만족감과 소속감을 높여야 한다. 이를 위해 온보딩 과정에서도 회사의 브랜드 메시지를 일관되게 전달해야 한다. 회사의 핵심 가치와 문화를 새로운 직원들에게 명확히 설명하고, 이들이 회사에 빠르게 적응할 수 있도록 지원하는 것이 중요하다. 체계적인 온보딩 프로그램을 마련하여 새로운 직원들이 회사의 업무 프로세스와 문화를 이해할 수 있도록 돕는다. 이는 초기 적응 기간을 단축시키고 직원들의 업무 효율성을 높이는 데 도움이 된다. 새로운 직원들에게 멘토를 배정하여 그들이 회사에 잘 적응할 수 있도록 지원하고, 필요할 때 도움을 받을 수 있는 다양한 지원 프로그램을 제공하는 것도 중요하다. 온보딩 과정에서 새로운 직원들의 피드백을 수집하고, 이를 바탕으로 프로그램을 지속적으로 개선하여 직원들의 만족도를 높이고 조직에 대한 소속감을 강화해야 한다.

이와 같이 채용 전략 수립, 채용 홈페이지 및 채용 공고, 채용 과정, 온보딩 프로그램 등 각 단계에서 채용 브랜딩을 구체적으로 실행함으로써 회사의 긍정적인 이미지를 강화하고, 우수한 인재를 유치할 수 있다.

지금까지 간략하게 기술한 채용 브랜딩의 단계적 실행을 보다 구체적으로 살펴보자.

# 03

# 채용 브랜딩의 단계별 실행

## 채용 전략 수립에서의 채용 브랜딩

회사는 지원자들에게 어필할 수 있는 고유의 채용 브랜드를 가지고 있다. 그러나 자사의 강점을 중심으로 이를 브랜딩하고 커뮤니케이션하지 않으면 그 가치를 발휘할 수 없다. 채용 브랜딩을 효과적으로 실행하기 위해서는 채용 전략 수립 시 여러 요소를 검토해야 한다. 전략적으로 중요하게 고려해야 할 요소들을 구체적으로 살펴보자.

### 1) 타겟 인재 그룹의 이해

채용 브랜딩을 성공적으로 수행하려면 타겟 인재 그룹을 명확히 이해하고, 그들에게 효과적으로 메시지를 전달해야 한다. 이를 위해 회사는 먼저 필요로 하는 직무에 대한 하드 스킬을 정의해야 한다. 예를 들어, 프로그래밍, 데이터 분석, 마케팅 전략 등의 기술이 이에 해당한다. 또한 회사의 가치관에 부합하는 소프트 스킬, 즉 팀워크, 커뮤니케이션 능력, 문제 해결 능력 등의 특성을 고려해 타겟 인재 그룹을 설정해야 한다. 이를 통해 연령, 성별, 교육 배경 등의 인구통계학적 특성을 분석하고, 타겟 그룹의 행동 패턴과 선호하는 직장 문화를 파악해 적절한 메시지를 개발할 수 있다.

### 2) 회사의 가치관과 회사 문화

회사의 핵심 가치와 문화를 명확히 전달하는 것은 지원자들이 회사의 미션과 비전에 공감하도록 하는 데 매우 중요하다. 이를 위해 회사는 핵심 가치를 명확히 정의하고 이를 채용 브랜딩에 반영해야 한다. 예를 들어, 혁신, 고객 중심, 팀워크 등의 가치를 강조할 수 있다. 또한 회사의 독특한 문화, 예를 들어 수평적 조직 문화, 유연근무제, 다양성 존중 등을 구체적으로 설명해야 한다. 회사의 장기적인 목표와 미션을 명확히 전달하여 지원자들이 회사의 방향성과 목적에 공감할 수 있도록 해야 한다.

### 3) 유인 요소

회사가 제공하는 다양한 유인 요소를 통해 지원자들이 회사를 매력적으로 느끼도록 하는 것이 중요하다. 이를 위해 회사는 경쟁력 있는 급여, 보너스, 주식 옵션 등 금전적 보상을 명확히 제시한다. 또한 편리한 위치, 현대적인 사무실, 재택근무 옵션, 유연근무제 등의 근무 환경에 강점이 있다면 이를 강조한다. 교육 프로그램, 멘토링, 경력 개발 기회 등을 통해 회사에서의 성장 가능성을 제시하고, 건강 보험, 연금 제도, 휴가 정책 등 복지 혜택을 상세히 설명한다.

## 4) 디지털 채널 활용

다양한 디지털 채널을 통해 회사의 긍정적 이미지를 구축하고 유통하는 것이 중요하다. 이를 위해 회사의 공식 웹사이트에 최신 채용 정보를 포함하고, 웹사이트 디자인을 사용자 친화적으로 제작해야 한다. 또한 다양한소셜 미디어 플랫폼을 통해 회사의 문화와 채용 정보를 지속적으로 공유하고, 주요 채용 포털에 회사 정보를 등록하고 최신 채용 공고를 게재한다. 온라인 광고, 이메일 마케팅 등을 통해 회사의 채용 브랜드를 적극적으로 홍보한다.

## 5) 직원 참여

현재 직원들의 긍정적인 경험과 이야기를 공유하는 것은 회사의 매력을 외부에 알리는 데 매우 중요하다. 이를 위해 현재 직원들의 인터뷰를 통해 그들의 긍정적인 경험과 회사를 선택한 이유를 공유하고, 소셜 미디어등에서 직원들이 회사에 대해 긍정적인 후기를 남길 수 있도록 장려해야 한다. 회사 내부에서 진행되는 행사나 활동을 사진과 영상으로 제작하여 공유하고, 신입 직원들이 기존 직원들과 멘토링 관계를 맺고 긍정적인 피드백을 공유하도록 지원해야 한다.

## 6) 채용 경험

지원자들이 채용 프로세스에 참여하는 과정에서 긍정적인 경험을 제공하는 것은 인재 유치 및 유지에 매우 긍정적인 영향을 미친다. 이를 위해 채용 과정의 각 단계를 명확히 설명하고, 지원자에게 투명하게 정보를 제공해야 한다. 또한 면접 후 피드백을 제공하여 지원자들의 개선점을 제시하고, 지원자와의 커뮤니케이션을 친절하고 효율적으로 유지해야 한다. 위와 같은 요소들을 구체적으로 실행함으로써 채용 브랜딩을 강화하고, 조직에 적합한 인재를 선발할 수 있다. 각 요소들을 구체적으로 실행하기 위한 전략을 수립함으로써 성공적인 채용 브랜딩을 구축할 수 있을 것이다.

## 채용 전략 수립의 핵심, 직원 가치 제안(EVP)

직원 가치 제안(EVP, Employee Value Proposition)은 직원들에게 매력적인 회사가 되기 위해 우리 회사만이 제공할 수 있는 차별화된 가치를 의미한다. 직원 가치 제안을 정의하는 것은 우리 회사의 핵심 강점을 평가하는 것이며, 회사가 직원들에게 '우리 회사에서 일하는 것이 왜 가치 있고, 왜 중요한가?'에 대한 답을 제시하는 것이다. 그래서 EVP는 회사의 채용 브랜딩 전략과 밀접하게 관련되어 있으며 인재를 끌어들이기 위해 회사가 내세울 수 있는 일종의 강점이자 셀링 포인트가 된다. 직원 가치 제안은 인재 유지는 물론 인재 채용 전략의 시작점이라고 할 수 있다.

직원 가치 제안의 주요 구성 요소는 다음과 같다.

### 1) 급여 및 보상

급여, 인센티브, 보너스에 대한 직원의 만족도 및 승진과 같은 보상을 말하며 평가 및 보상 시스템에 대해 직원이 느끼는 만족감도 포함한다. 표면적으로는 금전적 보상이 핵심 요소처럼 보일 수 있으나, 금전적 보상만큼이나 비금전적 보상도 중요하다. 이후 기술하는 요소들이 그에 해당한다.

## 2) 복리 후생

직무와 관련된 다양한 추가 혜택과 관련이 있다. 여기에는 유급휴가 (휴일, 휴가 및 병가), 건강 및 자기계발 지원 등 광범위한 혜택을 포함한다. 구체적 내용으로는 선택적 복리후생 제도, 단체보험, 건강검진, 퇴직연금제, 체력단련비, 직원 심리상담 서비스 등 다양한 사례를 들 수 있다. 회사 상황과 직원 니즈에 맞게 맞춤화될 때 효과적이다.

## 3) 경력 개발

직원들은 자신의 직무가 성장 잠재력과 조직 경력 개발에 어떻게 기여할 수 있는지 알고 싶어 한다. 경력 개발은 직원의 역량 개발 프로그램, 코칭, 평가 및 피드백 등 직원의 성장 및 성장 기회에 영향을 미치는 다양한 요소를 포함한다. 경쟁자와 동등한 급여를 제공할 수 없는 조직의 경우, 명확한 경력 개발 및 성장 계획의 제공 여부가 우수한 인재를 고용할 수 있는가 그렇지 못한가를 가르는 중요한 차이를 만들 수 있다.

## 4) 근무 환경

회사는 직원이 업무를 잘 수행할 수 있는 일하기 좋은 근무 환경을 조성하는 것의 중요성을 인식해야 한다. 직원의 역할과 책임에 대한 명확한 이해에서 건강한 일과 삶의 균형에 이르기까지 긍정적인 업무 환경을 구성하는 다양한 요소를 포함한다. 중요한 요소는 자율성과 개인적 성취감 그리고 안정을 따르는 것이다. 이 요소에는 사무 공간과 책상,

의자, PC 장비, 휴게 공간, 유연한 근무 시간, 원격 근무 등이 있으며, 긍정적인 직원 경험을 이끌어내는 데 노력해야 한다.

### 5) 조직 문화

조직 문화는 눈에 보이지 않는 무형의 가치이다. 회사의 가치 체계 (비전, 미션, 핵심 가치, 인재상 등)와 일하는 방식을 포함한다. 회사에게 직무 적합성만큼이나 조직 문화 적합성(컬쳐 핏)은 채용 과정에서 중요한 선발 기준이 된다.

회사의 EVP가 다양화됨에 따라 지원자 입장에서 회사에 대한 선택의 관점도 다양해졌다. 회사 입장에서는 인재를 구하기 위해 EVP의 모든 요소에서 경쟁 우위를 갖기 쉽지 않으므로, 경쟁자 그리고 내외부 인재들의 니즈와 회사가 원하는 인재 특성을 고려하여 차별성과 창의적인 EVP 구축이 필요하다.

## 채용 홈페이지와 채용 공고에서의 채용 브랜딩

회사의 가치체계에 대한 이미지, 회사가 원하는 인재 타겟 그룹 그리고 이들에게 어필할 EVP가 정의되었다면, 인재 타겟 그룹이 매력적이라고 느낄 수 있는 포인트를 담아 우리 회사만의 브랜드 메시지를 개발해야 한다. 그리고 지원자들에게 이를 홍보할 수 있는 다양한 접점으로 회사 홈페이지, SNS, 유튜브, 채용 플랫폼 등 다양한 채널들 중 적합한 채널을 선택, 활용해야 한다.

지원자들이 직무 탐색부터 입사 지원을 결정하기까지 채용브랜드를 체험하며 느낄 수 있는 다양한 채널 중 우선해야 할 채널이 있으며, 해당 채널에서 지원자들에게 회사의 채용브랜드를 어떻게 효과적으로 전달할지에 관해 살펴보자.

### 1) 채용 홈페이지

채용 홈페이지는 관심 있는 지원자가 회사에 대해 알아보기 위해 가장 먼저 방문하는 채널이다. 대부분 회사 공식 사이트의 일부로서 혹은 독립형 플랫폼으로서 채용 홈페이지를 운영하고 있다. 잘 알려진 회사가 아니라면, 지원자들은 회사 소개, 비전과 미션, 조직 문화 등 해당 회사만의 고유한 특성에 대해 확인하고, 지원자 입장의 다양한 개별적 가치와 니즈에 부합하는지 알고 싶어한다. 그러나 많은 회사가 채용 홈페이지를 채용 브랜딩의 좋은 도구로 활용하지 못하고, 지원자들이 알고 싶어 하는 콘텐츠를 제공하지 못하여 잠재적 지원자를 놓치는 실수를 하고 있다.

회사는 채용 홈페이지를 통해 채용브랜드를 매력적이고 흥미로운 콘텐츠로 자유롭게 디자인하고 관리할 수 있다. 회사의 가치체계, 직무 소개, EVP 등 정보를 다양한 방식의 채용브랜드 콘텐츠로 만들어 지원자들에게 효과적으로 어필할 수 있다. 잘 만들어진 홈페이지는 온라인 구인 포털, 소셜미디어 플랫폼 같은 다른 채널의 콘텐츠 허브 역할을 할 수 있다. 특히 잠재적인 지원자의 중요한 질문이나 사내 직원들의 인터뷰 등의 요소를 이미지, 동영상, 블로그 등 다양하고 역동적인 콘텐츠로 보여준다면 지원자들의 지원 의욕을 높이는 데 유효할 것이다.

〈채용 홈페이지를 통한 채용 브랜딩〉

① 회사 문화와 가치 강조: 홈페이지에 회사의 핵심가치, 비전, 사명 등을 명확하게 전달하여 지원자들이 회사문화와 가치에 대해 충분히 이해할 수 있도록 한다.

② 직무설명과 기대효과: 각 직무에 대한 상세한 설명과 그 직무를 통해 지원자가 얻을 수 있는 경험과 성장 기회를 강조한다.

③ 재직자의 이야기: 재직자 인터뷰, 직원들의 일상, 성공 사례 등을 통해 실제 근무환경과 분위기를 생생하게 전달한다.

④ 채용과정의 투명성: 채용 프로세스를 상세하게 설명하여 지원자들이 면접과 평가 과정에 대해 미리 알 수 있도록 하며, 이를 통해 회사의 투명성을 보여준다.

⑤ 사용자 경험 중심 디자인: 사용자 친화적인 디자인과 직관적인 네비게이션을 통해 지원자들이 쉽게 정보를 찾고 지원할 수 있도록 한다.

채용 홈페이지와 채용 공고에서 회사의 채용브랜드를 효과적으로 전달하려면, 회사의 고유한 문화와 가치를 중심으로 매력적인 콘텐츠를 제공하고, 지원자들이 쉽게 접근할 수 있도록 직관적인 디자인을 적용해야 한다. 이를 통해 회사는 적합한 인재를 유치하고, 채용 과정에서 긍정적인 지원자 경험을 제공할 수 있다.

## 2) 채용 공고

채용 공고는 회사 채용 홈페이지를 통해 할 수 있지만, 많은 경우 온라인 구인 포털사이트가 활용되고 있다. 현재 수많은 구인 포털사이트가 있고 많은 지원자들이 이 채널을 활용하고 있기 때문에, 일반적인 지원자들이 우리 회사를 접할 가능성이 가장 높은 채널이다.

인지도 있는 회사가 아니라면, 지원자 입장에서 구인 포털사이트가 우리 회사를 접하는 첫 만남이 될 수 있기 때문에 구인 포털사이트에서의 채용 공고는 매우 중요하다. 그러므로 우리 회사만의 차별화된 채용 브랜드를 알려야 하며, 주요한 채용 셀링 포인트를 명확하게 제시해야 한다.

좋은 채용 공고는 회사 입장의 니즈에서 벗어나 지원자에게 초점을 두어야 하고, 그들의 시선을 끌어내고 납득시켜야 한다. 그러나 많은 회사의 채용 공고는 너무 형식적이다. 채용 공고는 내부적 문서가 아니라, 지원자에게 회사의 직무를 팔아야 하는 것이다. 지루한 비즈니스 문서처럼 쓰지 말고 그들에게 이야기하는 것처럼 생동감 있게 작성해야 한다.

이를 위해 효과적인 채용 공고를 구성하는 요소를 설명하면 다음과 같다.

〈채용 공고를 통한 채용 브랜딩〉

① 공고 제목: 우리가 원하는 지원자가 클릭하게 만드는 역할을 하므로 그들의 관심을 끌 수 있는 매력적이고 명확한 제목을 사용한다.

② 첫 문단: 첫 문단은 지원자를 환영하는 것이고, 또한 그들에게 공고의 나머지 내용을 읽게끔 유혹하는 기회이므로, 지원자 입장에서 가장 긴급한 것들을 답해줘야 한다. 왜 지원자가 공고를 읽어야 하는지, 지원자를 위해 무엇을 제공하는지, 회사의 직무 제안이 다른 곳과 어떻게 다른지 등을 이 부분

에서 EVP를 잘 표현해야 한다.

③ 회사 소개: 회사의 비전, 문화, 핵심 가치를 강조하여 회사에 대한 긍정적인 이미지를 준다.

④ 직무 설명: 지원자가 어떤 업무를 수행하게 될지 구체적으로 설명하여 지원자가 자신의 역할을 명확히 이해할 수 있도록 한다. '열정적인 분', '전문가'와 같이 각자 기준점이 다르게 해석될 수 있는 추상적인 용어는 배제한다. 무엇보다 지원자가 최대한 읽기 쉽게 구성하고 설명하는 것이 중요하다.

⑤ 자격 요건: 지원자가 갖추어야 할 기술과 경험을 구체적으로 명시하여 적합한 지원자가 지원하도록 유도한다. 너무 많은 자격 요건을 나열하는 것은 지원자의 지원 동기를 낮출 수 있다는 점도 고려한다.

⑥ 우대 사항: 특정 기술이나 경험을 가진 지원자에게 우대를 줄 것임을 명시하여 해당 역량을 가진 지원자의 관심을 끌도록 한다.

⑦ 복리후생 및 기타 혜택: 회사가 제공하는 복리후생, 근무환경, 성장 기회 등을 강조하여 지원자에게 매력적인 근무 조건을 제시한다.

⑧ 지원 방법: 지원 절차를 명확하게 안내하여 지원자가 쉽게 지원할 수 있도록 한다.

채용 공고를 통해 회사의 채용브랜드를 효과적으로 전달하려면, 지원자의 관심을 끌고, 그들의 시선에서 매력적인 내용을 제공해야 한다. 이를 통해 회사는 적합한 인재를 유치하고, 채용 과정에서 긍정적인 지원자 경험을 제공할 수 있다.

# 채용과정(면접,평가)에서의 채용 브랜딩

면접과 평가 과정에서의 채용 브랜딩은 회사가 잠재적인 인재에게 회사의 가치와 문화를 전달하고 지원자에게 긍정적인 경험을 제공하여 회사에 대한 좋은 인상을 남기는 것을 목표로 한다. 이 과정에서 고려해야 할 몇 가지 중요한 요소는 다음과 같다.

## 1) 면접과정의 투명성

지원자들에게 면접 과정이 어떻게 진행되는지 명확하게 안내하여 기업의 투명성과 신뢰성을 보여준다. 이를 통해 지원자들은 자신이 어떤 과정을 거쳐 평가되는지 이해하고, 회사에 대한 신뢰를 가질 수 있다. 면접 절차, 평가 기준, 시간 계획 등을 사전에 상세히 설명하고, 지원자들에게 예측 가능한 면접 환경을 제공한다.

## 2) 면접관의 태도

면접관은 지원자와의 면접 대화에서 존중과 배려의 태도를 유지하며 지원자가 편안하게 자신을 표현할 수 있도록 한다. 면접관의 친절하고 공정한 태도는 지원자들에게 긍정적인 인상을 남기며, 회사의 문화와 가치를 반영한다. 면접관은 지원자의 이야기를 경청하고, 피드백을 제공하며, 지원자가 자신의 역량과 잠재력을 최대한 발휘할 수 있도록 돕는다.

## 3) 기업 문화와 가치의 반영

면접 과정에서 회사의 핵심 가치와 문화를 반영하여 지원자가 회사의 가치에 공감을 느낄 수 있도록 한다. 예를 들어, 회사가 협력과 팀워크를 중시하는 문화를 가지고 있다면, 면접 질문과 평가 과정에서 이러한 가치를 강조하는 질문을 포함시킨다. 이를 통해 지원자들은 회사의 일하는 방식을 이해하고, 자신의 가치관과 맞는지 평가할 수 있다.

### 4) 지원자 경험 중심의 접근

지원자의 경험을 중심으로 면접 과정을 설계하여 지원자가 기업에 대해 긍정적인 인상을 가질 수 있도록 한다. 지원자의 경력과 역량을 충분히 발휘할 수 있는 질문을 통해 그들의 경험과 스킬을 깊이 있게 평가한다. 면접 과정에서 지원자가 받는 전반적인 경험이 긍정적일수록, 지원자들은 회사에 대해 좋은 인상을 가지고 지원 의욕이 높아진다.

### 5) 결과의 신속한 통보

면접 결과를 신속하게 통보함으로써 지원자에게 존중감을 전달하고 경쟁사에 인재를 빼앗기지 않도록 한다. 면접 후 결과를 기다리는 동안 지원자들은 불안감을 느낄 수 있기 때문에, 신속하고 명확한 결과 통보는 지원자에게 긍정적인 인상을 남긴다. 빠르고 명확한 커뮤니케이션은 회사의 프로페셔널리즘을 보여주며, 지원자들이 회사에 대한 신뢰를 가질 수 있게 한다.

이와 같은 요소들을 면접과 평가 과정에 반영함으로써, 회사는 채용 브랜딩을 강화하고 우수한 인재를 유치할 수 있다. 지원자들이 면접 과정을 통해 회사에 대해 긍정적인 경험을 하게 되면, 이는 회사에 대한 좋은 인상을 남기고, 향후 회사의 브랜드 이미지에도 긍정적인 영향을 미치게 된다.

## 온보딩 프로그램에서의 채용 브랜딩

온보딩 프로그램은 새로 입사한 직원이 회사에 적응하고 업무를 원활하게 수행할 수 있도록 지원하는 프로그램이다. 온보딩 프로그램은 회사의 성공적인 인재 확보 및 안착에 큰 영향을 미치므로 신중하게 설계되어야 한다. 따라서 우리 회사의 온보딩 프로그램이 체계적이고 조직적으로 설계되어 있는지 점검하고, 신규 직원에게 제공할 도구와 리소스를 확인할 필요가 있다.

### 1) 온보딩 프로그램의 설계

성공적인 온보딩 프로그램을 설계하려면 다음과 같은 요소를 고려해야 한다.

#### ① 내부 규범, 컴플라이언스

신규 직원에게 회사의 구성원으로서 지키고 따라야 하는 규칙을 이해하고 준수할 수 있도록 회사 내규와 정책을 공유하고 알려준다. 이를 통해 직원은 회사의 운영 방침을 명확히 이해하고, 조직 내에서의 역할을 인식하게 된다.

② 업무 이해

신규 직원이 회사의 구조와 업무 프로세스를 이해하고, 팀 내에서 자신의 역할과 기대를 명확히 인지하도록 안내한다. 어떤 업무를 누구와 함께, 어떤 방식으로 수행할 것인지 파악할 수 있도록 돕는다.

③ 조직문화

회사 조직문화와 일하는 방식, 우리 조직의 미션과 비전에 대해 이해하고, 핵심 가치와 행동 규범을 인지하고 실천할 수 있도록 돕는다. 이를 통해 신규 직원은 회사의 가치관에 대한 공감을 형성하고, 조직의 일원으로서의 소속감을 느끼게 된다.

④ 네트워킹

신규 직원이 팀 동료들과의 유대감 및 유관 부서 구성원들과 유익한 관계를 형성하고, 조직에 대한 소속감을 갖도록 지원한다. 이를 통해 직원들은 빠르게 팀에 적응하고, 협력적인 업무 환경을 구축할 수 있다.

위의 요소들을 고려하여 온보딩 프로그램이 효과적으로 실행될 수 있도록 다음과 같은 운영 프로세스를 고려할 수 있다:

2) 온보딩 운영 프로세스
① 사전 온보딩(Pre-boarding)
- 회사 개요 소개 등의 사전 온보딩 자료(핸드북)를 미리 보내 회사에 대한 초기 경험을 제공한다.

- 이메일, 노트북, 사무실 공간 및 기타 업무 도구를 준비한다.

## ② 첫날(First day)

- 입사 관련 필요 서류를 작성한다.
- 오리엔테이션: 회사의 가치체계, 조직 구조 및 주요 부서 개요, 회사 문화, 주요 정책(행동규범, 윤리 등), 직원 복리후생, 업무 지원 시스템 등 필요한 내용을 안내한다.
- 동료 소개: 신규 직원을 팀원 및 기타 관련 직원에게 소개하여 친밀감을 준다.

## ③ 첫 번째 주(First week)

- 팀장과 1:1 미팅: 임무, 기대치를 포함하여 팀 목표와 직무 역할에 대해 자세히 설명한다.
- 팀 소개: 신규 직원을 팀원들과 연결하여 관계를 구축하고 환영받는 느낌을 받도록 지원한다.
- 멘토링 지원: 신규 직원에게 멘토를 제공하여 조직 내에서의 네트워킹을 촉진하고 질문에 대한 도움과 지원을 제공한다.

## ④ 첫 달(First month)

- 교육 및 리소스 제공: 핵심 업무에 대한 이해와 제품 지식 교육, 주요 규정 및 내부 시스템, 소프트웨어 플랫폼 등 현장 교육을 제공한다.
- 사내 네트워킹: 신규 직원이 회사 문화와 동료들과 더 잘 연결되도록 지원한다.

⑤ 처음 3~6개월(First 3~6 Months)

- 목표 설정: 팀 목표와 성과 지표 설명을 포함하여 신규 직원의 목표 설정을 지원한다.

- 피드백 및 개선: 신규 직원에 대한 피드백을 수집하고 적응 진도를 파악하여 신규 직원의 성장과 목표 달성을 지원한다.

- 코칭: 지속적인 코칭을 통해 더 나은 온보딩 경험을 제공한다.

온보딩 프로그램의 성공은 회사의 인재 유지와 성과 향상에 직결되므로, 체계적이고 조직적으로 설계하고 운영하는 것이 중요하다. 신규 직원이 회사에 빠르게 적응하고, 자신의 역량을 최대한 발휘할 수 있도록 지원하는 온보딩 프로그램을 통해, 회사는 우수한 인재를 안정적으로 확보하고 유지할 수 있다.

## 3) 경력사원 온보딩 프로그램에서의 채용 브랜딩

경력사원 온보딩 프로그램은 신입사원과는 다른 요구사항과 접근방식을 필요로 한다. 경력사원의 성공적인 적응과 성장을 위해서는 다음과 같은 요소들을 고려해야 한다.

① 개인화된 계획

개별적인 수준과 요구에 맞게 개인화된 온보딩 계획을 수립하여 경력사원의 강점과 발전 가능성을 최대한 활용한다. 이를 통해 경력사원은 자신의 역량을 빠르게 발휘할 수 있고, 회사의 목표와 일치하는 방향으로 성장할 수 있다.

## ② 업무 적응

새로운 조직 내에서의 역할 및 책임에 대한 명확한 이해를 제공하고, 필요한 경우 추가 교육이나 멘토링을 통해 신속한 업무 적응을 지원한다. 특히 멘토링은 이후 더 상세하게 다루기로 한다.

## ③ 리소스 및 네트워킹

조직 내의 리소스 및 내부 전문가들과의 연결을 도와주며, 업무 수행에 필요한 지원을 제공한다. 이를 통해 경력사원은 필요한 정보와 지원을 신속하게 얻을 수 있다.

## ④ 성과 및 발전 계획

개인의 경력 발전을 위한 목표 설정과 성과 관리를 지원하고, 이에 따른 성장 계획을 수립하며 피드백을 제공하여 성장을 촉진한다. 경력사원이 명확한 목표를 가지고 체계적으로 성장할 수 있도록 도와준다.

### 4) 온보딩 프로그램에서의 멘토링

멘토링은 온보딩 프로그램에서 매우 효과적인 제도이다. 경력사원과 신입사원을 위한 멘토링은 각각의 상황과 필요에 따라 다른 목적과 운영 포인트를 가진다.

## ① 신입사원 멘토링

- 목적: 신입사원이 조직에 빠르게 적응하고 성공적으로 업무를 수행할 수 있도록 한다.

〈운영 포인트〉

- 미션 부여: 실질적인 미션을 부여하여 조직에 적응하고 업무 스킬을 향상시키도록 유도한다. 이를 통해 조직 내의 프로세스, 문화, 업무 방법 등을 배울 수 있도록 멘토가 전달하고 경험을 통해 학습하도록 도와준다.
- 자신감 부여: 신입사원은 불안감이나 자신감 부족으로 인해 업무에 대한 부담을 느낄 수 있다. 멘토는 이러한 감정을 이해하고 자신감을 키우는 데 도움이 될 수 있도록 지도와 조언을 제공한다.

② 경력사원 멘토링

- 목적: 경력사원이 조직에서 더 나은 업무 성과를 내고 커리어를 발전시킬 수 있도록 한다.

〈운영 포인트〉

- 커리어 개발 지원: 경력사원은 이미 일정 수준의 지식과 경험을 가지고 있으므로 새로운 환경에서 역량이 발휘될 수 있도록 경력사원의 커리어 목표를 이해하고 그에 맞는 지원을 제공한다.
- 네트워킹: 경력사원은 조직 내 다양한 부서와 연결되고 네트워크를 확장하고 싶어할 수 있다. 멘토는 경력사원이 유익한 관계를 형성하도록 돕고 지원한다.

요약하면, 신입사원 멘토링은 주로 조직에 대한 적응과 기본적 업무지식 습득에 중점을 두며, 경력사원 멘토링은 전문 업무지식 강화와 경력 발전에 중점을 둔다. 신입사원 멘토링은 주로 선배 그룹에서 맡는 경우가 적절하나, 경력사원 멘토링은 좀 더 수평적 온보딩을 위해 대화가 용이한 동료 그룹에서 선정하는 것이 상황에 따라 효과적일 수 있다.

인재 확보를 위해 채용 브랜딩은 매우 중요하며, 채용 프로세스 모든 단계에 걸쳐 채용 브랜딩이 고려되어야 한다. 회사가 추구하는 비전과 가치, 회사 문화, 성장에 도움이 되는 키워드와 메시지를 활용하여 채용브랜드를 효과적으로 구축한 회사는 지원자들에게 긍정적 공감을 형성하고, 성장하며 경력을 개발할 수 있다는 기대감을 준다. 결국, 지원자들은 해당 회사를 일하고 싶은 회사, 지원하고 싶은 회사로 인식하게 될 것이다. 궁극적으로 채용 브랜딩은 채용의 성과를 높여 인재 확보의 경쟁력을 강화하고 회사의 지속가능한 성장을 도모할 수 있게 만든다.

# 공정 채용과
# 고용브랜드 강화

**김정기 대표**

# 01

# 공정채용의 의미와 필요성

## 공정채용의 의미

공정채용 개념은 2016년 NCS(국가직무능력표준) 기반 능력중심 채용제도를 도입하면서 공식적으로 사용되기 시작했다. 이어서 2017년 공공기관 블라인드채용 전면 도입은 공정채용에 대한 사회적인 관심을 확산시키는 계기가 되었다. 2023년에는 공정채용의 확산을 목적으로 공감채용 제도를 도입하여 국민들이 느끼는 채용 공정성에 대한 불신을 해소하기 위한 노력을 하고 있다. 이와 함께 국민권익위원회는 2019년부터 채용 비리 전수조사를 실시해오고 있으며, 2023년에는 국민권익위 채용 비리 통합신고센터를 출범시켜 종합적, 체계적인 공공기관 채용 비리 근절 업무를 추진하고 있다. 이러한 과정을 거치면서 공정채용 문화를 정착시키기 위해 정부와 공공기관이 채택한 채용방식은 다음과 같다.

## 1) NCS 기반 능력중심 채용

NCS 기반 능력중심 채용은 기존의 채용방식 대비 채용분야별 필요한 직무능력을 사전에 공개하는 방식이다. NCS를 기반으로 채용 분야별 필요한 직무능력을 사전에 공개하며, 직무에 대한 설명자료를 제시한다. 채용공고를 통해 지원자가 입사 후 수행하게 될 업무에 대한 자세한 정보를 공지하고, 직무설명자료를 통해 직무수행내용, 직무수행에 필요한 지식, 기술, 태도, 관련 자격, 직업기초능력 등을 제시하며 지원자들에게 해당 직무에 필요한 자격요건을 안내하는 채용방식이다.

## 2) 블라인드 채용

블라인드 채용은 채용과정에서 편견이 개입되어 불합리한 차별을 야기할 수 있는 출신지, 가족관계, 학력, 외모 등의 편견 요인을 제외하고 직무능력을 평가하여 인재를 채용하는 방식을 의미한다. 이는 편견이 개입되는 차별적인 요소를 배제하고 직무능력 중심으로 평가하는 것으로 구분할 수 있다.

## 3) 공감채용

공감채용은 공정한 채용을 위하여 투명성, 능력, 공감을 핵심 가치로 삼아 이를 실천하는 채용을 의미한다. 기업이 구직자들에게 채용 전 과정의 정보를 정확하고 충분하게 제공하고, 직무와 관련 없는 개인 정보를 수집하지 않으며, 개인의 속성이 아닌 직무수행 능력 중심으로 평가하고 피드백을 반영한 채용제도를 마련하여 구직자에게 선발 과정과 결과에 대한 공감대를 확산하는 제도이다.

NCS 능력 중심 채용, 블라인드 채용, 공감채용 등 제반 채용방식은 새로운 개념의 채용방식이 아니라 채용과정에서 공정성을 확보하기 위한 노력의 결과물이다. 따라서 공정채용은 채용 정보를 사전에 알리고 편견 없이 직무수행 능력 중심으로 평가하는 채용방법이라고 정의할 수 있다.

## 공정채용의 필요성

공정채용에 대한 국민들의 높은 관심과 기대에 부응하기 위하여 정부는 채용절차법을 시행하고 공공기관 대상으로 채용비리 전수조사를 실시하는 등 다양한 정책적 노력을 기울여 왔다. 그럼에도 불구하고 채용비리는 반복되고 근절되지 않고 있다. 구직자들의 51.6%가 채용과정이 불공정하다고 인식하고 있어 채용 공정성을 개선하기 위한 이해관계자들의 지속적인 관심과 노력이 필요하다. 공정채용의 필요성을 이해관계의 입장에서 정리하면 다음과 같다.

### 1) 구직자 입장

채용공정성을 기대하는 구직자의 기대에 부응하는 방법이기 때문이다. 공정한 평가와 정당한 보상을 바라는 MZ세대 구직자 입장에서 채용 절차의 공정성과 이에 따른 결과의 수용은 중요한 문제이다. 따라서 채용과정이 공정하게 진행되도록 단계별 정확한 정보제공과 절차와 기준을 준수하는 방향으로 채용이 진행되어야 한다.

## 2) 기업의 입장

직무에 적합한 우수한 인재를 확보하는 데 도움이 된다. 합격자 중 1년 이내 조기 퇴직율이 30%에 육박하고 있다. 이는 구직자와 구인자 모두에게 시간과 비용의 손실을 가져온다. 직무능력 중심의 공정채용은 직무와 사람, 조직과 사람 간의 부적합에서 발생하는 비용과 비효율을 감소시키는 효과를 가진다.

## 3) 사회의 입장

공정채용 문화 정착으로 사회적 비용을 절감할 수 있다. 편견으로 인한 차별이 사라지고 직무능력 중심으로 공정하게 채용하는 문화가 정착된다면, 불필요한 스펙 축적을 위해 과도한 노력을 투입하지 않아 사회적 비용을 줄이는 데 기여할 것이다.

# 공정채용의 기대효과

공정채용 문화가 정착되면 예상되는 효과는 공정채용 규정을 준수하고 규정에 따라 채용절차가 공정하고 투명하게 진행될 것으로 기대된다. 특히 정보의 투명한 공개와 직무능력 중심 채용이 정착되면 구직자와 기업이 서로 신뢰하는 채용문화가 정착될 것으로 기대된다.

## 1) 채용단계별 투명한 정보 공개

모집에서 합격자 발표, 사후 관리까지 채용의 전 과정에서 구직자에게 필요한 정보를 정확하고 친절하게 제공하여 구직자의 구직 준비에 필요한 도움을 준다.


## 2) 직무능력 중심 채용제도 정착

불필요한 개인정보 수집을 금지하고 전형 단계에서도 직무능력을 평가할 수 있는 선발 도구를 개발하여 직무수행 능력이 우수한 지원자가 선발되도록 기여한다.


## 3) 기업의 채용 브랜드 개선

공정채용 절차 운영으로 기업은 채용결과에 대한 신뢰도를 높이고, 이로 인해 구직자는 기업에 호의적인 이미지를 가지게 되며, 높은 직무능력을 가진 인재의 지원을 유도한다.

공정채용은 구직자, 기업, 사회 모두에게 중요한 가치를 지닌다. 구직자는 공정한 평가와 보상을 받으며, 기업은 우수한 인재를 확보하고, 사회는 편견과 차별이 없는 공정한 문화를 통해 사회적 비용을 절감할 수 있다. 따라서 공정채용을 위한 제도적 장치를 강화하고, 이를 실천하기 위한 지속적인 노력이 필요하다.

# 02
# 공정채용 프로세스 진단 방법

    공정채용 프로세스 진단은 채용 규정의 존재 여부와 채용 과정에서 규정 준수 여부를 검증하는 방법으로 진행된다. 인증평가 전문기업인 ㈜한국경영인증원의 공정채용 인증 심사 기준에 따르면, 진단은 최근 실시한 채용 프로세스를 중심으로 채용 공고, 서류전형, 필기전형, 면접전형, 합격자 발표, 사후 관리 등 채용 단계별 규정의 존재 여부와 규정 준수 여부를 확인하는 방식으로 이루어진다. 채용 규정은 채용 과정을 운영하는 데 있어서 판단과 집행의 기준을 제시하므로 반드시 존재해야 하며, 진단에 있어서 채용 규정이 조직에 미치는 긍정적인 효과는 다음과 같다.

## 1) 법적 책임 회피 및 공정성 유지
    공정한 채용 규정은 관련 법률을 준수하여 채용 비리 행위를 방지하고, 공정한 채용을 통해 법적 책임과 위험을 회피하도록 도와준다.

## 2) 차별 방지 및 공평한 기회 제공

공정한 채용 규정은 개인적인 특성에 의한 차별을 방지하여 모든 지원자에게 공평한 기회를 제공한다.

## 3) 조직의 신뢰성 및 투명성 제고

공정한 채용 규정은 조직의 신뢰성과 투명성을 높여주며, 채용 프로세스에 대한 외부 인식을 향상시키는 데 도움이 된다.

## 4) 직원 만족도 향상

공정한 채용 규정은 직원들의 신뢰를 유지하고, 조직 내부의 긍정적인 분위기를 조성하여 직원들의 만족도를 높이는 데 기여한다.

## 5) 적합한 인재 모집 및 유지

공정한 채용 규정은 적합한 인재를 모집하고 유지함으로써 조직의 업무 효율성을 향상시키며, 직무에 적합한 인재를 선발하는 데 기여한다.

다음은 규정의 적정성 진단을 위해 차별금지 내용을 정한 법률과 채용 절차를 정한 법률에 대한 이해가 필요하다.

## 채용 차별금지 법률 이해

우리나라는 헌법과 법률에 개인의 평등권과 취업 기회의 균등한 보장 및 채용상 차별금지를 규정하고 있다. 그러나 법적인 구속력이 약하고 차별에 대한 인사 담당자의 인식이 미흡하여 공공연하게 채용 차별이 있어왔다. 최근에는 채용에서 차별금지에 대한 사회적 요구가 커지고 있다. 기업 채용 담당자는 채용에서 차별금지를 실천하기 위해 금지하는 항목을 정확하게 이해하고 적용해야 한다.

채용에서 차별이란 특별한 사람이나 집단을 우대, 배제, 구별하거나 불리하게 대우하는 행위를 의미한다. 우리나라에서는 여러 법률을 통해 이를 금지하고 있는데, 구체적인 내용은 다음과 같다.

[표1. 채용관련 차별금지 법률]

| 법률 | 차별금지항목 | 관련조항 |
|---|---|---|
| 대한민국헌법 | 모든 국민은 법 앞에 평등하다, 성별 종교 사회적 신분에 의한 차별 금지 | 대한민국헌법 제11조 |
| 고용정책기본법 | 사업주는 모집, 채용할 때에 합리적인 이유 없이 성별, 연령, 신앙, 신체조건, 사회적 신분, 출신지역, 학력, 출신학교, 혼인, 임신 병력, 성별 차별 금지 | 제7조 1항 |
| 남녀고용평등법과 일·가정 양립지원에 관한 법률 | 사업주는 근로자를 채용할 때 남녀차별 금지, 여성근로자 모집, 채용할 때 (여성의) 용모, 키, 체중 등의 신체적 조건, 미혼 조건 요구금지 | 제7조 1항, 2항, 4항 |
| 고용상 연령차별금지 및 고령자 고용촉진에 관한 법률 | 합리적인 이유 없는 연령차별 금지 | 위반시 500만 원 이하 벌금 |

| | | |
|---|---|---|
| 장애인차별금지 및 권리구제에 관한 법률 | 장애인이라는 이유로 채용에서 차별 대우 금지 | 제4조의4 1항, 2항 |
| 장애인고용촉진 및 직업재활법 | 모집, 채용에 있어서 장애인 차별금지 | 위반 시 500만 원 이하 벌금 |
| 국가인권위원회법 | 성별, 종교,나이,사회적 신분, 지역,출신 국가,출신 민족, 용모 등 신체조건, 혼인 여부, 임신 또는 출산, 가족 형태 또는 가족 상황, 인종, 피부색, 사상 또는 정치적 의견, 형의 효력이 실효된 전과, 성적 지향, 학력, 병력 등 | 제5조 2항 |
| 채용절차의 공정화에 관한 법률 | 구인자는 구직자에 대하여 직무 수행에 필요하지 않은 정보기록 또는 수집 금지. 구직자의 신체조건, 혼인여부, 재산, 구직자 직계 존비속 및 형제자매 학력, 직업, 재산 | 제10조 |
| 국가인권위원회법 | 성별, 종교,나이,사회적 신분, 지역,출신 국가,출신 민족, 용모 등 신체조건, 혼인 여부, 임신 또는 출산, 가족 형태 또는 가족 상황, 인종, 피부색, 사상 또는 정치적 의견, 형의 효력이 실효된 전과, 성적 지향, 학력, 병력 등 | 제2조제3호가목 |
| 채용절차의 공정화에 관한 법률 | 구인자는 구직자에 대하여 직무 수행에 필요하지 않은 정보기록 또는 수집 금지. 구직자의 신체조건, 혼인여부, 재산, 구직자 직계 존비속 및 형제자매 학력, 직업, 재산 | 제4조의3 |

차별은 직접차별과 간접차별로 구분할 수 있다. 직접차별은 성별, 연령, 신체조건, 성적 지향 등 개인의 선천적 특성뿐만 아니라 후천적 속성을 기준으로 합리적 이유 없이 불이익한 대우를 하는 것을 의미한다. 반면, 간접차별은 중립적인 기준을 적용하였으나 실질적으로는 그 기준이 한 집단에 비해 다른 집단에게 불리한 결과를 야기하는 경우를 일컫는다.

기업이나 기관에서는 채용 기준이나 관행이 특정 집단에게 불리한 효과를 가져오는 영역에 주의를 기울이고, 차별이 발생하지 않도록 예방과 노력이 필요하다. 특히, 간접차별을 예방하기 위해서는 '객관적' 기준이라 할지라도 불평등한 결과를 일으킬 가능성이 없는지를 주의해야 한다.

공기업이든 사기업이든 인사 담당자의 채용 차별 금지 법률에 대한 이해는 채용차별로 인한 기업의 손실을 예방하고 기업의 경쟁력을 강화하는 출발점이 될 것이다.

## 채용절차법에 대한 이해

"채용절차 공정화에 관한 법률"(약칭: 채용절차법)은 구직자가 제출하는 채용서류의 반환 등 채용절차에서 최소한의 공정성을 확보하기 위한 목적으로 제정되어 2020년 5월 26일부터 시행되고 있다. 이 법은 상시 30명 이상의 근로자를 사용하는 기업에 적용된다. 따라서 공기업과 사기업을 불문하고 30인 이상 근로자를 사용하는 기업의 채용 담당자는 채용절차법의 내용을 이해하고 실무에 적용할 수 있어야 한다.

채용절차법은 크게 제재사항과 권고사항으로 구분된다. 권고사항은 표준이력서 권장, 전자방식 서류접수, 채용일정 및 채용과정 고지, 채용 여부 고지, 입증심층심사자료 제출 제한과 관련된 내용을 규정하고 있다. 제재사항은 아래 점검표를 활용하여 준수 여부를 점검한다.

[표2. 채용절차법 주요 점검내용]

| 구분 | 주요내용 | 관련조항 |
|---|---|---|
| 채용 공고 단계 | ① 채용을 가장하여 아이디어를 수집하거나 사업장 홍보 목적 등으로 거짓 채용광고를 하지 않는다. | 제4조제1항 5년 이하의 징역 또는 2천만 원 이하의 벌금 |
| | ② 정당한 사유 없이 채용광고의 내용을 구직자에게 불리하게 변경하지 않는다. | 제4조제2항 500만 원 이하의 과태료 |
| 서류 전형 단계 | ③ 직무와 무관한 개인정보를 요구하지 않는다.<br>- 구직자의 용모, 키, 체중 등 신체적 조건<br>- 구직자 본인의 출신지역, 혼인여부, 재산<br>- 구직자 본인의 직계 존비속 및 형제자매의 학력, 직업, 재산 | 제4조제3항 500만 원 이하의 과태료 |
| | ④ 구직자의 채용서류 및 이와 관련된 저작권 등 지식재산권을 회사에 귀속하도록 강요하지 않는다. | 제4조제4항 500만 원 이하의 과태료 |
| | ⑤ 채용서류의 반환 및 폐기 등에 대하여 구직자에게 고지한다. | 제11조제6항 300만 원 이하의 과태료 |

| | | |
|---|---|---|
| 면접 전형 단계 | ⑥ 채용심사를 목적으로 구직자에게 채용서류 제출에 드는 비용 이외의 금전적 비용을 청구하지 않는다. | 제9조<br>300만 원 이하의 과태료 |
| 채용 확정 단계 | ⑦ 구직자를 채용한 후에 정당한 사유 없이 채용광고에서 제시한 근로조건을 불리하게 변경하여 계약하지 않는다. | 제4조제3항<br>500만 원 이하의 과태료 |
| | ⑧ 채용과 관련하여 금전, 물품, 향응 또는 재산상의 이익을 제공하거나 수수하지 않는다. | 제4조제2항<br>3,000만 원 이하의 과태료 |
| | ⑨ 법령을 위반하여 채용에 관한 부당한 청탁이나 압력, 강요에 의하여 채용하지 않는다. | 제4조2<br>3,000만 원 이하의 과태료 |

## 채용절차법 위반 사례

채용절차법을 위반한 사례들은 채용업무를 수행하는 과정에서 발생할 수 있는 유사한 위반사례를 예방하는 데 중요한 참고 자료가 된다. 이를 통해 채용 과정의 공정성과 투명성을 확보하고, 구직자와 기업 간의 신뢰를 구축할 수 있다.

B기업의 경우 채용공고에서 기본급이 있다고 명시하였으나, 면접 과정에서 기본급이 전혀 없고 100% 성과급이라는 사실을 일방적으로 통보하였다. 이는 채용공고와 실제 근로 조건이 상이한 경우로, 구직자를 속이는 행위에 해당한다. 구직자는 이러한 정보에 기초하여 지원을 결정하기 때문에, 이러한 위반 행위는 구직자의 권리를 심각하게 침해한

다. 채용공고의 내용과 실제 조건의 불일치는 근로계약의 신뢰성을 저해하며, 이는 채용절차법에서 금지하고 있는 불공정 행위 중 하나이다.

A기업은 신입 사원 채용 진행 중 면접 당일에 문자로 채용이 취소되었음을 지원자에게 통보하였다. 이는 구직자에게 심각한 피해를 줄 수 있는 행위로, 채용 절차의 공정성을 심각하게 훼손한다. 관할 노동지청에서 조사한 결과, A기업은 다수의 모집 단위에서도 일방적으로 채용 전형을 취소한 사례가 다수 발견되었다.

D호텔은 조리팀의 사무관리직을 채용하면서 직무와 관련이 없는 지원자의 키, 몸무게, 가족 학력 등의 개인 정보를 요구하였다. 이는 채용 절차에서 개인정보 보호법을 위반한 사례로, 구직자의 사생활을 침해할 수 있는 심각한 문제이다. 채용 과정에서 불필요한 개인정보를 요구하는 것은 구직자를 차별할 수 있는 요소가 되며, 이는 채용절차법에서 명시적으로 금지하고 있다. 구직자의 개인정보는 엄격하게 보호되어야 하며, 채용과 관련 없는 정보는 요구하지 않도록 주의해야 한다.

# 03

# 공정채용 실행 방안

## 채용계획

채용계획 단계에서는 먼저 채용관련 규정을 확인하고 준비한다. 채용관련 규정이 없는 경우 채용절차와 방법 등에 관한 사항을 구체화하는 채용규정 등을 마련해야 한다. 채용계획 수립은 인력예상 결원, 조직변경, 부서별 수요 등을 반영하여 연간계획 수립을 통하여 확정하는 방안으로 운영한다. 공기업의 경우 인사위원회의 심의, 의결을 거쳐 채용인원과 채용일정 등을 확정하도록 운영하고 있다. 또한 국가유공자, 장애인, 여성(경력단절여성 포함), 지역인재, 고졸자, 청년 등에 대한 의무 고용 및 채용기회를 확대하여 사회형평적 인력활용이 활성화되도록 채용계획 수립에 반영하여야 한다. 또한 지원자의 직무능력을 검증할 수 있도록 채용직무의 특성을 고려하여 세부전형을 설계한다. 공기업의 해당 연도의 채용 시기, 채용규모, 시험방법 등 채용내용에 관한 전체 채용계획은 기관 홈페이지에 공개하여야 한다.

# 채용공고 및 원서 접수

## 1) 채용공고

채용공고 작성에 필요한 주요 내용은 다음과 같다. 채용과 관련된 필수적인 정보는 공고문에 명시되어 있어야 하며, 지원자에게 채용직무에 대한 상세한 내용을 안내할 수 있도록 채용공고문에 직무기술서를 게시해야 한다. 지원자가 준비할 수 있게 미리 공고하고, 공고문에 명시한 대로 채용이 진행되어야 한다. 채용공고는 지원자가 쉽게 접근할 수 있는 복수의 매체를 통해 게시한다. 공고문 내용은 원칙적으로 변경이 불가하나, 부득이하게 변경 혹은 재공고한 경우에는 이에 대해 응시자가 알 수 있도록 충분한 고지가 있어야 한다. 성별, 학력, 나이 등으로 지원 자격을 불합리하게 제한해서는 안 되며 가산점 및 우대사항은 공고문에 명시하고 법적 근거 및 기준을 명확히 제시해야 한다.

구직자는 채용공고에 과도한 자격요건과 우대요건이 포함되어 있으면 입사 지원을 주저하게 되며, 실제 입사 후에 해당 업무를 수행함에 있어 과도한 요건들이 다 필요한 것인지 의문을 갖게 된다. 따라서 채용공고상 직무요건과 우대요건은 꼭 필요한 사항만 표기하며, 양자가 혼동되지 않도록 기되는 것이 중요하다. 채용공고가 너무 간략하게 표기되면 구직자의 입장에서 입사 후에 수행할 업무를 예측하기 어렵기 때문에 자세하게 표기되기를 희망한다.

## 2) 원서접수

지원자의 문의에 답할 수 있는 콜센터 혹은 도움 창구를 운영해야 하며 원서 접수 준비에 소요되는 시간을 감안하여 충분한 원서 접수기간

을 부여해야 한다. 온라인 원서 접수 시 개인정보 보호 등 보안에 특히
유의하고 부정행위 방지를 위해 응시번호를 무작위로 부여해야 한다.

## 서류전형

### 1) 제출서류 요구

응시원서 및 제출서류에 편견을 유발할 수 있는 정보는 요구하지 않
는다.(출신지역, 가족관계, 신체조건, 학력, 종교 등) 지원자의 증빙자료는 합격자 결정
에 중대한 영향을 미치는 항목에 한해 서류전형 합격자 발표 이후에 최
소한으로 제출하도록 하며, 평가위원에게 제공해서는 안 된다.

### 2) 제출서류 평가

서류평가의 공정성을 위해 외부위원을 1인 이상 위촉해야 하며, 지원
자와 관련이 있는 위원은 배제해야 한다. 서류전형의 평가항목은 객관
적인 항목으로 구성하고, 평가기준을 구체적으로 설정하여 심사위원의
주관적인 개입요소를 미연에 방지해야 한다.

### 3) 필기시험

#### ① 필기시험 출제

필기시험 과목을 사전에 공개하여 지원자가 준비할 수 있도록 해야 하
며 공고한 시험과목과 시험범위에서 문제를 출제하여 출제의 공정성과
지원자의 예측 가능성을 확보해야 한다. 위탁 출제를 할 경우 일정 수
준 이상의 계약 이행 능력을 갖춘 기관을 선정하고 보안 관리를 철저히

해야 한다.

② 필기시험 집행

필기시험 진행 중 도움이 필요한 응시자가 있는 경우 적절한 편의를 제공해야 한다. 필기전형 시 발생할 수 있는 돌발 상황 및 부정행위 대응을 위해 감독관 사전 교육을 실시해야 한다. 필기시험 답안지가 분실되거나 누락되지 않도록 관리를 철저히 해야 한다.

## 면접전형

### 1) 면접전형 준비

서류 및 필기전형에서 파악하기 어려운 요소들을 종합적으로 파악할 수 있도록 구조화된 면접을 진행해야 한다. 보안 유지를 위해 면접위원은 보안서약서를 제출해야 한다. 면접관은 면접전형 간 균형을 유지할 수 있도록 객관적이어야 하며, 직급과 직무별로 면접기법 및 면접시간은 다를 수 있으나, 일정 기준을 설정하여 같은 유형 내에서는 동일하게 적용해야 한다.

### 2) 면접전형 실시

지원자의 친인척 또는 근무 관계 등으로 관련 있는 위원은 배제해야 한다. 면접 전형을 여러 번 진행하는 경우, 앞 단계에서는 외부위원 1인 이상, 마지막 단계에서는 외부위원을 1/2 이상 위촉해야 한다. 면접위원 명단과 면접조 배정정보를 사전에 공개해서는 안 된다. 면접위원에게는 지원자에 대한 정보를 최소한으로 제공하여 편견 개입 요소를 배제해야 한다. 면접위원의 평가 오류를 줄이고 면접 역량 강화를 위한 사전교육을 반드시 실시해야 한다. 면접전형 시 발생할 수 있는 부정행위 요소를 사전에 통제해야 하며, 장애에 대한 편견으로 지원자 간 차별이 발생하지 않도록 주의해야 한다.

## 합격자 결정

### 1) 합격자 결정

채용과정이 보안 관리 원칙에 따라 진행되었으며, 모든 요소들이 정확히 반영되었는지 확인해야 한다. 채용계획 수립 시 마련된 합격자 결정 방법에 따라 절차를 진행하며, 채용 단계 중 임의로 변경하지 않아야 한다. 이를 위해 다음 사항을 준수한다.

- 보안 관리: 채용 과정 중 모든 정보와 문서는 보안 관리 원칙에 따라 처리되어야 한다. 비밀 유지 및 정보 보호에 철저히 신경 써야 하며, 민감한 정보는 필요 시 암호화하여 처리한다.
- 절차 확인: 모든 채용 절차가 계획대로 진행되었는지 점검한다. 각 전형 단계에서 설정된 기준과 방법이 정확히 준수되었는지 확인하여, 절차의 일관성을 유지한다.
- 기록 유지: 채용 과정 중 발생한 모든 문서와 기록은 보관하여 필요 시 참고할 수 있도록 한다. 이는 추후 발생할 수 있는 분쟁이나 문제에 대비하기 위함이다.

## 2) 채용과정 점검

최종합격자 발표 전에 전형 단계별로 절차가 공정하고 적법하게 이루어졌는지 점검해야 한다. 이를 위해 다음과 같은 점검 활동을 수행한다.

- 절차 검토: 각 전형 단계에서 사용된 기준과 방법이 공정하게 적용되었는지 검토한다. 이는 서류전형, 필기시험, 면접전형 등 모든 단계에 해당한다.
- 외부 검토: 필요 시 외부 전문가를 초청하여 채용 과정을 점검하고, 객관적인 시각에서 평가할 수 있도록 한다. 이는 공정성을 더욱 강화하는 데 기여한다.
- 피드백 수렴: 전형 과정에 참여한 지원자와 면접위원으로부터 피드백을 수집하여 절차의 공정성과 투명성을 평가한다.

## 3) 최종합격자 발표

합격자 발표 전에 재확인하고, 부정 발생의 가능성을 차단하기 위해 보안을 철저히 해야 한다. 합격자 발표는 사전에 공지된 날짜 및 방법으로 한다. 이를 위해 다음을 준수한다.

- 재확인: 최종합격자 발표 전에 모든 절차와 결과를 재확인하여 오류가 없는지 점검한다. 이는 최종합격자의 자격과 평가 결과를 다시 검토하는 과정을 포함한다.
- 보안 유지: 합격자 발표 전후로 정보 유출이나 부정행위가 발생하지 않도록 보안을 강화한다. 발표 직전까지 합격자 명단은 비밀로 유지해야 하며, 발표 후에도 적절한 보안 조치를 취한다.
- 공지 방법: 합격자 발표는 사전에 공지된 날짜와 방법에 따라 정확히 진행한다. 이는 지원자들이 혼란 없이 결과를 확인할 수 있도록 하기 위함이다.

- 사후관리: 응시자에게 민원 혹은 이의 제기 절차를 안내하고, 전형 과정에서 수집한 의견을 반영하여 차후 채용 절차를 개선한다. 이는 채용의 공정성과 투명성을 지속적으로 유지하는 데 중요한 역할을 한다.

단계별 공정채용 운영 가이드는 공공기관 운영기준을 반영하여 정리했다. 공정채용 실행을 위해 현행 제도를 진단하는데 참고가 되기 바란다. 투명한 정보 공개와 능력 중심으로 평가하는 공정한 채용 문화의 정착은 규정이나 제도로 완성되는 것이 아니라, 단계별 과정이 투명하고 공정하게 지속적으로 운영되어야 한다. 이를 위해 채용 현황을 주기적으로 모니터링하고 평가하는 노력이 필수적이다.

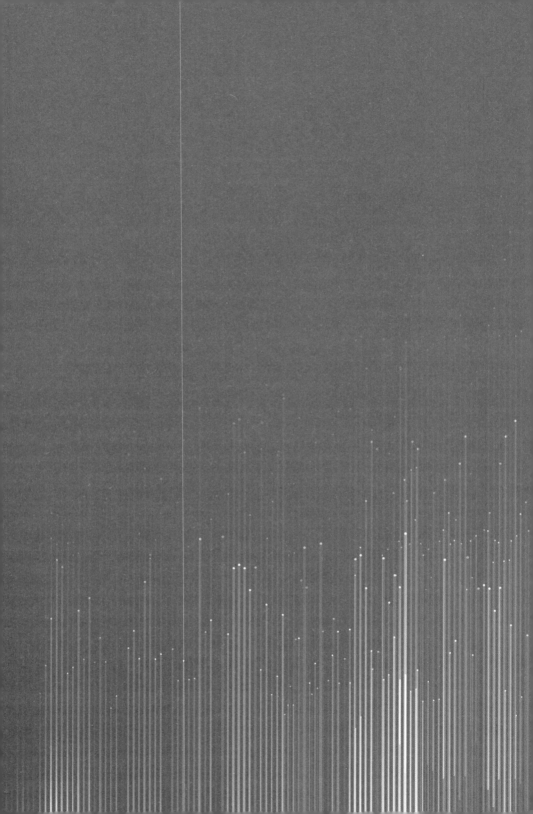

# 제6부

# 현장에서의 혁신
# 방법과 실용 전략

항공사 승무원 채용의 혁신(하예랑 사무장)

중소기업과 스타트업의 채용 전략(이혜경 과장)

맞춤형 인재 채용 사례(이진영 상무)

# 항공사 승무원
# 채용의 혁신

하예랑 사무장

# 01

# 항공사 승무원 채용 레볼루션

## 승무원의 역할과 중요성

항공사 승무원의 역할은 단순히 승객에게 식사와 음료를 제공하고 안전 벨트 착용을 당부하는 것을 넘어선다. 이들은 항공 여행의 안전, 효율성 그리고 편안함을 책임지는 핵심 역할을 한다. 승무원은 비상 상황에서 승객의 생명을 구하는 것부터, 고객 서비스의 품질을 높여 항공사의 명성을 유지하고 향상시키는 역할까지 다양한 책임을 지니고 있다. 역할을 더 깊이 이해하기 위해 안전과 보안, 고객 서비스 그리고 상호작용과 대응의 세 가지 주요 영역에 집중할 필요가 있다.

### 1) 안전과 보안

승무원의 가장 중요한 임무 중 하나는 비행 중 및 비상 상황에서의 승객 안전을 보장하는 것이다. 정기적으로 안전 절차와 비상 대응 훈련을 받으며, 비행 전 안전 브리핑을 통해 승객들에게 비상 출구 위치, 산소

마스크 사용 방법, 구명 조끼 착용 방법 등을 설명한다. 또한, 승무원은 비행 중에 발생할 수 있는 다양한 비상 상황, 예를 들어 갑작스러운 기압 변화, 의료 긴급 상황, 화재 등에 대응하기 위해 지속적으로 훈련된다. 이러한 준비는 승무원이 승객의 생명을 보호하고 비행의 안전을 보장하는 데 핵심적인 역할을 한다.

### 2) 고객 서비스

항공 여행의 품질과 승객 만족도는 승무원이 제공하는 서비스의 수준에 크게 좌우된다. 승무원은 항공사의 얼굴이며, 승객이 항공사와 상호 작용하는 주요 채널이다. 이들은 승객의 편안함을 최우선으로 생각하며, 음료와 식사 서비스, 기내 엔터테인먼트 시스템 안내 그리고 각종 질문과 요구 사항에 응대하는 역할을 한다. 또한, 승무원은 승객이 여행 중 겪을 수 있는 스트레스나 불편함을 완화시키기 위해 노력하며, 긍정적이고 친절한 태도로 항공 여행의 경험을 향상시킨다.

### 3) 소통과 대응

승무원은 다양한 배경과 문화를 가진 승객들과 효과적으로 소통하고 상호 작용하는 능력이 요구된다. 이는 언어 능력, 문화적 감수성 그리고 능숙한 대인 관계 기술을 포함한다. 승무원은 때때로 승객 간의 갈등을 중재하거나, 승객의 특별한 요구 사항을 충족시키기 위해 개별적인 주의를 기울여야 할 수도 있다. 이러한 상황에서 승무원의 전문성과 대응 능력은 승객의 안전과 만족도에 직접적인 영향을 미친다.

항공사 승무원은 항공 여행의 핵심 요소이며, 승무원의 역할은 단순히 서비스 제공을 넘어선다. 안전, 보안, 고객 만족도를 보장하는 데 필수적이며, 항공사의 명성과 성공에 결정적인 기여를 한다. 승무원의 역할에 대한 깊은 이해는 항공사의 채용 과정에 있어 중요한 고려 사항이 되어야 한다.

## 승무원 채용 혁신 전략

항공 산업은 끊임없이 변화하는 글로벌 경제의 영향을 받으며, 승무원 채용과 교육 방식에도 중대한 변화가 일어나고 있다. 이러한 변화는 기술의 발전, 인구 통계의 변화, 환경 지속 가능성에 대한 증가하는 인식 등 여러 요인에 의해 주도된다. 미래의 항공사 승무원 채용은 글로벌 동향과 미래 전망에 주목해야 한다.

현재 승무원 채용 절차는 항공사마다 다르지만 대부분의 경우 '서류전형 → 1차면접 → 영어면접 → 2차면접 → 체력테스트·건강진단 → 최종합격'의 순으로 진행된다. 각 단계의 의미와 효율성을 깊이있게 고려해야한다.

### 1) 서류전형

지원자의 기본 자격과 경력을 검토하여 직무에 적합한 후보를 선별한다. 이 단계는 전체 지원자 중에서 기본적인 요건을 갖춘 인재를 추려내는 필터링 과정으로 볼 수 있다.

- 기본 자격 검토: 학력, 경력, 자격증 등 기본 요건 확인.
- 경력 평가: 관련 경력 및 직무 수행 능력 평가.

- 필터링: 요건을 충족하는 지원자 선별.

## 2) 1차 면접

서류전형을 통과한 지원자들이 실제 면접을 통해 그들의 행동과 대화를 통한 상호 작용을 평가받는다. 이 면접은 지원자의 의사소통 능력, 문제 해결 능력, 팀워크 및 리더십 포텐셜 등을 평가하는 데 중점을 둔다.

- 의사소통 능력: 명확하고 효과적인 커뮤니케이션 능력 평가
- 문제 해결 능력: 상황 대처 및 문제 해결 능력 검토
- 팀워크 및 리더십: 팀 내 협력과 리더십 잠재력 평가

## 3) 영어면접

글로벌 환경에서의 근무가 필수인 승무원으로서의 역량을 검증하기 위해 실시된다. 이 단계는 지원자의 영어 소통 능력을 평가하여, 국제적인 상황에서의 의사소통이 원활한지 확인한다.

- 영어 구사 능력: 유창성과 정확성 평가
- 상황 대처 능력: 영어로 문제 해결 및 상황 대처 능력 검토
- 문화적 감수성: 다양한 문화와의 상호작용 능력 평가

## 4) 2차 면접

보다 심도 있는 평가를 위해 진행되며, 항공사의 중요한 의사결정권자들이 참여하여 지원자의 전문성과 잠재력을 면밀히 검토한다. 이 단계에서는 지원자가 실제로 승무원으로서 수행할 역할에 적합한지를 더

욱 깊이 있게 평가한다.

- 전문성 평가: 직무에 대한 깊이 있는 이해와 전문성 검토
- 잠재력 평가: 향후 성장 가능성 및 잠재력 평가
- 최종 검토: 중요한 의사결정권자들이 참여한 심층 평가

### 5) 체력테스트·건강진단

장시간의 비행과 긴급 상황에 대응하기 위한 신체적 조건을 검증한다. 이 테스트는 승무원이 겪게 될 신체적, 정신적 스트레스를 견딜 수 있는지를 확인하는 중요한 단계다.

- 체력 테스트: 기본 체력 및 지구력 평가
- 건강 진단: 전반적인 건강 상태 및 질병 유무 확인
- 스트레스 대응 능력: 정신적 스트레스에 대한 대처 능력 평가

### 6) 최종 합격

모든 평가 과정을 통과한 지원자가 최종적으로 승무원으로 선발된다.

- 최종 검토: 모든 평가 결과를 종합하여 최종 합격자 선정
- 합격 통보: 최종 합격자에게 결과 통보 및 향후 절차 안내
- 오리엔테이션: 최종 합격자 대상 오리엔테이션 및 초기 교육 실시

이와 같은 절차를 통해 항공사는 승무원으로서의 역량과 자질을 갖춘 인재를 선발하여, 안전하고 편안한 항공 여행을 제공할 수 있게 된다.

# 항공사 서류전형

서류전형은 항공사 승무원 채용 과정에서 지원자들의 기본적인 자격과 역량을 검증하는 첫 번째 관문이다. 최근에는 지원자들이 자신의 자기소개서를 작성할 때 생성형 인공지능을 활용하는 추세가 뚜렷해지고 있다. 특히 OpenAI의 ChatGPT와 같은 도구가 널리 사용되고 있는데, 이러한 도구들은 고도로 발달된 언어 처리 능력을 바탕으로 자연스러운 텍스트를 생성할 수 있다.

이에 대응하여 일부 항공사에서는 GPTzero나 GPT killer와 같은 소프트웨어를 도입하여 자기소개서가 AI에 의해 작성되었는지를 판별하고 있다. 이러한 도구들은 ChatGPT가 생성하는 특정 어휘 패턴을 분석하여 AI의 사용 여부를 파악하는 기능을 제공한다. HR 담당자는 이러한 도구의 작동 원리와 사용 방법을 숙지하고 있어야 하며, AI 생성 문서의 특성을 이해하는 것이 중요하다.

## 1) AI 사용 여부의 투명한 관리 방안

AI를 사용한 자기소개서 작성이 일반화됨에 따라, 이를 금지하기보다는 지원서 양식에 AI 사용 여부를 체크할 수 있는 항목을 추가하여 투명하게 관리하는 방안을 제안한다. 이는 지원자가 어떤 프롬프트를 입력하여 자기소개서를 생성했는지 명시하도록 요구함으로써, HR 담당자는 지원자의 성향과 문제 해결 능력을 간접적으로 평가할 수 있다.

- AI 사용 체크 항목 추가: 지원서 양식에 'AI 사용 여부'를 선택할 수 있는 항목을 포함한다. 지원자는 AI 도구를 사용했는지 여부를 명시하고, 사용한 경우 어떤 프롬프트를 입력했는지를 상세히 기재하도록 한다.

- 프롬프트 분석: 지원자가 입력한 프롬프트를 분석하여 지원자의 사고방식과 문제 해결 접근 방식을 평가한다. 이는 AI 도구가 생성한 텍스트 자체보다 지원자의 능력을 평가하는 데 더 유용한 정보를 제공할 수 있다.
- 자기소개서 작성 교육: 지원자들에게 자기소개서 작성에 대한 교육 자료를 제공하여, AI 도구의 활용 방법과 한계를 이해하고 스스로의 언어로 자기소개서를 작성할 수 있도록 장려한다.

### 2) 서류전형의 목적과 활용

자기소개서는 지원자가 직무 수행에 적합한지에 대한 기본적인 판단을 할 수 있는 자료로 활용된다. 에세이를 잘 쓴다고 해서 반드시 항공사 승무원으로서 적합하다고 볼 수 없지만, 다음과 같은 요소를 평가할 수 있다.

- 자기 표현 능력: 지원자의 의사소통 능력과 자신을 효과적으로 표현하는 능력을 평가할 수 있다.
- 직무 이해도: 항공사 승무원으로서의 역할과 책임에 대한 이해도를 파악할 수 있다.
- 동기 부여와 열정: 해당 직무에 대한 지원자의 열정과 동기 부여를 평가할 수 있다.

서류전형 단계에서 AI 도구를 사용하는 지원자들이 늘어남에 따라, 항공사들은 이러한 도구의 사용을 투명하게 관리하고 평가할 수 있는 체계를 마련해야 한다. AI 도구를 금지하기보다는, AI 사용 여부를 명확히 밝히고 그 사용 과정을 투명하게 관리하는 것이 중요하다. 이는 HR

담당자가 지원자의 진정한 역량을 평가하고, 공정한 채용 절차를 유지하는 데 도움이 될 것이다.

# 항공사 1차 면접

1차 면접은 승무원 채용 과정에서 매우 중요한 단계로, 서류전형을 통과한 지원자들이 실제로 얼마나 업무에 적합한지를 평가받는 과정이다. 이 면접은 일반적으로 항공사의 실무진이 직접 참여하여 지원자의 서류에 기재된 경험, 역량, 자격증 등을 바탕으로 질문을 하게 된다. 면접관들은 지원자의 답변을 통해 그들의 의사소통 능력, 문제 해결 능력, 팀워크 및 리더십 포텐셜 등을 평가하려고 한다.

## 1) 면접의 제한성과 개선 필요성

면접에서 질문 수가 제한적이라는 점은 지원자를 충분히 평가하기 어렵다는 문제를 일으킨다. 면접의 짧은 시간 동안에는 지원자의 심층적인 성격과 실제 업무 상황에서의 반응을 완전히 파악하기 어렵기 때문에, 면접 과정과 환경을 개선할 필요가 있다. 이를 위해, 전통적인 면접 장소인 강의실이나 강당 대신 기내 모형의 스튜디오를 사용하는 것이 바람직하다.

## 2) 기내 모형 스튜디오의 장점

기내 모형 스튜디오를 사용하면 실제 항공기 내에서의 상황을 훨씬 현실감 있게 재현할 수 있으며, 지원자들이 실제 업무 상황에서 어떻게 행동할지를 보다 정확히 평가할 수 있다. 다음과 같은 방식으로 면접을 진행할 수 있다.

- 긴급 상황 시나리오: 갑작스러운 기압 변화, 의료 긴급 상황, 화재 등의 시나리오를 설정하여 지원자가 어떻게 대응하는지 관찰한다. 이를 통해 지원자의 순발력과 비상 상황 대응 능력을 평가할 수 있다.
- 고객 불만 처리: 까다로운 승객의 불만을 처리하는 상황을 재현하여, 지원자가 문제를 어떻게 해결하고 승객과의 갈등을 어떻게 중재하는지 평가한다. 고객 서비스 능력과 대인 관계 기술을 확인할 수 있다.
- 기내 서비스 실행: 실제 비행 중 제공되는 기내 서비스를 시연하게 하여, 지원자의 서비스 제공 능력과 세부 사항에 대한 주의력을 평가한다.

## 3) 면접의 효과성 증대

기내 모형 스튜디오에서의 면접은 다음과 같은 이점을 제공한다.

- 실제 업무 수행 능력 평가: 지원자가 실제 비행 중 발생할 수 있는 다양한 상황에 어떻게 대응하는지를 직접 관찰할 수 있어, 그들의 실질적인 업무 수행 능력을 평가할 수 있다.
- 종합적 평가: 단순한 질문과 답변을 넘어서, 지원자의 전반적인 업무 적합성을 다각도에서 검토할 수 있다.
- 실제적이고 구체적인 기회 제공: 지원자에게 자신의 능력을 실질적으로 보여줄 수 있는 기회를 제공하므로, 지원자와 회사 모두에게 이점을 제공한다.
- 지원자의 스트레스 대응 능력 평가: 실제 상황을 재현하여 지원자가 스트레스 상황에서 어떻게 행동하는지를 평가할 수 있다. 이는 비상 상황이나

긴급 상황에서의 대응력을 검증하는 데 유용하다.

기내 모형 스튜디오에서의 면접은 항공사 승무원의 실질적인 업무 능력을 평가하는 데 있어 매우 효과적인 방법이다. 이는 면접관이 지원자의 잠재력을 명확하게 평가할 수 있게 하며, 지원자에게도 자신의 능력을 최대한 발휘할 수 있는 환경을 제공한다. 이러한 혁신적인 면접 방식을 통해 항공사는 우수한 승무원을 선발하고, 승객들에게 안전하고 질 높은 서비스를 제공할 수 있다.

## 항공사 영어 면접

현재 많은 항공사에서 승무원 채용 과정 중 영어 면접이 중요한 단계로 자리 잡고 있다. 이 단계에서는 대체로 간단한 질문을 영어로 하고 영어로 대답하는 방식으로 진행된다. 영어는 글로벌 환경에서 승무원이 필수적으로 갖추어야 할 중요한 요건이며, 대부분의 국내 항공사들은 TOEIC, TOEIC Speaking and Writing Tests, G-TELP, OPIc 등의 공인 어학 시험 점수를 통해 지원자의 영어 능력을 평가한다.

### 1) 기존 영어 평가의 한계

TOEIC은 국제 실용 영어 능력 시험(Test Of English for International Communication)으로, 주로 비즈니스 현장에서 요구되는 실용적인 영어 구사 능력을 평가하기 위해 개발되었다. 시험은 비즈니스 영어가 주를 이루며, 인사과, 매입, 품질관리, 제조, 커뮤니케이션 & 기술, 재정 & 예산, 운송, 회식 및 문화 등 다양한 테마가 포함된다. 그러나 이러한 내용들은 대부분 항공사 승무원이 기내에서 승객과 의사소통할 때 필요하지 않은 것들이다.

G-TELP는 TOEIC과 비슷한 공인 영어 시험이지만 주로 국가공무원 선발에 많이 사용되며, TOEIC Speaking and Writing Tests는 말하기와 쓰기 영역을, OPIc은 말하기 영역을 평가한다. 이러한 시험들은 항공사 기내에서 필요한 영어 유형과는 다소 차이가 있다.

### 2) 항공사에 특화된 영어 평가의 필요성

항공사 승무원으로서의 업무는 국제적인 환경에서 다양한 상황에 대응해야 하며, 특정 항공 용어와 고객 서비스 상황에서의 의사소통 능력이 중요하다. 이러한 배경을 고려할 때, 기존의 일반적인 영어 시험들이 항공사의 실제 업무에서 요구되는 구체적인 언어 능력을 충분히 반영하지 못하는 것은 분명하다. 따라서, 항공사 승무원을 위한 특화된 영어 평가 도구의 개발이 필요하다.

### 3) 자체 영어 평가 도구 개발

항공사가 자체적으로 개발한 승무원용 영어 평가 자료를 활용하여 지원자의 면접을 진행하는 시스템은 매우 효과적인 방법이 될 것이다. 이 시스템은 항공사의 구체적인 요구사항에 부합하는 언어 능력을 평가하고, 지원자가 승무원으로서 필요한 특정한 영어 소통 능력을 갖추고 있는지를 보다 명확하게 검증할 수 있게 해준다.

- 특정 상황 시뮬레이션: 비상 상황, 고객 불만 처리, 기내 서비스 등의 시나

리오를 통해 지원자의 실무 능력을 평가한다.

- 항공 용어 사용 평가: 항공업계에서 자주 사용되는 용어와 문구의 사용 능력을 테스트한다.

## 4) 전문 영어 공인 시험 도입

항공사 승무원을 위한 영어 공인 시험의 도입도 고려할 필요가 있다. 이는 승무원이 기본적인 영어 소통 능력뿐만 아니라, 각종 비상 상황에서의 의사소통, 고객 서비스 및 문화 간의 차이를 이해하는 등, 보다 전문적인 영어 사용 능력을 평가하는데 도움을 줄 것이다.

- 종합적 평가: 영어 능력뿐만 아니라 문화적 이해와 고객 서비스 능력을 평가하는 포괄적인 시험.
- 국제 표준 준수: 국제 항공사에서 통용되는 표준에 맞춘 평가 항목.

## 5) 영어 면접의 효과적 진행

- 실제 업무 시나리오 활용: 기내에서 발생할 수 있는 다양한 상황을 시뮬레이션하여, 지원자가 실제 상황에서 어떻게 영어로 대응하는지를 평가한다.
- 다양한 평가 방법: 단순한 질문과 답변 외에도 롤플레잉, 그룹 토론 등의 방법을 활용하여 지원자의 종합적인 언어 능력을 평가한다.
- 지속적인 피드백: 면접 후 피드백을 제공하여 지원자가 자신의 강점과 약점을 파악하고 개선할 수 있도록 돕는다.

항공사 승무원의 영어 면접은 글로벌 환경에서의 실무 능력을 평가하는 중요한 단계이다. 기존의 공인 영어 시험이 실제 업무 상황을 충분히 반영하지 못하는 한계를 극복하기 위해, 항공사에 특화된 영어 평가 도구의 개발이 필요하다. 이를 통해 지원자의 실질적인 업무 수행 능력을 평가하고, 보다 적합한 인재를 선발할 수 있게 된다. 영어 소통 능력의 향상은 국제적인 항공사로서의 경쟁력을 강화하는 데 필수적인 요소라 할 수 있다.

## 항공사 2차 면접

2차 면접은 채용 과정에서 매우 중요한 단계로, 더 심도 있는 평가가 요구된다. 1차 면접을 통과한 지원자들은 이미 기본적인 자격과 역량을 갖추고 있으며, 현직 승무원으로서의 역할을 수행할 수 있는 잠재력을 보여준 지원자들이다. 이 단계에서는 더욱 우수하고 잘 준비된 승무원을 선별하는 과정이 진행된다.

### 1) 심층 평가와 비디오 면접의 도입

2차 면접에 참여하는 임원급 면접관들은 항공사의 중요한 의사결정을 담당하는 포지션에 있기 때문에, 그들이 면접 과정에서 주의 깊게 관찰해야 할 사항들이 많다. 면접 시간을 효율적으로 사용하기 위해, 일부 항공사에서는 비디오 면접을 활용하여 면접 과정을 최적화하는 방법을 도입하고 있다. 지원자들에게 공통 질문을 제공하고, 이에 대한 답변을 비디오 형식으로 제출하게 함으로써, 면접관들은 물리적인 면접 장소의 제약 없이 지원자의 응답을 평가할 수 있다.

① 비디오 면접의 장점

- 효율성: 물리적인 장소와 시간을 절약할 수 있다.
- 편리성: 지원자가 자신의 환경에서 편안하게 면접을 준비할 수 있다.
- 객관성: 모든 지원자에게 동일한 질문을 제공하여 공정한 평가를 할 수 있다.

② 비디오 면접의 구현

- 촬영 및 제출: 지원자는 개인의 휴대폰을 사용하여 비디오를 촬영하고 전송한다.
- 독립된 촬영 공간: 면접이 진행되는 동안 지정된 독립된 방이나 강의실에서 비디오를 촬영하게 한다.
- AI 활용: 제출된 비디오는 AI를 활용하여 오디오에서 텍스트로 변환할 수 있으며, 이를 요약하여 신속하게 내용을 검토한다. AI는 또한 지원자가 제공한 답변이 항공사가 요구하는 기준에 부합하는지 여부를 판별하는 데 사용할 수 있다.

## 2) 기내 모형 스튜디오를 통한 실제 상황 시뮬레이션

비디오 면접으로는 정형화된 답변만을 평가할 수 있는 한계가 있다. 따라서 비상 상황 대처 능력 같은 비기술적 역량을 평가하기 위해 기내 모형 스튜디오를 사용한 실제 상황 시뮬레이션을 포함시켜야 한다. 이러한 시뮬레이션은 지원자의 순발력과 긴박한 상황에서의 대처 능력을 직접 관찰할 수 있는 기회를 제공한다.

- 긴급 상황 시나리오: 기압 변화, 의료 응급 상황, 화재 등의 시나리오를 설정

하여 지원자가 어떻게 대응하는지 평가한다.

- 고객 불만 처리: 까다로운 승객의 불만을 처리하는 상황을 설정하여 문제 해결 능력과 대인 관계 기술을 평가한다.

- 기내 서비스 시연: 실제 비행 중 제공되는 서비스를 시연하게 하여, 서비스 제공 능력과 세부 사항에 대한 주의력을 평가한다.

### 3) 면접관의 주의 사항

2차 면접 과정에서 면접관들은 승무원이 단순히 서비스를 제공하는 역할을 넘어서 안전과 비상 탈출 등의 중요한 책임을 진다는 점을 잊지 않아야 한다. 승무원의 주된 업무는 고객의 안전을 확보하는 것이며, 지원자들 역시 이러한 사실을 인식하고 있어야 한다.

- 안전 의식 평가: 승무원의 주된 역할인 안전 확보에 대한 지원자의 의식과 이해도를 평가한다.

- 비상 상황 대처 능력: 비상 탈출 절차와 안전 장비 사용에 대한 지원자의 지식과 대응 능력을 평가한다.

- 서비스 마인드: 고객 서비스를 제공하면서도 안전을 최우선으로 고려하는 자세를 평가한다.

항공사의 2차 면접은 지원자의 심층적인 역량을 평가하고, 실제 업무에서 요구되는 다양한 상황에 대응할 수 있는 능력을 검증하는 중요한 단계이다. 비디오 면접과 기내 모형 스튜디오를 활용한 실제 상황 시뮬레이션을 통해, 항공사는 우수한 인재를 선발할 수 있다. 면접관들은 지원자의 안전 의식과 대처 능력을 주의 깊게 평가하여, 승무원이 항공사의 명성과 승객의 안전을 책임질 수 있는지를 확인해야 한다. 이를 통해 항공사는 실제 비행 중 발생할 수 있는 다양한 상황에 효과적으로 대응할 수 있는 최고의 인재를 선발할 수 있을 것이다.

## TIP) 기내 모형 스튜디오 대안

기내 모형 스튜디오가 설치되어 있지 않은 항공사는 실제 기내 환경을 모방하는 대안적인 접근 방법을 고려해야 한다. 이러한 상황에서는 면접 환경 구성을 위해 기존의 면접 공간을 재구성하는 것이 필요하다. 예를 들어, 일반적인 면접실이나 회의실에 항공기 좌석을 연상케 하는 의자를 배치하여 가상의 기내 환경을 조성할 수 있다. 이는 면접 과정에서 지원자들에게 실제 비행 중에 마주칠 수 있는 상황을 보여주고 대처하게 하여 지원자들의 서비스 제공 능력과 상황 대처 능력을 평가하는 데 유용하다.

중요한 것은 면접 공간을 실제 항공기의 분위기와 최대한 유사하게 만드는 것이다. 이를 위해 항공사는 기내에서 사용하는 특정 소품들을 활용할 수 있으며, 음향 효과나 시각적 요소를 추가하여 긴박한 비상 상황이나 일상적인 고객 서비스 상황을 연출할 수 있다. 예를 들어, 기내 방송 장치의 소리나 비상 상황 발생 시의 경고음을 재생하여 면접 상황을 더욱 현실감 있게 만들 수 있다.

이와 같이 설정된 면접 환경은 지원자가 실제로 승무원으로서 겪게 될 다양한 상황에 대해 어떻게 반응하고 대처하는지를 면접관이 직접 확인할 수 있는 기회를 제공한다. 또한, 이러한 환경은 지원자들로 하여금 자신의 서비스 제공 능력을 실제와 유사한 조건 하에서 발휘해 볼 수 있게 하며, 이는 지원자의 직무 적합성을 보다 정확하게 평가하는 데 크게 기여한다.

따라서 기내 모형 스튜디오가 없는 항공사라도 창의적이고 실제적인 면접 환경을 구축함으로써 항공사는 지원자가 실제 업무를 수행하는 데 필요한 기술과 역량을 보다 정확하게 평가할 수 있을 것이다. 이는 궁극적으로 항공사가 보다 높은 수준의 고객 서비스와 안전 관리를 달성하는 데 중요한 역할을 할 것이다.

## 체력테스트·건강진단

항공사 승무원 선발 시 체력 테스트는 매우 중요한 부분이다. 승무원은 긴 비행 시간 동안 지속적으로 서 있거나 무거운 짐을 다루고, 비상 상황에 빠르게 대응할 수 있어야 하기 때문에 양호한 신체 조건이 요구된다. 현재의 체력 테스트는 주로 기본적인 신체 건강을 확인하고, 일정 수준의 유연성과 근력을 검증하는 데 초점을 맞추고 있다.

하지만 이 테스트는 더욱 세분화되고 구체화될 필요가 있다. 예를 들어, 실제 비행 중 다양한 비상 상황이 발생할 수 있으므로, 승무원의 스트레스 관리 능력과 신속한 반응성을 평가하는 항목을 추가하는 것이 바람직하다.

승무원 채용 시 건강 진단도 매우 중요하다. 건강한 신체는 장시간의 비행과 긴급 상황에서 요구되는 체력적, 정신적 부담을 견딜 수 있는 기본적인 조건을 제공하기 때문이다. 건강 문제가 있는 지원자는 비행 중 발생할 수 있는 의료적 위급 상황에 적절히 대응하는 데 제약을 받을 수 있으므로, 철저한 건강 검진을 통해 이를 사전에 예방하는 것이 필수적이다.

또한, 성격 테스트나 성향 테스트와 같은 심리적 평가도 승무원 선발 과정에서 고려해야 할 중요한 요소다. 이러한 테스트들은 지원자의 대인 관계 능력, 스트레스에 대한 대응 능력 그리고 팀워크를 포함한 직무 수행에 필요한 여러 자질을 평가하는 데 유용하다. 승무원으로서 성공적인 업무 수행을 위해서는 단순히 기술적 능력뿐만 아니라, 고객 서비스 마인드, 책임감 그리고 긍정적인 태도와 같은 인성적 요소도 매우 중요하다.

이러한 테스트와 평가에는 비용이 발생할 수 있지만, 많은 무료 툴이 제공되고 있어 항공사가 이러한 자원을 활용할 수 있다. 이를 통해 적은 비용으로 효과적인 인재 선발 프로세스를 구축할 수 있으며, 결과적으로 항공사의 서비스 질을 향상시키고 고객 만족을 극대화할 수 있다.

# 02

# 항공사의 채용 전략과 실제 사례

다양한 항공사들이 채용 절차를 혁신하기 위해 독특하고 효과적인 방법들을 도입하고 있다. 이러한 접근 방식들은 각 항공사가 글로벌 경쟁력을 유지하고 적합한 인재를 효율적으로 선발하는 데 중요한 역할을 한다. 아래는 각 항공사별 채용 전략과 그에 따른 구체적인 사례들에 대한 상세한 분석이다.

## 1) 델타 항공의 비디오 인터뷰

- 배경: 델타 항공은 지리적 제약을 극복하고 더 많은 지원자를 효율적으로 면접하기 위해 비디오 인터뷰를 도입했다.
- 사례: 지원자들은 지원 후 항공사와 협의 후 자신의 집에서 편안하게 비디오 인터뷰에 참여할 수 있다.
- 장점: 시간과 비용 절약, 글로벌 인재 모집 확대

## 2) 에미레이트 항공의 오픈 데이

- 배경: 에미레이트 항공은 전 세계적으로 오픈 데이 이벤트를 개최하여 많은 지원자들을 한 번에 만나고 평가할 수 있는 기회를 제공한다.
- 사례: 오픈 데이 이벤트에서는 정보 세션과 즉석 면접이 이루어지며, 이를 통해 많은 수의 지원자를 빠르게 스크리닝하고 적합한 후보자를 신속하게 선발할 수 있다.
- 장점: 대규모 지원자 신속 선발, 시간 절약

## 3) 사우스웨스트 항공의 문화적 적합성 평가

- 배경: 사우스웨스트 항공은 회사 문화와 잘 맞는 인재를 선발하기 위해 문화적 적합성을 중요하게 평가한다.
- 사례: 구조화된 인터뷰와 팀워크 기반 평가를 통해 지원자의 인성과 문화적 협력 능력을 평가한다.
- 장점: 협력적이고 긍정적인 직장 문화 유지

## 4) 라이언에어의 디지털 채용 플랫폼 사용

- 배경: 라이언에어는 디지털 채용 플랫폼을 통해 채용 과정을 효율화하고, 초기 스크리닝을 자동화하여 시간과 비용을 절감하고 있다.
- 사례: 온라인 지원서 접수와 AI 기반 도구를 사용한 초기 스크리닝을 통해 지원자의 데이터를 분석하고, 적합한 후보자를 빠르게 선별한다.
- 장점: 시간과 비용 절감, 대규모 지원자 처리

## 5) 싱가포르 항공의 가상 현실 면접

- 배경: 싱가포르 항공은 가상 현실 기술을 도입하여 지원자들이 실제 비행 상황을 경험하면서 그들의 대응 능력을 평가한다.
- 사례: 가상 현실 면접을 통해 지원자들은 고압적인 상황에서의 대응 능력을 시험받는다.
- 장점: 실전 대응 능력 평가

## 6) 콴타스 항공의 지속 가능성 중심 채용

- 배경: 콴타스 항공은 지속 가능성과 환경 보호를 강조하는 기업 철학을 반영하여 채용 절차에 이를 포함시켰다.
- 사례: 지원자들의 환경 관련 지식과 지속 가능성에 대한 의지를 평가하는 항목을 채용 과정에 추가하였다.
- 장점: 기업의 지속 가능성 목표 달성

## 7) 카타르 항공의 다양성 포럼

- 배경: 카타르 항공은 다양한 배경을 가진 인재를 적극적으로 모집하고, 채용 과정에서 이들의 다양한 경험과 관점을 평가한다.
- 사례: 다양성 포럼을 개최하여 다양한 배경의 지원자들을 모집하고, 이들의 경험과 관점을 평가한다.
- 장점: 다양성을 존중하는 근무 환경 조성

## 8) 노르웨이 항공의 실시간 피드백 시스템

- 배경: 노르웨이 항공은 면접 과정 중 지원자들에게 실시간으로 피드백을

제공하여 지원자들이 면접 성과를 개선할 수 있도록 돕는다.

- 사례: 실시간 피드백 시스템을 통해 지원자들은 면접 과정에서 즉각적인 피드백을 받아 자신의 성과를 개선할 수 있다.
- 장점: 지원자 만족도 향상, 면접 과정 투명성 제고

## 9) 에어 캐나다의 유연한 근무 조건 제안

- 배경: 에어 캐나다는 다양한 생활 방식을 가진 지원자들을 유치하기 위해 유연한 근무 조건을 제공한다.
- 사례: 원격 근무 옵션과 비표준 근무 시간을 포함한 유연한 근무 조건을 제안함으로써, 다양한 생활 방식을 가진 인재들을 끌어들이고 있다.
- 장점: 다양한 생활 방식 지원, 인재 풀 확장

## 10) 제트블루의 소셜 미디어 활용

- 배경: 제트블루는 채용 과정에서 소셜 미디어를 적극 활용하여 젊은 세대의 지원자들에게 다가가고, 브랜드 인지도를 높인다.
- 사례: 소셜 미디어 캠페인을 통해 채용 정보를 공유하고, 지원자들과의 소통을 강화하고 있다.
- 장점: 젊은 세대에게 접근성 강화, 브랜드 인지도 향상

이 사례들은 각 항공사가 어떻게 혁신적인 채용 전략을 도입하여 글로벌 경쟁력을 유지하고 있는지를 잘 보여준다. 각 항공사는 자사의 고유한 강점과 필요에 맞추어 다양한 기술과 접근 방식을 활용하고 있으며, 이를 통해 최적의 인재를 선발하고 있다.

# 03

# 승무원 채용 과정에서 AI 활용

앞으로 많은 기업들이 AI 기반 인재 채용 소프트웨어 및 서비스의 지원을 받을 것으로 예상된다. 온라인 채용 서비스 플랫폼 모던 하이어 (Modern hire)의 설문조사 결과에 따르면, 기업 4곳 중 3곳이 인재 채용 관련 기술을 이미 구매했으며, 향후 경기 침체가 오더라도 투자를 계속할 예정이라고 밝혔다. 이미 많은 기업들이 인공지능 기반의 챗봇과 같은 도구를 활용해 지원자들이 보다 효율적으로 준비하고, 궁금한 사항에 대해 실시간으로 답변을 받을 수 있게 함으로써 획기적인 채용 혁신을 이루고 있다.

AI 챗봇은 반복적인 업무를 제거하고 휴먼 에러를 줄이는 데 큰 도움을 준다. 챗봇은 지원자와 항공사 간의 소통 창구 역할을 하여, 지원자들이 채용 과정, 필요 자격, 면접 준비 팁 등에 대한 정보를 실시간으로 얻을 수 있게 한다. 이는 지원자들이 채용 과정에 대해 더 잘 이해하고 준비할 수 있도록 돕고, 지원자의 경험을 향상시키며 항공사의 브랜드 이미지를 강화하는 데 기여한다.

예를 들어, 지원자는 "면접에서 어떤 질문이 가장 많이 나오나요?", "승무원으로서의 일상은 어떤가요?"와 같은 질문을 챗봇에게 할 수 있다. AI 챗봇은 항공사에서 사전에 준비한 정보를 바탕으로 답변을 제공하며, 이를 통해 지원자는 면접과 업무에 대해 보다 구체적으로 이해할 수 있다. 이는 지원자들의 면접 준비에 큰 도움이 된다.

AI 챗봇의 도입은 지원자들에게 즉각적인 정보 제공뿐만 아니라, 항공사 HR 팀의 업무 부담을 줄이는 데에도 기여한다. HR 팀은 반복적인 질문에 답변하는 대신, 더 전략적인 채용 활동에 집중할 수 있게 된다. 또한, AI 챗봇을 통해 수집된 데이터는 지원자의 선호와 우려사항을 분석하는 데 사용될 수 있다. 이는 항공사의 인재 채용에 큰 도움이 되며, 지원자들이 어떤 것에 대해 궁금해하는지 패턴을 알 수 있게 한다.

## 항공사의 승무원 채용 전략

항공사의 승무원 채용 전략은 항공사의 핵심 경쟁력을 좌우하는 결정적인 과정이다. 승무원은 항공사의 얼굴이자, 고객 서비스의 최전선에서 활동하는 핵심 인력이기 때문이다. 따라서 채용 과정은 지원자들의 다양한 역량과 대응 능력을 면밀히 평가하고, 이를 통해 최적의 인재를 선발할 수 있는 체계적이고 전략적인 접근이 필요하다.

채용 과정의 질을 높이고 HR 담당자의 업무 효율성을 극대화하기 위해 다양한 혁신적 방안이 요구된다. 철저하고 다각적인 면접 방식의 도입, 실제 비행 환경을 모방한 기내 모형 스튜디오의 활용 그리고 실시간 시나리오를 통한 현장감 있는 평가는 지원자들이 실제 업무 상황에서 어떻게 반응하고 대처할 수 있는지를 보다 정확히 평가할 수 있는 방법이다.

또한, 영어 능력 평가는 글로벌 환경에서 필수적인 요소이며, 항공사의 구체적인 요구사항에 맞는 특화된 평가 도구의 개발은 지원자의 언어 능력뿐만 아니라 그 능력이 실제 업무에 어떻게 적용될 수 있는지를 보여줄 수 있어야 한다. 이는 국제적인 항공사로서의 경쟁력을 강화하고, 다양한 국적의 고객들에게 맞춤형 서비스를 제공할 수 있는 기반을 마련할 수 있다.

체력 테스트와 건강진단은 승무원이 장시간 비행 중에 겪을 수 있는 신체적, 정신적 스트레스를 감당할 수 있는지를 검증하는 중요한 단계이다. 이를 통해 항공사는 비상 상황에 빠르고 효과적으로 대응할 수 있는 능력을 갖춘 승무원을 선발할 수 있다.

마지막으로, 성격 및 성향 테스트는 승무원의 인성적 요소와 팀워크 능력을 평가하여, 고객 서비스 마인드와 책임감을 겸비한 인재를 선발하는 데 도움이 된다. 이러한 종합적인 평가 방법은 비용이 발생할 수 있지만, 효과적인 인재 선발을 통한 장기적인 서비스 품질 개선은 항공사에 큰 이익을 가져다줄 것이다.

## AI 기술의 도입

특히, 인공지능 기술의 적극적인 도입은 채용 프로세스의 혁신을 가능하게 할 중요한 요소이다. AI 기반 분석 도구는 지원자의 서류 검토 및 초기 면접 과정에서 공정하고 객관적인 데이터 기반 의사결정을 지원하며, 더불어 지원자의 상황 대처 능력 및 실제 업무 수행 능력을 보다 실감 나게 평가할 수 있다. 챗봇 및 디지털 플랫폼을 활용한 채용 관리 시스템은 채용 과정의 모든 단계를 일관되게 관리하고, 효율적인 후보자 추적 및 관리를 가능하게 한다. 이는 HR 담당자들이 반복적이고 수동적인 업무에서 벗어나 보다 전략적인 업무에 집중할 수 있게 돕는다.

항공사의 승무원 채용 전략은 기술적 혁신과 인적 요소가 결합된 복합적인 접근 방식을 요구한다. 항공사의 인재상에 적합한 승무원 채용을 통해 글로벌 경쟁 환경에서 지속 가능한 경쟁 우위를 확보하고, 최고의 고객 안전과 서비스를 제공할 수 있기를 바란다.

# 중소기업과 스타트업의
# 채용 전략

이혜경 과장

# 01
# 인재 확보 전쟁

10년 전, 기업 채용은 대규모 공개채용 위주로 진행되었다. 당시 구직자들은 공채 달력에 표기된 기업의 공고를 확인하고 서류접수 마감일에 맞추어 이력서와 자기소개서를 작성했다. 회사 인사 담당자는 모집된 후보자들의 이력서를 취합하여 학력, 자격증, 경력, 경험 등의 기준으로 지원자들을 평가했다. 이후 인적성 전형을 통해 후보자들을 검토하고, 면접에서 면접관이 피면접자의 역량, 태도 등을 평가하였다. 통상 채용은 이렇듯 모집과 선발 과정에서 기업이 정해 놓은 기준을 토대로 후보자들을 수치화된 데이터로 평가하고, 정해진 TO에 맞추어 선발하는 과정으로 진행되었다.

그러나 오늘날 채용 패러다임에 많은 변화가 생겼다. 글로벌 비즈니스 환경의 도래, 빠른 기술 성장, 새로운 비즈니스 모델의 등장 등으로 인해 기업들은 전문 인력과 창의적 인재 발굴에 대한 니즈가 커졌다. 기업들은 기존 채용 방식의 한계를 느끼며 인적성 검사의 확대, 면접에서의 다양한 기법 도입 등을 통해 인재의 '역량'을 평가하려고 노력했다. 또한 직무 중심의 채용이 활발해지면서 기업들은 대규모 신입·경력 공개채용보다는 수시채용을 통해 빠르게 변화하는 기업 환경에 대응하고 있다.

한편, IT의 발달과 코로나의 확산으로 채용은 또 다른 국면을 맞이하였다. 특정 직무에 대한 채용 수요가 몰리고, 온라인에서 지원자들이 확인할 수 있는 기업의 정보가 많아지면서, 채용의 주도권을 회사가 아닌 지원자들이 가지게 되었다. 최근 기업들은 급격하게 변하는 환경에서 인재 확보를 위해 채용 브랜드를 구축하고, 다양한 플랫폼을 통한 쌍방향 소통을 이어가고 있다.

현재 채용시장은 기업 관점에서 인재 확보를 위한 보이지 않는 전쟁터와도 같다. 인재 확보를 위한 경쟁이 심해지면서 대기업조차 채용이 어렵다고 이야기한다. 중소기업과 스타트업은 인지도나 임금경쟁력 등 여러 이유로 채용시장에서 상대적으로 우위를 갖기 어려운 현실이다. 필자는 중소기업 및 스타트업에서 10년 동안 인사 담당자로 근무하였으며, 인재 확보를 위한 노력과 실제 사례, 향후 채용 레볼루션에 대하여 이 책을 통해 이야기하려 한다.

# 02

# 채용 환경의 변화

## 과거의 채용 방식

과거의 채용 방식에서는 기업이 주도권을 가지고 있었다. 기업이 채용 포지션을 공고하고 지원자가 이를 지원하면, 기업은 정해 놓은 기준으로 지원자들을 선별하였다. 이를 위해 채용 담당자는 연간 인력계획을 수립하여 해당 연도에 발생할 채용을 계획하고 수행하며, 수시로 발생하는 채용 요청에 대응하여 공고를 진행했다. 게재된 모집요강에는 직무 상세 요강과 지원 요건이 기재되어 있었고, 지원자들은 이 요건에 맞추어 자기소개서와 이력서를 작성했다. 이후 기업은 서류 심사와 면접을 통해 인재를 선별하는 것이 일반적이었다.

구직자 관점에서 평생 직장의 개념이 사라지고, 기업 관점에서는 다양한 인재를 필요로 하게 되면서, 과거 대규모 신입공채에 집중되었던 채용이 수시채용과 경력직 채용 중심으로 변화되었다. 과거에는 좋은 재목이 될 인재를 채용하여 육성하고 배치하는 방식이었다면, 현재는 세분화된 직무에 적합한 인재를 채용하는 것이 더 효율적이라는 판단을 내렸다.

## 현재의 채용 방식과 변화

현재의 채용 방식에서는 채용의 주도권이 기업과 구직자 모두에게 있다. 과거의 채용이 지원자 중 '옥석 가리기' 중심이었다면, 현재의 채용은 서로를 어필하고 마음에 드는 상대를 연결하는 '커플 매칭'과도 같다. 단순히 좋은 인재를 뽑는 것이 아닌, 기업과 구직자 간 충분한 탐색을 거쳐 상호 호감을 얻는 과정으로 패러다임이 변했다.

이러한 채용 패러다임의 변화에서 먼저 기업은 '어떤 인재가 우리에게 필요한 인재인가?'에 대한 궁극적인 탐구를 해야 했다. 인재 채용 후 입문교육을 통해 기업에 맞는 인재를 육성하는 것보다 채용 과정에서 우리와 잘 맞는 인재를 채용하는 것이 더 효율적이라고 판단하였다. 이를 위해 기업은 스스로에 대한 진단을 하고 '인재상'을 수립하여 채용 프로세스에 반영하였다. 서류와 면접 과정에서 이러한 인재상을 기업 홈페이지 또는 채용 공고에 기재하여 구직자들에게 기업의 철학과 조직 문화를 탐색할 기회를 제공하였다.

모집에 있어서도 과거의 채용에서 많은 변화가 있었다. 기업은 진행하는 포지션에 대해 자세하고 정확하게 설명할 수 있어야 한다. 과거의 기업들은 구체적이지 않거나 모호한 직무기술서로 인한 실패 사례를 여러 번 경험한 바 있다. 잘못된 채용 정보는 기업과 구직자 모두 많은 자원을 낭비할 수 있다. 입사 후 채용공고와 다른 업무를 부여한다면 어느 인재가 그 기업에서 성과를 낼 수 있을까? 이러한 이유로 기업에서는 직무기술서의 중요성이 더욱 중요해졌고, 인사 담당자는 구직자들에게 정확한 정보를 친절하고 정확하게 안내해야 한다.

반대로 구직자들은 지원 과정에서 기업에 대한 많은 탐색이 가능해졌다. 스마트폰 터치 몇 번 만으로도 기업에 대한 많은 정보를 얻을 수 있게 되었다. 기업의 매출규모, 인원 수, 기업문화, 연봉 정보 등 다양한 탐색을 통해 기업에 지원할지 여부를 결정할 수 있는 권한을 가지게 되었다. 또한 채용공고에 기재된 직무 내용을 파악하여 구직자들은 직무기술서에 요구되는 스킬, 지식, 태도에 맞추어 취업을 준비하며 전략적으로 대응하고 있다.

## 선발 기준의 변화와 새로운 채용 도구

인재 선발 기준에서도 여러 변화가 있었다.

가장 먼저, 선발기준이 스펙 중심 채용에서 직무 수행 능력과 역량 중심으로 이동하였다. 수시채용이 늘어나면서 바로 업무를 수행할 수 있는 인재가 필요해진 기업들은 평준화된 스펙보다는 직무 적합성을 중시하게 되었고, 직무분석을 통해 산출된 선발 기준을 채용 프로세스에 적용하였다.

또한 인재 선발 과정에서 '컬처핏'의 중요성이 대두되었다. 수시채용과 경력직 채용이 증가하면서 다양한 배경을 가진 구성원들이 한 조직에 모이게 되었고 다양한 이슈들이 발생하였다. 이에 인사 담당자들은 우리 회사의 가치관과 문화에 부합하는 인재를 채용하고 있다.

마지막으로 공정한 채용 문화가 확산되면서 인재 선발 기준에 영향을 주었다. 사회적으로 채용에 있어서 기업의 윤리적 책임을 묻는 분위기가 형성되었고 채용절차법 시행으로 채용의 공정한 운영이 의무화되었다. 이에 기업들은 블라인드 채용을 도입하였고, 객관적인 채용 기준을 수립하여 투명한 채용을 운영하고자 노력하고 있다.

이러한 변화는 선발 도구의 변화를 견인했다.

기업은 후보자의 논리적 사고, 문제 해결 능력, 창의력, 가치관 등의 '역량'을 평가해야 했고, 이를 위해 인적성 검사, 게임 기반 평가, 구조화 면접, PT 면접 등 다양한 선발 도구를 기업마다 커스터마이징하여 활용하고 있다. 최근에는 AI 면접을 통해 채용 업무의 효율성 향상에도 도움을 받고 있다.

# 03

# 채용 포지셔닝

## 지원자 경험 (Candidate experience)

채용 패러다임이 변화함에 따라 기업이 인재를 선택하는 과거와 달리, 역량이 있는 인재들은 괜찮은 기업들을 본인이 선택할 수 있는 선택권을 가지게 되었다. 그리고 지원자들이 기업을 선택할 때에는 다양한 변수를 고려한다. 보상(C&B), 조직문화, 직원들의 기업 후기 등 여러 정보를 수집하여 비교한다. 그리고 채용 과정에서 경험하는 '지원자 경험'도 입사를 결정하는 요인 중 하나다.

구직자의 입장에서 면접관의 불쾌한 질문으로 인해 인상을 찌푸린 경험이 있을 것이다. 또한 어느 지원자는 회사의 화장실이 마음에 들지 않아 채용을 포기하는 경우도 있다. 면접관의 눈이 너무나도 충혈되어 있다면? 퇴근시간이 훌쩍 넘은 시간에 채용 담당자로부터 전화가 온다면? 지원자들은 업무량이 많은 회사라고 생각할 수 있다.

지원자 경험은 채용 공고를 처음 접하는 순간부터 시작되어, 지원, 면접, 합격·불합격 통보까지 채용 과정의 모든 단계를 포함한다. 면접관의 태도나 질문, 면접 장소의 환경, 인사 담당자의 면접 결과 전달 방식 등 아주 사소한 부분에서도 지원자들은 기업에 대한 이미지를 갖게 된다.

따라서, 인사 담당자는 채용 프로세스 전반에 걸쳐 지속적인 관심과 노력을 기울여야 한다. 먼저 친절하면서도 신속한 소통을 해야 한다. 지원자들은 불합격이라도 안내를 받기 원한다는 점을 잊지 말아야 한다. 면접과정에서는 편안하고 존중하는 환경을 만들어야 한다. 편하게 쉴 수 있는 면접 대기장을 마련하고, 면접관들이 면접 시간을 준수하는 것들이 그 예가 될 수 있다.

우리 회사의 지원자 경험을 파악하기 위해서는 여러 방법이 있을 수 있다. 먼저 면접자들을 대상으로 만족도 조사를 하거나 신규 입사자들을 대상으로 간단한 인터뷰를 진행할 수 있다. 어느정도 데이터가 쌓인 후에는 유의미한 개선점을 찾아볼 수 있을 것이다.

무엇보다 지원자 경험의 향상을 위해 무엇보다 면접관 교육은 필수다. 지원자 경험에서 가장 중요한 것이 좋은 인재가 우리회사에 나쁜 이미지를 갖지 않는 것이다. 예를 들어 면접에서 하지 말아야 하는 표현이나 표정 등으로 인해 기업의 이미지가 실추되어서는 안 된다. 기혼자에게 배우자의 직업을 묻거나 종교적인 개인적인 의견을 강요하는 면접관이 있다면, 아무리 연봉을 많이 제시하더라도 지원자는 입사를 고민할 것이다. 기업 여건상 이를 방지하기 위한 면접관 교육이 어렵다면 면접 매뉴얼을 만들어 배포하는 것을 추천한다. 면접 10분전 해당 매뉴얼을 전달하는 것만으로도 기존에 발생하였던 면접관들의 실수를 개선할 수 있다.

지원자 경험 관리를 통해 기업은 적은 자원으로 큰 브랜딩 효과를 얻을 수 있다. 긍정적인 지원자 경험은 지원자들에게 우리기업이 매력적인 기업으로 인식되는 것을 도울 뿐만 아니라, 지원자들의 자발적인 온라인 후기, SNS 등의 자연스러운 브랜드 마케팅 활동으로 이어질 수 있다. 또한 이렇게 구축된 기업의 이미지는 예비 지원자들에게 지원을 유도하는 데에 기여하고, 더 나아가 고객들이 제품 및 회사에 대한 호감을 갖는 데에 기여하기도 한다. 마지막으로 긍정적인 지원자 경험은 내부 생산성 향상에도 기여한다. 긍정적인 지원자 경험은 입사 후에도 직원의 업무 몰입을 촉진하고 높은 업무 성과에 기여한다.

결과적으로 지원자 경험은 성공적인 채용을 리딩하는 중요한 요소다. 기업의 채용 경쟁력 강화 및 지속가능한 성장 동력의 확보를 위해서는 긍정적인 지원자 경험을 위한 기업의 적극적인 노력과 투자가 필요할 것이다.

## 채용 브랜딩 그리고 채용 포지셔닝

최근에는 채용 브랜딩에 대한 관심이 뜨겁다. 기업은 차별화된 채용 공고, 자체 채용 사이트, 일하는 방식 등 기업문화 PR을 통해 예비 후보자들의 지원을 유도하며, 쌍방 소통을 위한 노력을 기울이고 있다.

그러나 앞서 말한 채용 업무를 중소기업에서 모두 소화하기란 현실적으로 무리가 있다. 인사 부서의 인력이 제한적이고 채용 업무에 수반되는 비용도 한계가 있을 것이다. 그럼에도 불구하고 좋은 인재를 확보하는 것은 기업의 성장에 있어 중요한 부분이기에 인사 담당자는 이러한

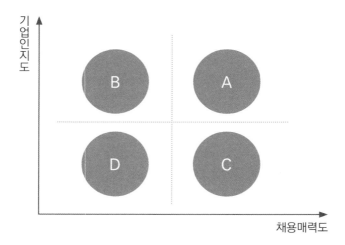

한계를 극복하기 위해 노력해야 한다. 필자는 중소기업 인사 담당자로 근무하며 직접 체득한 경험과 사례를 소개하고자 한다.

포지셔닝은 주로 마케팅에서 사용되는 용어로, 기업이나 제품의 위상을 정립하기 위해 마케팅 믹스를 통해 소비자들에게 자사 제품의 정확한 위치를 인식시키는 것이다. 이제는 채용에도 포지셔닝이 필요하다. 특히 한정된 자원에서 최대 효과를 얻어내야 하는 중소기업의 채용환경에서는 기업의 현재 위치를 확인하고 채용을 위한 포지셔닝 전략을 수립하는 것이 무엇보다 필요하다.

## 채용 포지셔닝 전략

필자가 생각하는 채용 포지셔닝은 다음과 같이 간단하게 정의하고자 한다. 우선, 얼마나 많은 구직자들이 우리 기업을 알고 있는지와, 구직자들이 우리 채용에 얼만큼의 매력을 느끼는지이다.

기업의 인지도는 구직자들의 기업 인지도, 기업의 규모, 상장 여부 등 절대적인 물리적 요소들로 구성된다. 이는 당장 바꾸기 어렵거나 기업 전략적으로도 변경이 불가능한 경우가 많다.

채용 매력도는 직접적인 측면과 간접적인 측면으로 나눌 수 있다. 직접적인 측면에는 채용 포지션이 갖는 직무적·직급적 매력도, 급여 수준 및 복리후생, 채용 축하금, 회사 위치 등이 포함된다. 간접적인 측면에는 기업문화, 회사의 평판, 지인 추천 여부 등이 있다.

중소기업의 경우, 기업 인지도와 채용 매력도가 낮은 경우가 많다. 하지만 채용 담당자는 장·단기적으로 채용 포지셔닝 전략을 가져가야 한다. 냉정하게 기업의 위치를 판단하고 다른 기업과 비교했을 때의 장점을 잘 살려야 한다. 어렵다면 작은 것부터 시작할 수 있다. 실제로 많은 기업들이 채용 안내에서 소홀한 경우가 많다. 예를 들어, 안내 문자나 메일을 보내는 것에 그치지 않고 면접을 본 후보자들에게 "고생하셨습니다. 면접 결과는 일주일 내 안내드리겠습니다"라는 메시지를 보내는 것은 어떨까?

중소기업 채용 담당자들은 어떻게 하면 후보자들의 마음을 사로잡을 수 있을지 고민하는 것부터 시작해야 한다. 현실적인 측면에서 채용 담당자는 채용 개선을 채용 브랜딩이라는 큰 틀로 시작하기보다, 작은 것부터 실행하여 자신의 기업만의 포지셔닝을 만드는 것이 중요하다.

# 04

# 중소기업 채용 레볼루션

중소기업에서 채용을 담당하면 가장 먼저 직면하는 문제가 바로 모집이다. 10년 전, 아니 그보다 이전부터 우리는 구직난이라는 이야기를 많이 들었다. 하지만 현실은 어떠한가? 대기업과 유명 스타트업에는 지

| | 구분 | 세부 Action Plan |
|---|---|---|
| 대외적 | 인재풀 확보 | 채용 플랫폼 확대 및 선택적 집중 |
| | | 써치펌 지속 관리 |
| | | 외부 교육기관 활용 |
| | | 정부 기관 및 지자체 사업 활용 |
| 내부적 | | 내부 추천제도 검토 |
| | 채용 브랜딩 | 회사소개서, 채용 홈페이지 구축 및 업데이트 |
| | | 채용 플랫폼 및 기술을 활용한 마케팅 활동 |
| | 채용 업무 효율화 | ATS(Applicant Tracking System) 활용 |
| | | 업무 Tool 활용(Ex. 노션) |
| | | AI 기반 채용 운영 |

원자들이 많지만, 중소기업에서는 지원자를 모집하는 것조차 힘든 것이 현실이다. 그 이유로는 시장 평균보다 낮은 임금, 지역적 위치, 생소한 산업군 등 다양한 이유가 있을 것이다. 중소기업 인사 담당자는 이러한 현실을 인정하고, 채용 시장에서의 회사 포지셔닝을 분명히 파악하고 문제점을 해결해야 한다.

## 중소기업 채용 전략

우선 모집 플랫폼을 확대하는 것을 고려해보자. 사람인, 잡코리아 외에도 원티드, 리멤버 등 다양한 플랫폼을 활용할 수 있다. 각 플랫폼마다 특성이 다르므로 기업의 현실에 맞게 운영 가능한 범위 내에서 효율적으로 운영해야 한다. 써치펌도 상황은 비슷하다. 다양한 헤드헌터들이 있지만, 분야별로 깊이 있게 이해하고 기업의 현실성을 고려하여 추천하는 헤드헌터들이 분명히 있다. 기존에 이용하던 업체의 실적이 저조하다면 지속적인 관리를 통해 거래처를 관리하는 것도 필요하다.

비용이 부담된다면 교육기관, 지자체 기관 등 다양한 기관과 연계한 추천을 받아볼 수 있다. 예를 들어, 채용이 필요한 포지션 관련 대학 학과사무실이나 채용지원센터에 추천을 의뢰하는 것이다. 또한 특정 교육기관에 인재 추천을 요청할 수도 있다. 실제로 SW 개발자 채용에 SW 부트캠프와 연계하여 좋은 인재를 추천받아 채용한 경험이 있다. SW 부트캠프는 기관마다 차이가 있지만 상당한 기간 동안 심도 있는 교육을 진행하며, 회사 소개, 채용 추천 등 다양한 프로그램을 운영한다. 이 외에도 인허가 담당자, 품질 담당자, 연구개발 등 여러 포지션에서도 관련 교육기관에 의뢰하여 채용을 진행할 수 있다.

또한, 대한상공회의소 인력개발사업단에서는 채용과 연계한 교육 프로그램을 진행한다. 해당 기관과 기업 연계를 통해 소속 기업의 특성에 맞는 교육 과정을 개발하는 것도 가능하다. 이는 실질적인 업무와 관련 있는 교육을 통해 후보자들의 역량을 배양하고, 교육 과정 중 뛰어난 인재들을 채용까지 연계하는 데에 장점이 있다.

지자체에서도 다양한 채용 지원 사업을 추진하고 있다. 경기도일자리재단, 일자리허브센터 등 다양한 기관에서 인재 추천뿐만 아니라 기업 홍보 영상 제작, 채용 지원금 사업 등 다양한 지원을 제공한다. 기업마다 채용 분야가 다양하기 때문에 내부 직원들이 이용하는 교육기관이나 정부 사업들을 살펴본다면 모집을 위한 기회를 발굴할 수 있을 것이다.

또한, 기업 내 인재 추천 포상금 제도가 있다면 이를 적극 활용해야 한다. 포상금 제도도 현실화할 필요가 있다. 추천 포상금 자체를 상향 조정하는 것도 방법이다. 헤드헌팅비나 채용 광고비로 나가는 비용을 감안한 금액으로 조정할 수 있다.

## 채용 브랜딩과 내부 관리

기업 인지도가 낮은 기업에서는 기업 소개 자료를 설득력 있게 준비할 필요가 있다. 회사의 IR 자료나 마케팅 자료를 적극 활용하여 채용을 위한 기업 소개 자료를 늘 업데이트해야 한다. 채용 플랫폼에 기재되는 기업 소개 페이지, 회사 내부 홈페이지, 채용 페이지 관리도 지속적으로 이루어져야 한다. 이는 중소기업 채용 담당자들이 실무를 하다 보면 많이 간과하는 부분이기도 하다.

채용 브랜딩은 회사의 가치, 문화, 업무 환경, 이미지를 강조하여 후보자들로 하여금 호감을 얻고 더 좋은 인재를 유인하는 과정이다. 채용 브랜딩은 단순히 회사 정보를 전달하는 것이 아니라, 어떻게 구직자들에게 호감을 얻는가에 집중할 필요가 있다. 이를 위해 채용 플랫폼, 소셜 미디어, 유튜브 등 다양한 플랫폼에서 회사의 강점을 소개하고 관련 콘텐츠를 만들어 전달해야 한다. 예를 들어, 회사의 매출 상황, 사내 환경, 재직자 인터뷰 등 다양한 콘텐츠를 지속적으로 노출시킬 수 있다. 또한 채용 공고를 이미지화하여 가시적이고 매력적으로 어필할 수 있다.

다양한 채용 이벤트를 고려해볼 수도 있다. 과거의 채용에서 많은 역할을 했던 캠퍼스 리크루팅 외에도 유튜브 라이브를 통한 채용 박람회나 가상현실(VR)을 활용한 회사 투어 등 후보자들로부터 호기심을 유발하고 호감을 얻을 수 있는 여러 방법이 존재한다. 채용 담당자는 우리 회사의 강점이 무엇인지 고민하고 이를 전달할 방법과 수단에 대해 끊임없이 고민해야 한다.

## 기술 활용과 채용 혁신

채용에 예산이 준비된다면 실무를 보조해줄 수 있는 ATS(채용관리시스템) 프로그램들을 이용해볼 수 있다. 대표적으로 나인하이어, 그리팅 같은 서비스들이 있으며, 후보자 관리부터 면접 일정 조율 및 안내, 결과 안내 등 실무적으로 시간이 많이 소요되는 업무들을 효율화할 수 있다. 비용 부담이 된다면 정부에서 진행하는 '클라우드 바우처', '비대면 서비스 바우처'를 활용하는 것도 좋다. 매년 선정되는 서비스가 달라지기 때문에 우리 기업에 필요한 서비스들을 이용할 수 있고, ATS 프로그램이 서비스에 해당하지 않더라도 타 서비스 비용을 절약하여 절감 비용을 채용 예산으로 활용할 수 있다.

최근에는 ChatGPT의 등장으로 채용 업무에서도 많은 활용이 이루어지고 있다. 서류전형에서는 후보자들의 기업 적합도, 업무 적합도, 신뢰성 측정 등에 ChatGPT를 활용하면서 많은 시간이 소요되던 업무를 단시간에 해결할 수 있다. 면접전형에서는 후보자 이력서를 기반으로 면접 질문을 빠르고 다양하게 도출해볼 수 있다.

채용 시장과 환경은 계속 변화하고 있으며, 채용 레볼루션은 다양한 방면에서 이루어지고 있다. 이를 위해 우리 기업의 현재 위치와 나아갈 방향을 면밀히 파악하여 현실성 있는 개선책을 수립하고 실행해야 할 것이다.

# 05

# 미래 채용의 변화

코로나 시대를 겪으면서 우리의 생활은 온라인에서 다양한 소통이 가능해졌다. 채용에서도 이러한 양상이 두드러지면서 기업은 단순히 채용 정보를 제공하는 것뿐만 아니라 미래 잠재 후보자들과의 관계를 형성해 나가고 있다. 실제로 링크드인에서 많은 채용 담당자들이 기업을 소개하고, 기업의 일상을 공개하며 소통하고 있다. 또한 채용 박람회 역시 유튜브 라이브, 오픈 채팅 등 온라인 쌍방향 소통을 통해 이루어지고 있다.

미래의 채용은 이러한 관계 지향성이 더욱 대두될 것이다. 채용은 단순히 포지션에 맞는 인재를 구인하는 것을 넘어서 입사 후 그리고 퇴사 후의 관계까지 중요해질 것이다. 채용 후 조기 퇴사율을 낮추기 위해 '온보딩'이 중요하다. 인사 담당자는 입사자의 조기 안착을 위해 입문 교육을 실시하고, 수습 면담을 통해 인재들을 관리하고 있다. 그러나 더욱 중요한 것은 '오프보딩'이다. 기업만이 후보자를 레퍼런스 체크하는 것이 아니다. 직원들 역시 기업을 평가하며, 입사 예정자들에게 가장 중요한 것이 이러한 입소문이다. 장기적인 관점에서 오프보딩이 잘 이루어져야 하고, 기업 내부에서는 오프보딩에 대한 프로세스를 정립하고 운영해야 한다.

한편, 미래 채용 환경에서도 빠질 수 없는 것은 기술의 발전이다. 앞서 소개한 ATS(지원자 추적 시스템) 외에도 기업 담당자들은 노션과 같은 업무 툴을 다양하게 활용할 수 있다. 원하는 대로 데이터를 관리할 수 있고, 얼마든지 공유가 가능하기에 팀으로 업무를 진행할 때 유용할 수 있다.

[노션을 이용한 채용관리 발췌]

## 그렇다면 ChatGPT는 어떠한 변화를 불러올까?

### 1) ChatGPT의 이력서 작성 및 자기소개서 자동 작성 서비스

코로나 시대 이후, 디지털 기술의 발전은 채용 과정에도 큰 변화를 가져왔다. 특히 ChatGPT와 같은 인공지능 언어 모델을 활용한 이력서 작성과 자기소개서 자동 작성 서비스가 대두되었다. 많은 지원자들이 이력서를 작성할 때 ChatGPT를 이용하고 있으며, 유명 채용 플랫폼에서는 이러한 기술을 활용하여 자기소개서를 자동으로 작성해주는 서비스를 제공하고 있다. 그러나 이러한 변화에도 불구하고, 기업들은 ChatGPT로 작성된 이력서의 신뢰성에 대해 의문을 제기하고 있다. 이는 자동화된 문서 작성이 후보자의 실제 역량을 제대로 반영하지 못할 수 있다는 우려에서 비롯된 것이다. 이에 대응하여 일부 회사들은 ChatGPT Killer와 같은 서비스를 운영하며, ChatGPT로 작성된 이력서를 구분하고 그 신뢰성을 평가하려는 노력을 기울이고 있다.

### 2) ChatGPT 활용의 필요성 및 장점

이러한 상황에서 ChatGPT를 활용하는 것을 완전히 막는 것은 현실적으로 불가능하다. 오히려 ChatGPT를 적극 활용하는 것이 더 나은 대안일 수 있다. ChatGPT는 많은 장점을 가지고 있기 때문이다. 채용 담당자들은 이 도구를 통해 후보자들의 이력서 신뢰도를 측정하고, 회사의 인재상과 얼마나 부합하는지를 확인할 수 있다. 이는 채용 과정의 효율성을 높이고, 보다 객관적이고 공정한 평가를 가능하게 한다.

### 3) ChatGPT의 활용 사례

실제로 ChatGPT를 활용하는 다양한 사례가 존재한다. 예를 들어, 일부 채용 담당자들은 ChatGPT를 사용하여 후보자들의 이력서 신뢰도를 측정하고 있다. 이는 ChatGPT가 작성한 이력서의 경우와 그렇지 않은 경우를 비교하여 후보자의 신뢰성을 판단하는 것이다. 또한,

ChatGPT는 회사의 인재상과 후보자가 얼마나 부합하는지를 확인하는 데에도 유용하다. 이를 통해 회사는 보다 적합한 인재를 선발할 수 있다. 더 나아가, 채용 담당자들은 ChatGPT를 활용하여 채용 질문을 추출하고 면접을 준비하기도 한다. 이러한 자동화된 도구를 통해 면접 질문을 생성하면, 면접 과정에서 보다 체계적이고 일관성 있는 질문을 할 수 있다. 또한, ChatGPT를 통해 산출된 데이터는 개인의 판단이 배제되기 때문에 채용 프로세스의 객관성을 확보할 수 있다. 이러한 방식으로 ChatGPT를 활용하면 채용 업무에 큰 혁신을 가져올 수 있다.

## 4) ChatGPT 활용 시 유의사항

그러나 ChatGPT를 활용하는 데에는 몇 가지 유의사항이 있다. 첫째, ChatGPT를 통한 데이터는 개인정보 유출의 위험이 있다. 이는 ChatGPT가 대규모 데이터를 처리하고 분석하는 과정에서 발생할 수 있는 문제이다. 따라서 인사 담당자는 이러한 위험을 인지하고, 개인정보 보호에 철저히 신경 써야 한다. 둘째, ChatGPT는 후보자의 직접 경험과 다른 정보를 제공할 수 있다. 이는 ChatGPT가 학습한 데이터와 실제 경험 간의 차이에서 발생할 수 있는 문제이다. 이러한 부작용을 막기 위해 인사 담당자는 ChatGPT를 보조 도구로 활용하되, 정보 관리자로서의 책임감을 갖고 접근해야 한다. 또한, 면접 과정에서 후보자들의 이력서와 실제 경험에 대한 정보 불일치가 없는지 다시 점검할 필요가 있다.

기술과 환경의 변화를 막을 수는 없다. 오히려 이러한 변화를 잘 이해하고 제대로 활용하는 인사 담당자가 미래 채용 혁신을 이끌 것이다.

ChatGPT와 같은 인공지능 기술을 효과적으로 활용하면 채용 과정의 효율성을 높이고, 객관성을 확보할 수 있다. 그러나 이러한 기술을 사용할 때에는 개인정보 보호와 정보의 정확성을 유지하기 위해 신중한 접근이 필요하다. 이를 통해 기업은 보다 공정하고 효율적인 채용 프로세스를 구축할 수 있을 것이다.

# 맞춤형 인재 채용 사례

이진영 상무

# 01

# 높은 퇴사율 현상과 대응

2021년, 앤소니 클로츠 텍사스 경영대학원 교수는 코로나19를 거치며 자발적으로 회사를 사직하는 근로자의 숫자가 급격히 증가하는 현상을 "대퇴사(The great retirement)"로 명명하였다. 당시 이러한 현상은 코로나 상황의 특수성에 의한 일시적인 현상으로 치부되었으나, 2021년 이후 퇴사와 이직은 지속될 것이다.

2022년 기준, LG전자에서 29세 이하 정규직 직원(MZ세대)의 30%가 스스로 회사를 떠났다. MZ세대 직원의 높은 퇴사율은 LG전자만의 문제가 아니다. 기성세대가 정년퇴직의 세대였다면, MZ세대는 조기 퇴사의 세대이다. 대기업의 이직은 중견기업 인원들의 연쇄 이직을 불러오고 있다. 저자의 회사도 선임급(대리·과장) 직원들의 이직이 급증하고 있으며, 이들은 주로 대기업의 유사 직무로 이동하고 있다. 대부분의 공석은 신입 직원 채용으로 대체되고 있다. 이로 인해 기존 년 1~2회 진행하던 공채 방식의 채용 과정이 수시 채용 형태로 전환되었고, 채용 업무 진행에 많은 인력이 투입되고 있다. 년도별 채용 인원도 2021년 121명, 2022년 103명, 2023년 251명 등 매년 증가하고 있다. 당사뿐만 아니라 많은 기업이 비슷한 상황이다.

　많은 인력의 입퇴사가 진행됨에 따라 각 채용 과정별로 고려할 사항이 많아지고 있다. 이에 이 글은 각 채용 과정의 단계별 핵심 사항을 설명하며, 기업의 채용 담당자와 취업을 준비하는 취준생들에게 도움이 되기를 바란다.

# 02

# 맞춤형 채용공고

채용 T/O가 확정되면 채용 과정 중 가장 먼저 진행해야 하는 내용은 채용 공고를 준비하는 것이다. 채용 공고의 목적은 조직이 채용하고자 하는 직무에 대한 정보를 공개하고, 해당 직무에 적합한 인재를 모집하는 것이다.

첫째, 당사는 면접 시 1차 실무 면접, 2차 최종 면접을 진행하고 있다. 1차 면접에서는 지원자가 수행 예정 직무에 대해 파악하고 있는 바를 설명하고, 이를 바탕으로 면접관들이 상세히 설명하고 있다. 이는 입사전 기대했던 수행 직무와 입사 후 수행 직무의 괴리감을 줄이기 위한 것이다. 이를 위해 현업 직무 수행자들이 본인의 수행 직무에 대해 자세히 소개하는 영상을 제작하여 채용 홈페이지에 게시하고 있다. 이후 지원자들의 직무 이해도가 높아져 미스 매칭에 따른 퇴사 및 부서 이동 희망이 현저히 줄어들고 있다.

둘째, 자격요건에 대한 사항도 구체적으로 명시해야 한다. 생산, 품질, 연구개발 등 각각의 직무를 수행하기 위한 학력, 경력, 기술 및 역량 등의 자격 요건을 정확히 기술하여 지원자가 자신의 자격을 평가하는 데 도움이 되도록 해야 한다.

셋째, 회사에 대한 소개도 중요하다. 회사 소개는 채용 공고를 통해 하기 어렵기 때문에, 채용 홈페이지를 통해 회사를 상세하게 소개해야 한다. 회사 소개에는 회사의 비전, 미션, 인재상, 핵심가치 등이 필수적으로 포함되어야 한다. 특히 인재상과 핵심가치에 대한 구체적인 정의와 행동지표를 소개하여 지원자가 본인과 회사의 가치관이 일치하는지를 확인할 수 있도록 해야 한다. 또한 채용 과정에 대한 소개도 필요하다. 지원자가 지원 방법, 채용 절차, 인터뷰 단계, 평가 방법 등을 정확히 파악하고 준비할 수 있도록 도와야 한다. 더불어 인사제도 및 복리후생도 소개해야 한다. 특히 최근 MZ세대의 경우 입사 후 개인이 조직에서 성장하기 위한 경력 개발 제도와 인재 육성 제도에 많은 관심을 가지고 있기에, 급여, 복리후생, 근무 환경, 근무 시간, 휴가 제도, 교육 및 훈련 프로그램 등 회사가 제공하는 혜택과 복지 프로그램을 설명하는 것은 매우 중요하다. 이 외에도 경력 개발 제도를 통해 경력 경로를 설계하고 차기 직무를 수행하기 위한 교육과 훈련을 제공하는 내용과 직무, 공통, 리더십 역량을 함양할 수 있는 육성 프로그램에 대해 상세히 소개하는 것도 중요하다.

마지막으로, 채용 FAQ에 자주 묻는 질문과 그에 대한 답변을 제공하여 지원자들이 의문을 해결할 수 있도록 도움을 주고, 이후 지원자들이 문의할 수 있는 연락처를 제공해야 한다. 이메일은 수시로 확인하기 어려우므로 카카오톡 채널을 활용해 지원자들과의 의사소통을 유지하고 지원 상태에 대한 업데이트를 제공하는 것이 더욱 효과적이다. 외부 채용 공고 사이트를 이용할 경우 사이트별 지원자들의 특성을 분석하여 적절히 활용하는 것도 좋다. 경력직을 채용할 때 경력 지원자가 선호하는 사이트가 있는 반면, MZ세대가 선호하는 채용 사이트도 있다. 이러한 형태별(경력, 신입) 선호 사이트를 적절히 활용해 채용 공고를 게시하는 것도 하나의 방법이 될 수 있다.

# 03
# 맞춤형 서류 심사

    서류 심사는 채용 과정에서 매우 중요한 단계이다. 이 단계에서는 지원자의 자격과 정합성을 평가하여 채용 인터뷰를 위한 후보를 선정한다.

    첫째, 필수 자격 요건 충족 여부를 확인해야 한다. 필수 자격 요건에는 지원자의 학과, 어학, 자격증, 경력 및 교육, 수상이력 등이 포함된다. 해당 직무를 수행하기 위해 사전에 각 부서와 협의하여 직무 수행에 맞는 자기소개서를 꼼꼼히 검토해야 한다. 또한, 입사 지원자들이 보유한 자격과 경험이 직무 수행에 직간접적으로 연관되는지를 확인해야 한다.

    둘째, 지원자의 기술과 전문성을 확인해야 한다. 신입 직원의 경우 프로젝트 경험, 기술, 역량을 평가하여 학교와 외부 기관의 프로젝트를 통해 어떤 역량을 발휘했는지를 체크해야 한다. 또한, 프로젝트를 수행하며 발휘한 역량과 능력이 프로젝트 결과물에 끼친 영향과 프로젝트 수행 시 드러난 장점도 알아볼 필요가 있다.

    셋째, 조직문화 적합성을 확인해야 한다. 채용 과정에서 조직문화 적합성을 확인하기 위해서는 입사지원서에 이를 판단할 수 있는 질문을 명시하는 것이 반드시 필요하다. 이는 핵심 가치, 인재상 등의 질문을 통해 확인할 수 있다. 저자의 회사에서는 "본인의 어떤 점이 우리 회사의 인재상에 부합하는지 사례에 근거하여 기술해 주십시오"와 같은 질문을 통해 확인한다. 당사의 인재상은 "소신 있고 되바라지지 않는 사람"으로 정의되며, 이전에 "소신 있는 사람"과 "되바라지지 않는 사람"에 대한 정의와 행동 지표를 명확히 하고, 실제 자기소개서에 인재상에 부합하는 행동과 사례가 있는지를 확인한다.

예를 들어, 소신 있는 사람에 대한 정의는 '회사에 기여하고자 하는 분명한 가치와 비전을 가지고 자기 주도적으로 직무를 수행하며 자신의 말과 행동에 책임을 지는 사람'이다. 이를 바탕으로 인재상의 정의에 나와 있는 핵심 내용(자기 주도적, 말과 행동에 책임)이 자기소개서에 어떠한 사례와 함께 언급되어 있는지를 확인한다.

넷째, 서류 전형을 진행하며 데이터를 분석하고 응용할 수 있는 시스템을 구축하여 활용하는 것이 필요하다. 당사에서는 서류 전형 및 면접 전형 시 내부에 구축되어 있는 E-HR 시스템을 이용하여 진행하고 있다. 이를 통해 다수의 지원자를 객관적으로 평가하기 위해 서류 전형 시 심사 항목에 대한 요구 수준을 계량화하고 분석하여 시스템에서 평가하고 있으며, 면접 평가 시에도 이러한 시스템을 활용하고 있다. 더불어 채용 후 인사관리 시스템에도 연계될 수 있도록 사용하고 있다.

# 04
# 최적의 인적성 검사

인적성 검사에 대해서는 많은 논란이 계속되고 있다. 특정 테스트 결과와 실제 업무 성과와의 관련성에 대한 의문이 제기되고 있는 것이다. 어떤 검사는 일반적인 인적성과 직무 성과 간의 연관성이 증명되지 않았거나 특정 직무에만 적합하기 때문에 일반화하기 어려운 경우가 있다. 또한 인적성 검사는 인간의 복잡성을 단순한 평가 도구로 충분히 반영하지 못한다는 점에서 명확한 한계가 있다.

그러나 이러한 논란에도 불구하고 인적성 검사는 매우 객관적이고 지원자를 검증할 수 있는 유용한 채용 방법이라고 본다. 인적성 검사를 직접 개발할 수 없는 많은 회사는 외부 전문 기관을 통해 인적성 검사를 시행하고 있다. 이때 인적성 검사 결과에 대해 위탁 기관의 채용 담당자는 반드시 내부적으로 별도의 합격 기준을 정하여 운영해야 한다.

예를 들어, 인적성 검사 위탁 기관의 적격 기준이 40점이라 하더라도 기업의 입장에서는 기준 점수를 상향하여 보수적으로 접근하는 것도 가능하다(예: 60점 이상). 인성 검사 세부 항목 중(예: 정직성, 겸손성, 정서성, 외향성, 원만성, 성실성, 개방성) 회사가 가장 중요하게 여기는 항목에 대해서도 고려해야 한다. 저자의 회사에서는 정직성과 겸손성을 다른 항목보다 중요한 내용으로 우선적으로 판단한다. 정직성과 겸손성(도덕성, 청렴성, 겸손성, 진실성) 중 도덕성과 청렴성의 차이는 도덕성은 보편적인 가치에 대한 부분이고 청렴성은 횡령 등 물질에 대한 부분이다. 정직성과 겸손성 내에서도 어떤 부분을 더 우선시하여 평가해야 하는가에 대한 기준도 필요하다. 그 외 숫자를 많이 다루는 곳에서는 성실성을 우선시 볼 필요가 있고, 사람을 많이 대하는 부서에서는 정서성과 개방성이 중요하다. 이러한 내용은 실제 검사 가이드에는 표시되지 않는 경우가 많으며, 저자는 검사 기관의 전문 위원에게 직접 질문하여 받은 피드백 내용을 가지고 회사의 기준을 설정하여 운영하고 있다.

또한, 대리 검사를 완벽히 통제할 수 없는 부분과 검사 당시 환경의 변화로 인해 인적성 검사를 처음 실시했을 때와 재응시 후 결과가 바뀌는 경우도 고려해야 한다.

# 05
# 적합인재 면접

채용 과정 중에서 가장 중요한 과정은 면접이다. 면접은 서류 전형을 통과한 입사지원서를 바탕으로 지원서에 기재된 학력, 기술, 자격 등의 경험을 평가하고, 문제 해결 능력과 의사소통 능력 등의 역량을 발휘한 구체적인 사례에 대해 심층적인 질문을 통해 확인하는 중요한 과정이다.

## 역량 기반 면접 (Competency-based Interview)

역량이란 우수 성과자의 행동 특성으로, 개인과 조직의 성공적인 성과 달성에 있어 핵심이 되며, 측정 가능한 행동으로 표현되는 내재적 특성이다. 역량 기반 면접이 중요한 이유는 조직 내 직무에 필요한 능력을 명확히 설정하고 면접 평가의 오류를 최소화하여 적합한 인재를 선발할 수 있기 때문이다. 역량 기반 면접은 채용 직무의 성과 창출에 직접적으로 기여하는 동기, 가치관 등이 지식이나 기술과 결합해 나타나는 행동적 특이점을 확인할 수 있다. 또한 직무와 상황에 따라 요구되는 역량이 다르기 때문에 직접적이고 객관적으로 측정 평가하여 지속적인 교육으로 이어질 수 있다.

역량 기반 면접의 종류는 경험 면접, 상황 면접, 발표 면접, 토론 면접으로 나눌 수 있다.

- 경험 면접: 지원자의 과거 직무 역량 발휘 경험에 대해 질문하여 입사 후의 역량 발휘를 예측할 수 있다. 개인의 내적 특성은 쉽게 변하지 않으므로, 내적 특성이 반영된 과거의 행동을 통해 미래의 행동을 예측할 수 있다. 판단 기준은 인성, 능력 단위, 능력 단위 요소, 능력 단위 요소별 수행 준거 등이 있다.

- 상황 면접: 미래의 직무와 유사한 가상 상황에서 지원자의 행동을 관찰하여 의도를 평가한다. 사람들의 행동은 상황에 따른 인식에 기반한 행동 의도를 통해 예측할 수 있으므로, 지원자의 행동 의도를 파악하는 것은 실제 행동을 짐작할 수 있다. 판단 기준은 지원자의 상황 인식, 상황 판단 및 행동 의도 등이다.

- 발표 면접: 자료 검토 후 자신의 생각을 발표하고 면접관의 추가 질의와 응답으로 진행된다. 과제 유형으로는 찬반형, 분석형, 아이디어 산출형, 문제 해결형이 있으며, 지원자의 가치관, 태도, 사고방식을 판단한다.

- 토론 면접: 상호 갈등적 요소를 가진 과제 또는 공통으로 해결해야 할 과제를 제시한 후 개인 간의 상호 작용을 관찰한다. 주장의 옳고 그름보다는 결론을 도출하는 과정과 말하는 자세 등이 중요하며, 이는 팀워크, 갈등 조정, 의사소통 능력 등을 통해 평가할 수 있다.

## 면접관의 역할

구조화 면접에서 면접관은 크게 운영자와 평가자로 구분할 수 있다.

- 운영자: 운영자의 가장 큰 역할은 원활한 면접 운영이다. 면접 진행 시 각자의 역할을 수행할 수 있도록 사전에 역할 분배가 필요하다. 또한 정해진 면접 절차를 준수하여 모든 지원자를 공정하게 평가해야 하며, 면접 과정에서 지원자의 긴장을 해소하고 지원자의 답변을 재촉하지 않으며 부드럽게 방향을 제시하는 것이 중요하다.

- 평가자: 평가자는 면접 진행 동안 지원자의 특성을 객관적으로 파악해 지원자의 직무 능력과 자질, 인성 등을 평가해야 한다. 질문 시 직무 수행과 무관한 성별, 연령, 지역 등을 배제하고, 평가 항목과 무관한 인적사항에 대한 질문은 하지 않는다. 직무 수행 및 조직 생활에 필요한 지식, 기술, 태도 등을 평가하고, 평가 항목과 관련 있는 답변 및 행동은 기록으로 확보해야 한다. 더불어 지원자의 모든 반응은 평가 자료가 될 수 있으므로 지원자의 답변 내용을 유심히 관찰하여 기록한 바를 바탕으로 분석 및 평가하는 태도가 필요하다.


## 면접기법

많은 면접 기법 중에 저자는 STAR 기법을 추천한다. STAR 기법이란 상황(Situation), 과제(Task), 행동(Action), 결과(Result)를 통해 지원자의 역량을 확인할 수 있는 질문 기술이다. STAR 기법의 질문 예시는 다음과 같다.

| S | 상황 | • 당신이 처해 있던 상황에 대해 말씀해 보십시오.<br>• 해당상황을 좀 더 구체적으로 설명해 주십시오.<br>• ㅇㅇㅇ를 수행했던 경험에 대해 말씀해 보십시오. |
|---|---|---|
| T | 과제 | • 당신이 수행한 과제·과업은 무엇이었습니까?<br>• 해당 프로젝트에서 당신이 담당한 역할은 무엇이었습니까?<br>• 해당 과제에서 고려했던 요소는 무엇이었습니까? |
| A | 행동 | • 어떻게 행동했습니까?<br>• 그러한 행동을 해야 한다고 판단한 기준은 무엇입니까?<br>• 해당 행동을 하는 과정에서 어려운 점이 무엇이었습니까? |
| R | 결과 | • 해당 행동의 결과는 어땠습니까?<br>• 지원자의 행동이 결과에 어떠한 영향을 끼쳤습니까?<br>• 해당 결과로 지원자는 어떤 교훈을 얻었습니까? |

## 면접평가 오류사항의 해결방안

짧은 시간 안에 지원자가 제시한 답변의 진위를 파악하고 역량을 검증해 내는 것은 쉽지 않다. 잡코리아 조사에 따르면 면접관 중 52.7%가 주어진 짧은 시간 내에 지원자의 역량과 자질을 알아내기가 힘들다고 응답하였다. 45.4%는 지원자들의 답변이 진짜인지 가짜인지 잘 모르겠다고 하였으며, 44.4%는 지원자들의 답변과 지원서가 비슷해서 판단이 어렵다고 하였다. 이처럼 짧은 시간 안에 답변의 진위를 파악하고 역량을 검증해 내는 것은 어렵다.

면접 평가의 오류를 줄이기 위한 다양한 방법이 있지만, 저자는 평가 종료 후 반드시 평가자 세션을 진행할 것을 권장한다. 저자의 회사에서도 동일한 방법을 적용하고 있는데, 1차 면접 진행 시 인사팀과 협업 팀장이 함께 면접 과정에 참여하여 면접 종료마다 평가 세션을 진행하고 있다.

평가자 세션에서는 각 평가자가 자신이 인터뷰한 후보자에 대한 개별 평가를 작성한 후 자신의 평가를 다른 평가자들과 공유하고 토론할 수 있는 시간을 갖도록 하여 후보자에 대한 종합적인 평가를 한다. 이 과정에서 각 평가자의 의견이 조율되고, 서로 어떤 평가 요소를 가장 중요하게 생각하는지 공유하고 이해할 수 있다. 이후 이를 통해 합의된 결과를 종합하여 최종적인 결정을 내린다. 평가자 세션은 인사팀에서 진행할 수도 있고, 면접 위원 중 선임자에게 역할을 부여할 수도 있다.

# 06

# 채용 및 배치 이후의 관리

채용 이후 배치된 신입사원들과 조직장들에게 채용 적합도 조사를 실시해 그 결과를 향후 채용 과정에 반영하는 것도 필요하다. 2021년 저자의 회사에서는 채용된 신입사원들을 대상으로 회사 선택 시 고려 요소 중(면접 참석 시 사전 설문 조사 실시) 우선순위 5가지(안정성, 조직 문화, 처우 조건, 직무 적합도, 거주지)를 선정한 후 채용 전과 채용 후 느낀 차이점에 대해 조사하였다.

더불어 신입사원들이 배치된 부서의 조직장의 설문을 통해 채용 시 필요한 역량에 대해 조사한 결과, 직무 특성을 고려한 채용(전공)과 대인관계 역량, 긍정적 마인드, 학습 의지, 적극성 등이 있었다. 특히 지방 사업장의 경우 우수한 스펙보다는 열정과 책임감 등 기본적인 태도가 더욱 중요하다는 피드백을 받았다. 이후 위의 내용을 신입사원 채용 과정 개선에 반영하였다.

## 맞춤형 인재육성 프로그램 진행 후 채용의 사례

저자가 재직하고 있는 ㈜경신은 1974년 창립 이후 자동차 전장 부품을 전문적으로 생산하는 회사이다. 최근 자동차 산업에서는 전자 부품 사용 증가로 인해 소프트웨어 개발자의 역할과 역량이 중요해지고 있다. 또한 이들의 확보 및 유지가 조직 내 가장 큰 문제로 대두되고 있다. 이러한 현상은 ㈜경신뿐만 아니라 자동차 부품을 생산하는 부품사 및 완성차 업체에서도 나타나는 보편적 현상이다. 최근 3년간 ㈜경신의 전자 설계 개발자의 퇴사 인원과 퇴사율은 아래와 같다.

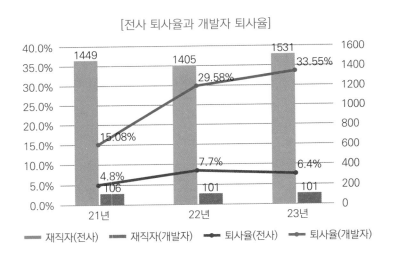

[전사 퇴사율과 개발자 퇴사율]

대부분은 높은 연봉을 제시하는 대기업으로의 이직이 많으며, 이는 내부적인 임금 인상, 성과급으로는 감당할 수 없는 수준이다. 이로 인해 퇴사자를 대체하기 위해 적극적인 인력을 충원하고 있으나, 시장에서 경력자의 수요가 많아 쉽게 충원되지 못하고 대부분의 인력을 신입

직으로 채용하고 있다. 이러한 현상이 지속되다 보니 현업에서의 직무 피로도가 가중되고 있으며, 신입사원들의 조기 전력화, 업무 노하우의 유지관리, 적시의 인력 충원이 문제가 되고 있다.

이러한 문제점을 해결하기 위해 맞춤형 인재 육성 프로그램을 운영하여 인재 확보 및 조기 전력화의 목표를 달성한 사례를 공유한다. 지난 2023년 인천광역시가 지역 내 업체를 대상으로 진행한 간담회에서 ㈜경신은 소프트웨어 설계 개발자의 이직에 따른 어려움을 호소하였으며, 이에 대해 인천광역시에서 위탁한 인천상공회의소 인적자원개발위원회와 함께 해결 방안에 대한 업무 협의를 진행하였다. 해당 협의에서 ㈜경신에서는 실무 능력을 겸비한 우수 인재의 조기 확보 필요성을 느꼈고, 인적자원개발위원회는 인재 채용을 통해 청년 실업 해소 및 국가와 지역 경제를 발전시키고자 하였다. 이를 위해 맞춤형 교육 기관으로 지정된 인천대와 산학 협력 프로그램을 구축해 학생 취업을 지원하고 필요한 예산은 고용노동부의 직업능력개발사업을 통해 운영하기로 하였다. 이후 운영 3자 간(경신, 인천시, 인천대) 미팅을 통해 각자의 과정을 공유하며 공동의 목적을 이루고자 노력하였다.

결과적으로 실무 협의를 통해 인적자원개발위원회에서 고용노동부에 사업 신청 및 승인을 요청했고, 인천대학교에서는 실무 인재 양성 훈련 프로그램을 기획하였다. 운영 기간은 최초 6개월 과정으로 기획하였으나, 학기 중 학생들을 장기간 교육 시 모집 및 중간 이탈에 대한 부담으로 3개월 과정으로 단축하여 진행하였다. 프로그램은 현업 팀장들과 인천대학교가 협의하여 경신에서 실제 소프트웨어 설계 직무 수행을 하기 위해 필요한 프로그램으로 구성하였다.

[프로그램 예시]

| 구분 | 교과목명 | 시간 | |
|---|---|---|---|
| | | 이론 | 실기 |
| 정규 교과 | 미래자동차 트렌드 | 18 | |
| | 요구사항 개발 프로세스 이해 | 16 | |
| | C/C++ 프로그래밍 | | 16 |
| | 소프트웨어 테스팅 및 개발 프로세스 이해 | 24 | |
| | 임베디드 소프트웨어 개발 기초 | 24 | |
| | 임베디드 C 프로그래밍 기초 | | 24 |
| | 자동차 소프트웨어 개발 프로세스 (ISO26262 A-SPICE 포함) | 32 | |
| | AUTOSAR 기본 | 32 | |
| | 임베디드 MCU 프로그래밍 | | 32 |
| | 자동차 구조 및 전장시스템 이해 | 32 | |
| | 차량용 실시간 운영체제 기반 프로그래밍 | | 32 |
| | 차량용 통신시스템 | | 32 |
| | MATLAB/Simulink의 이해 | | 16 |
| | ASPICE 이해 | 16 | |
| | 자동차 사이버보안 | 16 | |
| 프로젝트 | 자율주행 기능 개별 / 팀별 구현 프로젝트 | | 40/40 |
| | 차량용 임베디드 SW 개발 개별 / 팀별 프로젝트(On-demend) | | 40/32 |
| 총 계 | | 200 | 304 |

고용노동부의 승인 이후, 인천대학교와 사업 공동 수행을 위해 협약한 전국 대학을 통해 학생들을 모집하였다. 모집 공고를 통해 과정을 이수한 우수 학습자에게는 ㈜경신 정규직 채용의 특전을 제공한다고 명시하였으며, 숙소 등이 필요한 학생에게는 ㈜경신에서 오피스텔 등을 무상으로 제공하였다. 수강을 위한 교육비는 학습자가 국민내일배움카드를 발급받아 교육비를 결제하고 훈련 수당을 정산하는 방식으로 진행하였다. 또한, 인천대학교는 고용노동부를 통해 교육비 및 학습자 유지 관리비를 지원받았다.

고용노동부의 승인 이후, 인천대학교와 사업 공동 수행을 위해 협약한 전국 대학을 통해 학생들을 모집하였다. 모집 공고를 통해 과정을 이수한 우수 학습자에게는 ㈜경신 정규직 채용의 특전을 제공한다고 명시하였으며, 숙소 등이 필요한 학생에게는 ㈜경신에서 오피스텔 등을 무상으로 제공하였다. 수강을 위한 교육비는 학습자가 국민내일배움카드를 발급받아 교육비를 결제하고 훈련 수당을 정산하는 방식으로 진행하였다. 또한, 인천대학교는 고용노동부를 통해 교육비 및 학습자 유지 관리비를 지원받았다.

㈜경신에서는 프로젝트를 시작하는 첫날 인사 담당 임원이 프로그램의 취지와 회사에 대해 소개하는 시간을 마련하고, 프로젝트 종료 후 수행할 직무에 대한 설명을 제공하였다. 이후 제품 생산 과정을 견학할 수 있는 기회를 제공하였다. 또한, 정규 교과 수료 후 시행하는 프로젝트 수행 평가에는 현업 팀장이 참여하여 평가 및 피드백을 주는 시간을 가졌다.

# 프로젝트 심사 소감 및 과정 평가

## 1) 프로젝트 심사 소감

프로젝트 1차 심사 시 프로젝트 주제의 수준이 높아 놀람: 단기간의 프로젝트 일정으로 깊은 수준의 결과는 도출되지 못하였지만, 프로세스를 순차적으로 접근하여 결과를 도출하였고, 개선이 필요한 부분에 대해서 왜 개선을 해야 하는지까지 학습이 진행된 점이 인상적이었다.

## 2) 과정 평가

- KDT의 3개월 일정: 매우 타이트한 일정으로 학습이 진행된 느낌이었다. 경신 신입사원 6개월 수준으로 학습이 진행된 것 같다.

- 현업과의 연계: KDT의 경험이 있는 사람을 경신의 신입사원으로 채용한다면 심화 과정은 아니지만 기본 과정을 3개월 동안 학습하였기에 현업과 유사한 경험을 해본 사람으로서 현업에 빠르게 적응할 수 있을 것으로 보인다. 앞으로의 신입사원은 KDT와 같이 사전 학습을 한 인원을 채용하는 것이 좋겠다.

- 높은 학구열: 5일 이내에 결과를 도출해야 하는 프로젝트로 짧은 일정 동안 기획, 분석, 설계, 검증, 개선까지 진행되었다. 조별 활동이었지만 짧은 시간에 결과 도출까지의 발표를 듣고, 결과물을 보면서 열심히 했다는 것이 느껴졌다. 업무에 지친 상태로 프로젝트 심사에 참석하였으나 학습자들의 열정과 결과물을 보면서 힘을 얻게 되었고, 심사관이긴 했지만 학습자들의 학습 열정으로 힐링할 수 있는 시간이 되어 기뻤다.

과정 종료 후, 수료자 25명 중 우수 수료자 12명을 2024년 4월 1일자로 정규직으로 채용하였다. 이번 맞춤형 인재 육성 프로그램을 준비하며 많은 시간과 노력이 투입되었으나, ㈜경신의 맞춤형 인재 채용 체계를 구축할 수 있었다.


## 맞춤형 인재 육성 프로그램 제언

맞춤형 인재 육성 프로그램을 통해 실무 능력을 갖춘 인재를 성공적으로 확보하고, 이들의 조기 전력화를 이루어내며 채용 체계를 정립하는 것은 인재 확보에 어려움을 겪고 있는 기업들에게 유용한 참고 자료가 될 수 있다. 다음은 그러한 프로그램을 도입하고자 하는 기업들을 위한 구체적인 제언이다.

### 1) 교육과 채용의 통합적 접근

교육과 채용을 연계한 프로그램은 단순히 교육만을 제공하는 것이 아니라, 교육 이수 후 채용까지 고려하는 통합적 접근을 통해 높은 효과를 거둘 수 있다. 이를 위해 기업은 교육 과정에서 실무와 밀접한 내용을 다루고, 교육 이수 후 바로 현업에 투입할 수 있는 체계를 마련해야 한다. 교육 과정에서 실제 직무에서 필요로 하는 기술과 지식을 집중적으로 교육하고, 이 과정을 마친 인재들이 곧바로 현업에서 역할을 수행할 수 있도록 체계를 갖추는 것이 중요하다. 이를 통해 신입사원의 조기 적응을 도모할 수 있다.

## 2) 맞춤형 교육 프로그램 개발

기업은 자사에 필요한 인재를 육성하기 위해 맞춤형 교육 프로그램을 개발해야 한다. 이를 위해 먼저 기업 내 다양한 부서와 협력하여 각 부서에서 필요로 하는 역량을 명확히 정의하고, 이를 반영한 교육 프로그램을 설계해야 한다. 특정 기술이 요구되는 부서에서는 그 기술을 심도 있게 다룰 수 있는 교육 과정을 포함하고, 팀워크와 커뮤니케이션이 중요한 부서에서는 이를 강화할 수 있는 프로그램을 포함하는 식이다. 맞춤형 교육 프로그램을 통해 기업은 즉시 활용 가능한 인재를 확보할 수 있다.

## 3) 외부 기관과의 협력

정부 기관, 대학 등 외부 기관과의 협력은 프로그램 운영에 있어 중요한 요소이다. 외부 기관과의 협력을 통해 교육비 지원, 학습자 모집, 교육 프로그램 개발 등을 보다 효율적으로 진행할 수 있다. 정부 기관의 지원을 받아 교육비를 절감하고, 대학과 협력하여 현업에 맞춘 실무 중심의 교육 프로그램을 개발할 수 있다. 이러한 협력을 통해 프로그램의 효과를 극대화하고, 자원을 효율적으로 활용할 수 있다.

## 4) 지속적인 피드백과 개선

교육 프로그램의 성공을 위해서는 지속적인 피드백과 개선이 필요하다. 프로그램 진행 중에는 강사와 학습자 간의 피드백 세션을 정기적으로 마련하고, 프로그램 종료 후에도 수료자와 현업 부서의 의견을 수렴하여 프로그램을 지속적으로 개선해야 한다. 프로그램 종료 후에는 수

료자들을 대상으로 설문 조사를 실시하여 교육 내용의 적절성, 학습 환경, 강사의 역량 등을 평가하고, 이를 바탕으로 개선 사항을 도출한다. 또한, 현업 부서의 피드백을 받아 실제 직무에 적용 가능한 부분과 부족한 부분을 파악하여 다음 교육 과정에 반영한다.

## 5) 인재 채용의 장기적 관점

인재 육성 프로그램을 통한 채용은 단기적 성과뿐만 아니라 장기적 성과를 고려해야 한다. 우수 수료자를 정규직으로 채용하여 조직에 장기적으로 기여할 수 있는 인재를 확보하는 것이 중요하다. 이를 위해 채용 시 단기적인 성과만을 평가하기보다는, 장기적으로 조직에 긍정적인 영향을 미칠 수 있는 잠재력을 가진 인재를 선발해야 한다. 학습 의지, 긍정적 마인드, 대인 관계 역량 등을 중점적으로 평가하여 장기적인 성장을 도모할 수 있는 인재를 선발하는 것이다.

맞춤형 인재 육성 프로그램은 교육과 채용을 통합적으로 운영하여 실무 능력을 갖춘 인재를 성공적으로 확보할 수 있는 효과적인 방법이다. 다른 기업들도 이와 같은 프로그램을 도입하여 인재 확보 및 조기 전력화를 이루어내길 권장한다. 맞춤형 인재 육성 프로그램은 단순히 인재를 교육하고 채용하는 것을 넘어, 기업의 경쟁력을 높이고 지속 가능한 성장을 위한 중요한 전략이 될 수 있다.

# 나가며

ChatGPT와 같은 생성형 AI 도구의 활용은 채용 프로세스의 혁신을 보다 손쉽게 실행 할 수 있는 기회가 왔다. AI의 데이터 분석 능력과 자동화 기술을 통해 채용의 효율성과 정확성을 높일 수 있는 것이 강점이다. ChatGPT를 활용해 면접 질문을 생성하고 응답을 분석함으로써 지원자의 역량을 심층적으로 평가할 수 있다는 것 만으로도 '채용 레볼루션'이다. 이제는 채용 담당자들이 수많은 이력서와 면접을 수작업으로 처리하는 대신, 효율적이고 객관적인 방법으로 후보자를 평가할 수 있게 되었다.

AI 기반 채용 도구를 도입하여 채용 과정의 효율성을 극대화하고, 빠르게 적합한 후보자를 찾아낼 수 있는 시스템 구축이 중요하다. ChatGPT를 활용해 면접 질문을 생성하고 응답을 분석하면 지원자의 전문성과 전략적 사고 능력을 평가할 수 있다. ChatGPT-4를 활용한 'GPTs'의 구현만으로 가볍게 접근할 수 있다. 특히, 다양한 직무에 맞춤형 질문을 구성해 지원자의 역량을 정확히 평가할 수 있다는 것이 강점이다.

AI와 디지털 도구의 도입으로 HR 담당자의 역할에 대한 재정의 조직 혁신의 주체가 되어가고 있는 것은 매우 고무적이다. HR은 단순한 관리 역할을 넘어 데이터 분석과 기술 활용을 통해 전략적 파트너로서의 역할을 수행하며 조직의 전략적인 역할을 수행할 수 있어야 한다. 그러기 위해서는 HR 담당자가 ChatGPT의 기본 역량과 데이터 분석 능력을 갖추고, 조직의 인재 관리 전략을 설계하고 실행할 수 있어야 한다.

다양성과 포용성을 중시하는 채용 문화의 조성도 이제는 ChatGPT를 활용하면 가능하다. AI 도구는 편향 없는 평가를 가능하게 해 다양한 배경의 인재를 공정하게 평가하고 채용할 수 있기 때문이다. 이는 기업이 글로벌 인재 풀에서 최적의 인재를 선발할 수 있는 기회를 제공한다.

결론적으로, ChatGPT와 같은 AI 도구의 도입은 채용 프로세스에 혁신적인 변화가 일어나고 있다. 이를 통해 채용 담당자는 효율성과 정확성을 높이고, 최적의 인재를 신속하게 선발할 수 있다. 《채용 레볼루션》에서 제시된 다양한 사례와 도구들을 바탕으로, 채용 담당자들은 새로운 채용 환경에 적응하고 혁신적인 채용 전략을 수립할 수 있을 것이다. AI 기술을 활용해 채용 프로세스를 자동화하고, 데이터 기반의 의사 결정을 통해 최고의 인재를 선별하는 것은 이제 필수이다. 《채용 레볼루션》은 이러한 변화를 선도하는 데 필요한 지식과 ChatGPT의 접근 방법을 제시한다.

채용 담당자 여러분의 성공적인 채용 혁신을 기원하며, 이 책이 그 여정에 유용한 동반자가 되기를 바란다. ChatGPT와 함께, 채용의 미래를 열어가길 기대한다.

ERiC Story 편집장